CFX技术在船舶流体工程中的应用

主编　胡　健　常　欣

HEUP 哈尔滨工程大学出版社

内容简介

本书是介绍计算流体动力学(CFD)理论知识和相关工程应用的指导性教材,结合作者多年的使用和开发经验,通过丰富的工程实例介绍CFX软件在船舶流体工程领域内的实际应用。全书共五章,前三章为基础部分,详细介绍了流体力学的相关理论知识和CFX软件,包括模型建立、网格划分、CFX仿真常用设置及后处理等。后两章为实例部分,包括二维情况下的平板运动、圆柱绕流、翼型绕流和空泡模拟,以及三维模型下的圆管湍流流动、船舶兴波、潜艇运动、静水船舶运动和螺旋桨空泡性能分析。本书每个实例都有详细的说明和操纵步骤,读者只需按照书中的方法进行软件操作,即可完成一个具体工程问题的学习,进而逐步学会CFX在船舶流体工程方面的应用。

本书内容翔实,可以作为船舶与海洋工程相关专业学生的教学用书,也可以供从事船舶流体工程的科技人员,特别是从事计算流体力学数值仿真的人员参考。

图书在版编目(CIP)数据

CFX技术在船舶流体工程中的应用/胡健,常欣主编.
—哈尔滨:哈尔滨工程大学出版社,2015.11
ISBN 978-7-5661-1153-1

Ⅰ.①C… Ⅱ.①胡… ②常… Ⅲ.①船舶流体力学-工程力学-应用软件 Ⅳ.①U661.1-39

中国版本图书馆CIP数据核字(2015)第255733号

选题策划 夏飞扬
责任编辑 卢尚坤 马广超
封面设计 语墨弘源

出版发行 哈尔滨工程大学出版社
社　　址 哈尔滨市南岗区东大直街124号
邮政编码 150001
发行电话 0451-82519328
传　　真 0451-82519699
经　　销 新华书店
印　　刷 黑龙江省地质测绘印制中心印刷厂
开　　本 787mm×1 092mm 1/16
印　　张 11.5
字　　数 295千字
版　　次 2015年11月第1版
印　　次 2015年11月第1次印刷
定　　价 32.00元
http://www.hrbeupress.com
E-mail:heupress@hrbeu.edu.cn

前　　言

计算流体动力学(CFD)是建立在经典流体动力学与数值计算方法基础之上的一门新兴独立学科,通过计算机数值计算和图像显示的方法,在时间和空间上定量描述流场的数值解,从而达到对物理问题进行研究的目的。主要方法是通过离散化的结构域,对流体无黏性或者有黏性流动进行数值模拟和分析。计算流体力学兼顾理论性和实践性的双重特点,已经成为现代科学许多复杂流动分析和工程问题的主要研究手段。

现代舰船对船舶流场的关注度越来越高,不仅要求舰船的外形具有较低的阻力,而且对船舶的兴波、船舶螺旋桨推进器的性能以及船桨匹配提出了更高的要求。传统船舶流体工程学经过多年研究,已经形成了很多独特的研究方法和理论,如螺旋桨的动量理论、升力线理论等。但随着科学技术的发展,计算流体力学对船舶流体研究领域产生了巨大的影响。过去只有通过实验手段才能得到的某些结果,现在已经可以完全借助计算机模拟来精确获取。

CFX 软件是英国 AEA Technology 公司研发,全球第一个通过 ISO 9001 质量认证的大型商业 CFD 软件,其具有精确的计算结果、丰富的物理模型以及强大的用户拓展等特点。现在,CFX 软件广泛应用于航空航天、机械能源、石油化工等领域,但在船舶海洋领域内的应用才刚刚兴起,相关参考书较少。熟练掌握计算流体力学方法依赖于系统的流体力学知识和较深的数理基础,因此,随着船海领域内计算流体力学的大规模应用,亟须出版一本介绍计算流体力学基础和船舶流场数值仿真工程应用的图书。

本书以 CFX 软件在船舶流体工程的各种应用为内容,力求体现两个特点:首先是实用性,尽可能通过通俗的语言解释 CFD 理论,并将理论和 CFX 软件操作结合起来,理论结合实际,注重工程应用;其次是专业性,本书选用的计算案例都是船舶流体工程实际需要的例子,配合通俗易懂的语言和详尽形象的图表,帮助船舶与海洋工程的研究者们尽快了解计算流体力学相关基础知识,并通过案例进行练习。

本书全面介绍了 CFX 软件的各种功能和基本操作方法,全书共五章,第 1 ~3 章分别介绍了 CFD 的理论基础和 CFX 软件的基本知识,第 4 章结合实例介绍了 CFX 在水流体介质中常用的计算模型和在模型求解中常用的方法,第 5 章结合了几个船舶流体工程的复杂案例,对计算流体力学在船舶、螺旋桨、潜艇等实际系统工程中的应用。

本书编写过程中得到了王超副教授以及陈朝晖、郑小龙、魏胜任、孙帅、陆尊琦、王楠、胡洋等研究生的大力帮助。本书的出版得到了国家自然科学基金(Nos. 11302057, 11102048,51579052)的大力资助。哈尔滨工程大学出版社夏飞扬、马广超编辑为本书的审校提出了宝贵建议。编者在此一并表示感谢。

本书既可以作为船舶与海洋工程相关课程的学习资料,也可以供从事船舶流体相关专业工作的科技人员进行参考。由于作者水平有限,书中错误和不足之处在所难免,敬请读者批评指正。

编　者

2015 年 10 月

第1章　流体力学基础

1.1　概　　述

流体力学是力学的一个分支，属于宏观力学。它的主要任务是研究流体所遵循的宏观运动规律以及流体与周围物体之间的相互作用。

液体和气体虽同为流体，具有共性，但又各有特性。液体虽无一定形状，但具有一定的体积，不易被压缩，在与气体的交界面上存在自由表面。气体既没有固定的形状，也没有固定的体积，易于被压缩，不存在自由表面。液体和气体的特性决定了各自需要研究的特殊问题。以液体为主要研究对象的力学学科称为水动力学（Hydrodynamics），以空气为主要研究对象的力学学科称为空气动力学（Aerodynamics），两者结合称为流体力学（Fluid Mechanics）。

流体力学广泛应用于航空、船舶、水利、交通、石油、能源、建筑、机械、采矿、冶金和化工等多个领域。可以说，目前已很难找到一个与流体力学没有联系的领域。在船舶与海洋工程研究领域中，船舶与水下运载器的外形设计、稳性、操纵性、快速性、耐波性、拍击、海洋结构物的设计、海浪与海流的描述，以及海洋能的开发利用等基本问题都向流体力学提出了广泛的研究课题。在海岸与港口航道工程中，避风港湾、护岸堤坝以及内河航道的设计等都需要流体力学知识。在水利工程中，水库和水力发电站的设计与建造、洪峰预测、河流泥沙等问题都与流体力学紧密联系在一起。可见流体力学在人们生产和生活中占有重要的地位。就船舶与海洋工程领域而言，流体力学作为一门专业基础学科，在推动造船工程技术的发展，开发研制低消耗、高效能舰船的过程中起着非常重要的作用。

流体力学这一学科发展至今，不断派生出新的分支，但从研究手段上可划分为理论流体力学、实验流体力学和计算流体力学。这三大分支构成了流体力学的完整体系，它们相辅相成，推动着该学科的发展。

1.2　流体力学基本概念

1.2.1　流体的密度和重度

重度是单位体积流体所受的重力，它是描述流体所受重力在空间中分布的物理量。用式（1.1）来定义某一流体体积 ΔV 中的平均重度 $\gamma_{平均}$，则

$$\gamma_{平均} = \frac{\Delta G}{\Delta V} \tag{1.1}$$

式中，ΔG 为 ΔV 中所包含的流体所受的重力。关于流体中某一点 A 的流体重度 γ_A，则用式（1.2）来定义，即

$$\gamma_A = \lim_{\Delta V \to 0} \frac{\Delta G}{\Delta V} = \frac{\mathrm{d}G}{\mathrm{d}V} \tag{1.2}$$

式(1.2)在取极限时要注意:在 $\Delta V \to 0$ 过程中,必须始终将 A 点包围在 ΔV 中;$\Delta V \to 0$ 是 ΔV 变得足够小,但仍要比分子的平均自由行程空间大许多倍,否则连续介质的假设就不能成立。

密度是单位体积流体的质量,它是描述流体质量在空间中分布的物理量。某一流体体积 ΔV 中的平均密度 $\rho_{平均}$ 及流体中某一点 A 的流体的密度 ρ_A 可仿照式(1.1)和式(1.2)分别用式(1.3)和式(1.4)来定义,即

$$\rho_{平均} = \frac{\Delta m}{\Delta V} \tag{1.3}$$

$$\rho_A = \lim_{\Delta V \to 0} \frac{\Delta m}{\Delta V} = \frac{\mathrm{d}m}{\mathrm{d}V} \tag{1.4}$$

式中,Δm 为 ΔV 中所包含的流体质量。由于物质质量和所受重力之间的关系为 $\Delta G = \Delta mg$(g 为重力加速度),因此密度和重度之间的关系为

$$\gamma = \rho g \tag{1.5}$$

在物理学或其他课程中常用“比容”这一物理量,比容是单位重力流体的体积,应和重度成倒数关系,即

$$v = \frac{1}{\gamma} = \frac{1}{\rho g} \tag{1.6}$$

式中,v 为比容。

根据式(1.1)和式(1.3),重度和密度的量纲分别为

$$\left.\begin{aligned} \gamma &= \frac{\mathrm{LMT^{-2}}}{\mathrm{L^3}} \\ \rho &= \frac{\mathrm{M}}{\mathrm{L^3}} \end{aligned}\right\} \tag{1.7}$$

在压力为 0. 101 325 MPa,温度为 15 ℃时,淡水、海水和空气的密度分别为

$$\left.\begin{aligned} 淡水\ \rho &= 1\ 000\ \mathrm{kg/m^3} \\ 海水\ \rho &= 1\ 019.9\ \mathrm{kg/m^3} \\ 空气\ \rho &= 1.226\ \mathrm{kg/m^3} \end{aligned}\right\} \tag{1.8}$$

将式(1.8)代入式(1.5)便可得到它们的重度。

1.2.2 流体的流动性、黏性及压缩性

1. 流体的流动性

静止流体在任意小的剪切力作用下,在足够大的时间内将产生连续不断的变形;剪切力消失,则变形停止,流体的这一性质称为流动性。如容器中的水倾斜后将发生变形,直到水面呈水平状态,这时切向力消失。流动性是流体的固有属性,是流体与固体的根本区别,正是由于流体具有流动性才有了流体力学这门学科。

2. 流体的黏性

流体运动时,流体内部具有抵抗相互滑移的能力,这种属性称为流体的黏性。实际上,流体都有黏性,但只有运动过程中才有可能表现出来。

(1)牛顿内摩擦定律

流体内部抵抗相互滑移的力称为黏性力或内摩擦力。这种力可以通过实验测出来。如图 1.1 所示,水平放置的底板是固定不动的,上平板在力 F 作用下以速度 V 水平向右运动。由于流体具有黏性,故紧贴平板的流体运动速度应与平板相等,在两平板之间,各层流体的运动速度都不同。如果两平行平板相距很近,那么各层流体的速度矢端曲线(通常称为速度剖面,或速度型)可以认为是一条直线,则

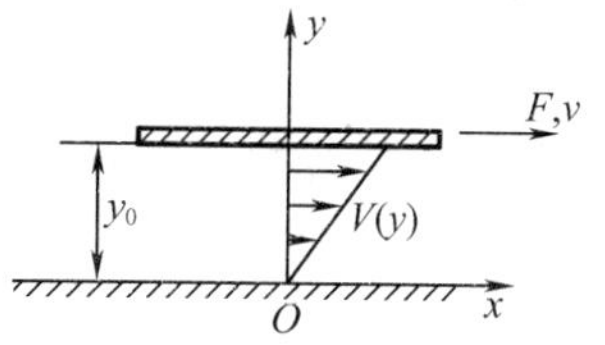

图 1.1　黏性力的测定

$$v = \frac{V}{y_0}y \tag{1.9}$$

式中,y_0 为两平板之间的距离。具有这种速度剖面的流动称为线性剪切流动。

实验表明,加在上平板上的力 F 与速度 v 以及上平板面积 S 成正比,与两平板之间的距离 y_0 成反比,则

$$\tau = \frac{F}{S} = \mu\frac{V}{y_0} = \mu\frac{v}{y} \tag{1.10}$$

显然 τ 就是为了克服流体的内摩擦力而必须加在上平板单位面积上的力。此力通过上平板又加在流体顶层表面上,然后向下逐层传递,一直传递到下面的平板为止。流体内部这种与运动方向平行的单位面积上的力称为剪应力。式中的比例系数 μ 称为黏性系数。

进一步的实验证实,一般情况下,流体的剪应力(内摩擦应力)为

$$\tau = \mu\frac{\mathrm{d}v}{\mathrm{d}y}$$

式中,$\frac{\mathrm{d}v}{\mathrm{d}y}$为 x 方向的速度在 y 方向的变化率,通常称其为 y 方向的速度梯度。剪应力方向和速度梯度方向是垂直的。这个公式是由实验得到的,通常称为牛顿内摩擦定律。符合此定律的流体称为牛顿流体。空气和水是自然界中最典型的牛顿流体。牛顿流体最典型的特征:剪应力和速度梯度呈线性关系。

当 μ 较小而且沿法线方向速度变化不大时,内摩擦应力 τ 将很小,可以不考虑黏性的作用,则可以假设流体没有黏性。这种假设没有黏性的流体称为非黏性流体或理想流体,而考虑黏性的流体称为黏性流体或真实流体。

(2)黏性系数

流体的黏性系数 μ 常和密度 ρ 一起,以$\frac{\mu}{\rho}$的形式出现,为方便起见,令 $\nu = \frac{\mu}{\rho}$,并称 ν 为运动黏性系数。它的量纲$[\nu] = L^2T^{-1}$,其中,L 是长度量纲,T 是时间量纲。μ 又称为动力黏性系数,其量纲$[\mu] = ML^{-1}T$,其中 M 是质量的量纲。

水(淡水和海水)的运动黏性系数随温度的变化而变化,其数据可参看流体力学相关参考书。

3. 流体的压缩性

流体的密度或容积随压力或温度变化而变化的性质称为流体的压缩性。真实流体都是可压缩的。液体在通常压力或温度下的可压缩性很小。例如水的压力从 1 atm 增加到 100 atm,体积仅缩小 0.5%;温度从 20 ℃变化到 100 ℃,体积仅增加 4%。因此,通常把液体近似为不可压缩流体,即认为液体的密度

$$\rho = const \tag{1.11}$$

但在某些问题中,例如水中爆炸、冲击或研究水声的传播等问题中,必须考虑液体的压缩性。

气体的压缩性比液体大得多。气体密度随压力和温度的变化关系用热力学状态方程来表示,即

$$\rho = f(p,T) \tag{1.12}$$

常见的气体多数服从完全气体状态方程 $p = R\rho T$,其中 T 为绝对温度,R 为气体常数。有时把满足式(1.12)的流体称为斜压流体。

如果流体的密度只是压力的函数,即

$$\rho = f(p) \tag{1.13}$$

则将此流体称为正压流体。如等温过程 $p/\rho = C$,绝热过程 $p/\rho^k = C$ 的气体都属于正压流体,其中 k 为气体的绝热指数,C 是常数。

因此,在通常情况下气体作为可压缩流体处理。但是如果气体的流动速度远小于声速时,且气体密度相对变化很小,则可以把这种低速流动气体(如 $U < 70$ m/s)作为不可压缩流体处理。

1.2.3 流体力学中的作用力及压强

1. 作用在流体上的力

作用在流体上的力分为两类:质量力和表面力。

质量力属于超距离作用力,作用在流体的每个质点上,例如重力、惯性力、电磁力等。

表面力属于接触作用力,即周围流体或固体作用在该流体表面上的力,例如压力、摩擦力等。

流体是连续介质,因此质量力和表面力都是连续的分布力,需要定义它们的分布强度,以便衡量其大小。

(1)质量力及其分布强度

在体积为 V,表面积为 S 的一块流体中,包含任意指定点 $M(x,y,z)$ 在内取微元体积 ΔV,作用在该微元体上的质量力为 $\Delta \boldsymbol{F}$,当 $\Delta V \to 0$ 时,式(1.14)就是质量力在 M 点的分布强度

$$\boldsymbol{f} = \lim_{\Delta V \to 0} \frac{\Delta \boldsymbol{F}}{\rho \Delta V} = \frac{\mathrm{d}\boldsymbol{F}}{\rho \mathrm{d}V} \tag{1.14}$$

显然,$\boldsymbol{f}$ 是空间和时间的连续函数,即 $\boldsymbol{f} = f(x,y,z,t)$。

已知 $\boldsymbol{f}$ 就可以计算整块流体受到的质量力

$$\boldsymbol{F} = \int_V \rho f \mathrm{d}V \tag{1.15}$$

在重力场中,质量为 $\rho \mathrm{d}V$ 的流体的重力为

$$\mathrm{d}\boldsymbol{G} = \rho \mathrm{d}V \cdot g \tag{1.16}$$

将式(1.16)和式(1.14)比较可知,重力加速度 g 就是重力的分布强度。由式(1.14)可知,质量力的分布强度也就是单位质量流体所受到的质量力,简称为单位质量力。

(2)表面力及其分布强度

在流体表面上包含指定点 $A(x,y,z)$ 在内取微元面积 ΔS,其上作用的表面力记为 $\Delta \boldsymbol{P}$,$\boldsymbol{n}$

为 ΔS 在 A 点的外法线单位矢量。用式(1.17)定义表面力在 A 点的分布强度,并称其为 A 点的应力,即

$$\boldsymbol{P}_n = \lim_{\Delta S \to 0} \frac{\Delta \boldsymbol{P}}{\Delta S} \tag{1.17}$$

$\boldsymbol{P}_n$ 和 $\boldsymbol{n}$ 一般不共线,所以通常将 $\boldsymbol{P}_n$ 按下列定义分解成几个分量。

定义 1　应力矢量 $\boldsymbol{P}_n$ 在作用面外法线方向的分量 $\boldsymbol{P}_{nn}$ 称为正应力。

约定正值的正应力和 $\boldsymbol{n}$ 同向,并称之为拉应力;负值的正应力则称之为压应力,简称为压力(压强)。流体几乎不能承受任何拉应力,只能承受压力。

定义 2　$\boldsymbol{P}_n$ 在作用面的切平面上两个互相垂直的分量 $\boldsymbol{P}_{n\tau}$ 和 $\boldsymbol{P}_{ns}$ 为剪应力(或切应力)。

应力分量使用了两个下标,第一下标表示作用面的方向,第二下标表示应力分量的方向。

过 A 点的微元面有无限多个,这里 $\boldsymbol{P}_n$ 仅仅是外法线单位矢量为 $\boldsymbol{n}$ 的那个微元面上 A 点的应力矢量。同一点上不同方向的应力矢量是不同的。简而言之,应力和它作用面的方向有关。按照式(1.17)的定义,$\boldsymbol{P}_n$ 是外界对流体施加的应力,那么 $\boldsymbol{P}_{-n}$ 就是该流体对外界的反作用,二者大小相等方向相反,则

$$\boldsymbol{P}_n = -\boldsymbol{P}_{-n} \tag{1.18}$$

2. 流体力学中的压强概念

(1)静压强

作用在静止流体上的表面力只有沿表面内法线方向的正压力。单位面积上所受的表面力称为这一点处的静压强。静压强有两个特征:①静压强的方向垂直指向作用面;②流场内一点处静压强的大小与方向无关。

对于理想流体流动,流体质点只受到正压力,没有切向力。对于黏性流体流动,流体质点所受到的作用力既有正压力,又有切向力,流体单位面积上所受到的切向力称为切应力。对于一元流动,切向力由牛顿内摩擦定律求出;对于多元流动,切向力可由广义牛顿内摩擦定律求得。

(2)绝对压强、相对压强与真空度

一个标准大气压的压强为 101 325 Pa,通常用 P_{atm} 表示。若压强大于一个标准大气压,则以此压强为计算基准得到的压强称为相对压强,也称为表压强,通常用 P_{r} 表示;若压强小于一个标准大气压,则压强低于大气压的值就称为真空度,通常用 P_{v} 表示;如以压强为 0 作为计算的基准,则这个压强就称为绝对压强,通常用 P_{s} 表示。这三者的关系如式(1.19)所示,即

$$\left.\begin{aligned} P_{\text{r}} &= P_{\text{s}} - P_{\text{atm}} \\ P_{\text{v}} &= P_{\text{atm}} - P_{\text{s}} \end{aligned}\right\} \tag{1.19}$$

在流体力学中,压强都用符号 P 表示,但一般来说有一个约定:对于液体来说,压强用相对压强;对于气体来说,特别是马赫数大于 0.1 的流动,应视为可压缩流体,压强用绝对压强。当然,特殊情况应有所说明。

压强 P 的定义为单位面积所承受力的大小,单位为 N/m^2。压强常用单位为 Pa(帕斯卡),也可用 bar(巴)进行度量,这些单位之间的关系如下:

$$1\ \text{Pa} = 1\ \text{N/m}^2;\quad 1\ \text{bar} = 10^5\ \text{Pa}$$

另外压强也常用液柱高 h、标准大气压(P_{atm})表示,则

$$\left.\begin{aligned} P &= \rho g h \\ 1P_{atm} &= 760\ \text{mmHg}^{\ominus} = 10.33\ \text{mH}_2\text{O}^{\ominus} = 101\ 325\ \text{Pa} \end{aligned}\right\} \tag{1.20}$$

(3)液体的汽化压强

液体向气体转化称为液体的汽化,这种转化有以下两种途径。

①压强不变,增加温度。当温度超过某一临界值 t_v(沸点)时,就发生了汽化,这种现象叫作沸腾。其物理原因是温度升高后分子动能加大,克服液体表面张力的束缚从而由液体变成气体逸出液体表面。

②保持温度不变,当压强降低到某一临界值 p_v(汽化压强)后,液体也会发生汽化。其物理原因是压强降低后减弱了分子之间的引力,从而减弱了表面张力,使液体分子可以挣脱表面张力的束缚,由液体变成气体逸出液体表面。

水的汽化压强与沸点温度对应关系见表 1.1。

表 1.1　水的汽化压强(绝对)与沸点温度对应表

t_v/℃	100	80	60	40	20	10	0
p_v/Pa	101 300	47 400	20 000	7 400	2 340	1 230	615

(4)静压强、动压强和总压强之间的关系

对于静止状态下的流体而言,只有静压强。对于流动状态的流体,有静压强、动压强、测压管压强和总压强之分,其名称的来源应当从伯努利(Bernoulli)方程谈起。

在一条流线上流体质点的机械能是守恒的,这就是伯努利方程的物理意义。对于理想流体的不可压缩流动表达式如式(1.21)所示,即

$$\frac{P}{\rho g} + \frac{v^2}{2g} + z = H \tag{1.21}$$

式中,$\frac{P}{\rho g}$称为压强水头,也是压能项,P 为静压强;$\frac{v^2}{2g}$称为速度水头,也是动能项;z 称为位置水头,也是重力势能项,这三项之和就是流体质点的总的机械能;H 称为总的水头高。

若把式(1.21)两边同时乘以 ρg,则有

$$P + \frac{1}{2}\rho v^2 + \rho g z = \rho g H \tag{1.22}$$

式中,P 称为静压强,简称静压;$\frac{1}{2}\rho v^2$ 称为动压强,简称动压;$\rho g H$ 称为总压强,简称总压。对于不考虑重力流动的流体,总压就是静压和动压之和。

1.2.4　流体运动的分类与描述

1. 流体运动的分类

按运动形式分:若 $\mathbf{rot}\boldsymbol{v}=0$,则流体做无旋流动,也就是有势流动;若 $\mathbf{rot}\boldsymbol{v}\neq 0$,则流体做有旋流动。

按时间变化分:若$\frac{\partial}{\partial t}=0$,则流体做定常流动;若$\frac{\partial}{\partial t}\neq 0$,则流体做非定常流动。

按空间变化分:流体的运动有一维运动、二维运动和三维运动。

2. 描写流体运动的两种方法——拉格朗日方法和欧拉方法

拉格朗日方法：研究流场中每一个流体质点的运动，分析运动参数随时间的变化规律，然后综合所有的流体质点，得到整个流场的运动规律。拉格朗日方法着眼于流体质点，将运动参数看作空间位置与时间的函数。

欧拉方法：研究某瞬时整个流场内位于不同位置上流体质点的运动参数，然后综合所有空间点，用于描述整个流场。欧拉方法着眼于空间点，将运动参数看作空间坐标和时间的函数，因此其定义区域为场。在研究流体的运动时，对某一个特定区域，密切观察这个区域内部的流体质点运动，从而可以给出流动的规律。

在一般的流体力学问题中，欧拉方法应用最为广泛，但是两者可以互相转化。

3. 流线与迹线

流线和迹线常用来描述流体的运动。

流线：在同一时刻，由不同的流体质点组成的一条曲线，该曲线上每一点的切线与该质点处流体质点的运动方向平行。

迹线：随着时间的变化，空间某一点处的流体质点在流动过程中所留下的痕迹称作迹线。

对于定常流动，流线的形状不随时间变化，而且流体质点的迹线与流线重合。在实际流场中除驻点或者奇点外，流线不能相交，也不能突然转折。

4. 流量与净通量

流量：单位时间内流过某一控制面的流体体积称为该控制面的流量 Q，其单位为 m^3/s。如果单位时间内流过的流体以质量计算，则称为质量流量 Q_m，不加说明时流量通常是指体积流量。

净通量：在流场中任取一封闭的空间，此空间称为控制体，其表面称为控制面。流体通过一部分控制面流入控制体，同时通过另一部分控制面流出控制体。此时流出的流体减去流入的流体，所得出的流量称为流过全部控制面的净通量（净流量）。

对于不可压缩流体来说，流过任意封闭控制面的净通量等于0。

1.2.5　层流与湍流

流体的流动分为层流流动和湍流流动。层流流动就是流体层与层之间相互没有干扰，没有质量和动量的传递；湍流流动中层与层之间有相互干扰，既有质量的传递又有动量的传递。判断流动是层流还是湍流的关键，是要看其雷诺数是否超过临界雷诺数。雷诺数的定义为

$$Re = VL/\nu \tag{1.23}$$

式中，V 为流体通过截面的平均速度；L 为特征长度；ν 为流体的运动黏度。

雷诺数小时，黏性效应在整个流场中起主要作用，流动为层流；雷诺数大时，流体运动非常紊乱，此流动为湍流。对于同样的液流装置，由层流转换为湍流时的雷诺数恒大于湍流向层流转换的雷诺数。前者称上临界雷诺数，其值随实验条件变化，很不稳定；后者称下临界雷诺数，其值比较稳定，对于一般条件下的管流（圆管直径为特征长度，断面平均流速为特征速度），约为2 300。

1.2.6　边界层

黏性流体平滑地绕流某静止物体，在紧靠物体表面的薄层内，流速将由物体表面上的

零值迅速地增加到与来流 V 同数量级的大小。这种在大雷诺数下紧靠物体表面流速从零急剧增加到与来流相同数量级的薄层称为边界层,如图 1.2 所示。

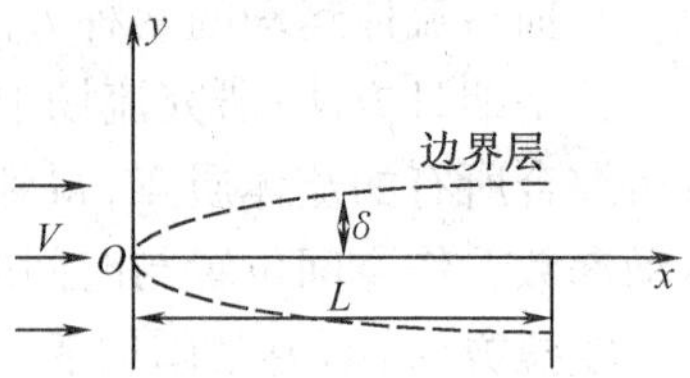

图 1.2　边界层定义图

边界层的基本特征如下。

(1)与物体的长度相比,边界层的厚度很小。对于流体绕流平板情形,设 $\delta(x)$ 为边界层厚度,L 为平板的板长,则 $\frac{\delta}{L} \propto \frac{1}{\sqrt{Re_L}}$。

(2)边界层内沿边界层厚度方向的速度变化非常急剧,速度梯度很大。

(3)边界层沿着流体流动的方向逐渐增厚。

(4)由于边界层很薄,可以近似地认为,边界层中各截面上的压强等于同一截面上边界层外边界上的压强。

(5)在边界层内黏性力和惯性力是同一数量级。

(6)边界层内流体的流动有层流和湍流两种流动状态。全部边界层内都是层流的,称为层流边界层。仅在边界层起始部分是层流,而在其他部分是湍流的,称为混合边界层。判别层流和湍流的准则数是雷诺数,即

$$Re_x = \frac{V_x}{\nu_x} \tag{1.24}$$

式中,x 为物体表面上某点距物体前缘点的距离;V 为边界层外边界上的速度;ν 为流体的运动黏度。对于平板来说,层流转变为湍流的临界雷诺数介于 $5\times10^5 \sim 3\times10^6$ 之间。

平板边界层的大量实验证明,在平板的前部,Re_x 不大,边界层的厚度与阻力系数和层流边界层理论的计算结果相符合,这说明边界层流动处于层流状态。在其后的某一截面,Re_x 达到一定数值,边界层厚度和阻力突然增加,此时流态已从层流转变为湍流,对应的雷诺称为临界雷诺数,对应的位置称为转捩点。转捩点前是层流,其后为湍流,但实际上,存在一段流态转化的过渡区。

临界雷诺数不是一个固定的常数值,它依赖于流场的外部扰动条件,不过临界雷诺数的下限约为 3 500,上限则不存在。

对于工程实际中大量出现的大雷诺数问题,应该分成两个区域:外部势流区域和边界层区域。对于外部势流区域,可以忽略黏性力,因此可以采用理想流体运动理论,解出外部流动,从而得知边界层外部边界上的压力和速度分布,并将其作为边界层流动的外边界条件。在边界层区域必须考虑黏性力,而且只有考虑了黏性力才能满足黏性流体的黏附条件;边界层虽小,但是物理量在物面上的分布、摩擦阻力及物面附近的流动都和边界层内流动联系在一起,因此非常重要。描述边界层内黏性流体运动的是 N－S 方程,但是由于边界层厚度 δ 比特征长度小得多,而且 x 方向速度分量沿法向的变化比切向大得多,所以N－S 方程可以在边界层内作很大的简化。简化后的方程称为普朗特边界层方程,它是处理边界层流动的基本方程。

对于二维平板边界层方程,通过量阶分析得

$$\begin{cases} \frac{\partial u}{\partial x} + \frac{\partial \nu}{\partial y} = 0 \\ \frac{\partial u}{\partial t} + u\frac{\partial u}{\partial x} + \nu\frac{\partial u}{\partial y} = \frac{\partial U}{\partial t} + U\frac{\partial U}{\partial x} + \nu\frac{\partial^2 u}{\partial y^2} \end{cases} \tag{1.25}$$

式(1.25)为普朗特边界层方程组。

边界条件:在物面 $y=0$ 上 $u=\nu=0$,在 $y=\delta$ 或 $y\to\infty$ 时,$u=U(x)$。

初始条件:当 $t=t_0$ 时,已知 u,ν 的分布。

对于曲面物体,则应采用贴体曲面坐标系,从而建立相应的边界层方程。

1.3 流体动力学控制方程

流体流动满足质量守恒定律、动量守恒定律和能量守恒定律。这些定律在流体力学中的体现就是相应的连续性方程和 N-S 方程[1]。

1.3.1 物质导数

在欧拉观点下,流场中的物理量都是空间坐标和时间的函数,即

$$T = T(x,y,z,t) \qquad p = p(x,y,z,t) \quad \boldsymbol{v} = \boldsymbol{v}(x,y,z,t) \tag{1.26}$$

研究各物理量对时间的变化率,例如速度分量 u 对时间的变化率,则有

$$\frac{\mathrm{d}u}{\mathrm{d}t} = \frac{\partial u}{\partial t} + \frac{\partial u}{\partial x}\frac{\mathrm{d}x}{\mathrm{d}t} + \frac{\partial u}{\partial y}\frac{\mathrm{d}y}{\mathrm{d}t} + \frac{\partial u}{\partial z}\frac{\mathrm{d}z}{\mathrm{d}t} = \frac{\partial u}{\partial t} + u\frac{\partial u}{\partial x} + v\frac{\partial u}{\partial y} + w\frac{\partial u}{\partial z} \tag{1.27}$$

式中,u,v,w 为速度矢量 $\boldsymbol{v}$ 沿 x,y,z 轴的三个速度分量。

将式(1.27)中的 u 用 N 替换,代表任意物理量,得到任意物理量 N 对时间 t 的变化率为

$$\frac{\mathrm{d}N}{\mathrm{d}t} = \frac{\partial N}{\partial t} + u\frac{\partial N}{\partial x} + v\frac{\partial N}{\partial y} + w\frac{\partial N}{\partial z} \tag{1.28}$$

这就是 N 的物质导数,也称为质点导数。式(1.28)中等号右边第一项称为当地变化率,后三项称为迁移变化率。

1.3.2 质量守恒方程(连续性方程)

在流场中任取一封闭空间,此空间称为控制体,其表面称为控制面。流体通过一部分控制面流入控制体,同时通过另一部分控制面流出控制体,在这期间控制体内部的流体质量也会发生变化。按照质量守恒定律,流入的质量与流出的质量之差,应该等于控制体内部流体质量的增量,由此可导出流体流动连续性方程的积分形式为

$$\frac{\partial}{\partial t}\iiint\limits_{Vol}\rho\mathrm{d}x\mathrm{d}y\mathrm{d}z + \oint\!\!\!\oint\limits_{A}\rho v\cdot n\mathrm{d}A = 0 \tag{1.29}$$

式中,Vol 表示控制体,A 表示控制面。等式左边第一项表示控制体 Vol 内部质量的增量,第二项表示通过控制表面流入控制体的净通量。

对于不可压缩的均质流体,密度为常数,在直角坐标系下可将其化为微分形式,即

$$\frac{\partial u}{\partial x} + \frac{\partial v}{\partial y} + \frac{\partial w}{\partial z} = 0 \tag{1.30}$$

对于圆柱坐标系(r,θ,z),其形式为

$$\frac{v_r}{r} + \frac{\partial v_r}{\partial r} + \frac{\partial v_\theta}{r\partial\theta} + \frac{\partial v_z}{\partial z} = 0 \tag{1.31}$$

1.3.3 动量守恒方程(N－S 方程)

黏性流体的运动方程首先由纳维叶(Navier)在 1927 年提出,此运动方程只考虑了不可压缩流体的流动。泊松(Poisson)在 1831 年提出可压缩流体的运动方程。圣维南(Saint－Venant)在 1843 年,斯托克斯(Stokes)在 1845 年各自独立地提出黏性系数为一常数的形式。以上运动方程现在都称为 Navier－Stokes 方程,简称 N－S 方程。

对船舶流体力学问题而言,流体的密度和黏性系数都是常数,此时 N－S 方程矢量形式为

$$\rho \frac{\mathrm{d}\boldsymbol{v}}{\mathrm{d}t} = \rho \boldsymbol{F} - \mathbf{grad}p + \mu \nabla^2 v \tag{1.32}$$

若不考虑流体的黏性,则由式(1.32)可得理想流体的运动方程(Euler 方程)如下:

$$\begin{cases} \dfrac{\mathrm{d}u}{\mathrm{d}t} = \dfrac{\partial u}{\partial t} + u\dfrac{\partial u}{\partial x} + v\dfrac{\partial u}{\partial y} + w\dfrac{\partial u}{\partial z} = f_x - \dfrac{\partial p}{\rho \partial x} \\ \dfrac{\mathrm{d}v}{\mathrm{d}t} = \dfrac{\partial v}{\partial t} + u\dfrac{\partial v}{\partial x} + v\dfrac{\partial u}{\partial y} + w\dfrac{\partial v}{\partial z} = f_y - \dfrac{\partial p}{\rho \partial y} \end{cases} \tag{1.33}$$

N－S 方程比较准确地描述了实际的流动,黏性流体的流动分析均可归结为对此方程的研究。由于其形式极为复杂,实际上只有极少量情况可以求出精确解,故产生了通过数值求解的研究,这也是计算流体力学进行计算的最基本的方程。可以这么说,所有的流体流动问题,都是围绕对 N－S 方程的求解进行的。

1.3.4 能量守恒方程

连续性方程和运动方程中除了未知的速度矢量和压力外,还有密度和动力黏度两个物性参数。一般说来密度和动力黏度也是变量,动力黏度主要取决于温度,当流体在恒温下或温度变化不大时,动力黏度的变化可以忽略不计;液体的压缩性小,密度的变化常被忽略。气体压缩性强,它的密度变化可根据气体状态方程确定。在这里,我们考虑定常稳定流动,密度和动力黏度也是常量,连续性方程和运动方程中只有速度和压力两个变量,方程完全封闭,只要求解这两个方程,流场就可以完全被确定。当流动是非定常时,密度和动力黏度需根据压力和温度计算得到,流场各点的温度由能量方程控制,因此非定常流动的控制方程由连续性方程、运动方程和能量方程三个方程组成,其中包含速度、压力和温度三个变量,此外还必须给出由温度和压力计算密度的状态方程以及由温度确定的动力黏度实验资料,这样方程才完全封闭。

1.4 计算流体力学的基本数值方法

1.4.1 CFD 模型的数值求解方法

计算流体力学的本质就是对控制方程在所规定的区域上进行区域离散,从而转变为在各网格点或子区域上定义的代数方程组,然后用线性代数的方法迭代求解。网格是离散的基础,网格结点是离散化物理量的存储位置[2]。

1. 离散化方法

常用的离散化方法有有限差分法、有限元法和有限体积法，此处着重介绍有限体积法。

有限体积法（Finite Volume Method，FVM）是近年来发展非常迅速的一种离散方法，在流体流动模拟和传热数值计算领域内适应面广、解题能力强、通用性较好。与其他数值计算方法相比，通过有限体积法得到的离散方程组具有能更好地保持原微分方程的守恒性、各项物理意义明确、方程形式规范等优点。因此有限体积法在 CFD 领域得到很广泛的应用，目前主要的通用商业计算流体动力学软件，如 ANSYS - FLUENT，ANSYS - CFX，STARCD，FLOW3D，PHOENICS 等，都采用有限体积法作为其核心算法，并且获得了成功。

有限体积法的基本思路是：将计算区域划分为网格，并使得每个网格点周围有一个互不重复的控制体积；将待求解的微分方程（控制方程）对每一个控制体积积分，从而得出一组离散方程，离散方程中的未知量就是网格结点上的物理量。从积分区域的选取方法来看，有限体积法属于加权余量法中的子域法；而从未知量的近似方法来看，有限体积法属于采用局部近似的离散方法。简言之，有限体积法的基本方法就是子域法加离散法。

有限体积法的基本思想是对一般形式的控制微分方程在控制体积内积分，求解积分形式的守恒方程为

$$\int_{V} \frac{\partial}{\partial t}(\rho\varphi)\mathrm{d}V + \int_{V} \mathrm{div}(\rho \boldsymbol{u}\varphi)\mathrm{d}V = \int_{V} \mathrm{div}(\Gamma \mathbf{grad}\varphi)\mathrm{d}V + \int_{V} S\mathrm{d}V \tag{1.34}$$

式（1.34）利用高斯散度公式可以转化为

$$\int_{V} \frac{\partial}{\partial t}(\rho\varphi)\mathrm{d}V + \int_{A} \boldsymbol{n}\cdot(\rho \boldsymbol{u}\varphi)\mathrm{d}A = \int_{A} \boldsymbol{n}\cdot(\Gamma \mathbf{grad}\varphi)\mathrm{d}A + \int_{V} S\mathrm{d}V \tag{1.35}$$

式（1.34）等号左边第一项表明变量 φ 的总量在控制体积内随时间的变化量，等号左边第二项表示变量 φ 因对流而引起的沿控制体积表面外法线方向 $\boldsymbol{n}$ 的流出率；等号右边第一项是扩散项的积分，它的物理意义就是控制体积内变量因扩散而引起的净增加量。

式（1.35）守恒方程中四项的物理意义可以简单地描述如式（1.36），即

$$\varphi_{\text{随时间的变化量}} + \varphi_{\text{由于对流引起的净减少量}} = \varphi_{\text{由于扩散引起的净增加量}} + \varphi_{\text{由于源引起的净增加量}} \tag{1.36}$$

用控制体积法求解上述控制方程时，要把求解区域用网格分割成有限个控制体积，网格为控制体积的边界。为了保证守恒，控制体积必须是不重叠的，且表面同相邻控制体积是同一个。

有限体积法具有如下特点。

（1）有限体积法的出发点是积分形式的控制方程，在对任意一个控制体积积分时都满足守恒特性，对整个计算区域，守恒性也自然得到满足。这是有限体积法相对于其他方法而言更吸引人的优点。

（2）积分方程中每一项都有明确的物理意义，从而使得方程离散时，对各离散项可以给出一定的物理解释。

（3）区域离散的结点网格与进行积分的控制容积分立，各结点有互不重叠的控制容积。

（4）整个求解域中场变量的守恒特性可由各个控制容积中特征变量的守恒特性来保证。

理论上，无论采用哪种正确的数值计算方法，当网格数目无限增大时数值计算都能收敛到精确解。但有时由于计算机容量的限制，不得不采用比较粗糙的网格系统，因而导致了网格系统与数值离散格式的匹配问题：当运用有限体积法离散流动控制方程时，有些离散格式即使在

比较粗糙的网格上也能得到合理的数值解;而求解另外的流动问题时,或是需要更换离散格式,或是需要加密网格,才能得到合理的数值解。为了在有限的计算机资源条件下得到能够接受的数值解,需要更深层次地分析离散方程的格式对数值计算的影响。

2. 基于 FVM 的离散格式

现阶段在大多数通用商业 CFD 求解器中采用了基于有限体积法的离散方法。根据有限体积法的基本思路,在建立离散方程的过程中,为了求出控制体积上的积分,必须假定网格结点上的物理量在结点之间的变化规律。这就需要引入插值方式,即离散格式(Discretization Scheme),从而将控制体积界面上的物理量及其导数通过结点上的物理量插值得出。引入插值格式的目的是为了建立用于计算机求解的离散方程,因而不同的离散格式将导致不同的离散方程。

有限体积法是将非线性偏微分方程转化为网格单元上的线性代数方程,然后通过求解线性代数方程组,得出流场的解。网格划分可以将连续的空间划分为互相连接的网格单元,每个网格单元由位于几何中心的控制点和将网格单元包围起来的网格面(或线)构成。所谓求解流场的控制方程,最终的目的就是获得所有控制点上流场变量的值。

用于计算通量的常见方法包括一阶迎风格式、指数率格式、二阶迎风格式、QUICK 格式和中心差分格式。

"迎风"这个概念是相对于局部法向速度定义的,所谓迎风格式,就是用上游变量的值计算本地的变量值。在使用一阶迎风格式时,边界面上的变量值被取为上游单元控制点上的变量值。迎风格式又包括了一阶迎风格式和二阶迎风格式,它们都可以看作流场变量在上游网格单元控制点展开后的特例。不同的是一阶迎风格式仅仅保留泰勒级数的第一项,因此认为本地单元边界点的值等于上游网格控制点的值,其格式精度为一阶精度;二阶迎风格式则保留了泰勒级数的第一项和第二项,因而认为本地边界点的值等于上游网格控制点的值与一个增量的和,因而其精度为二阶。

QUICK 格式使用加权和插值的混合形式给出边界点上的值。QUICK 格式是针对结构网格,也就是常说的四边形网格和六面体网格而提出的。非结构化网格也可以选用 QUICK 格式,不过在计算时非结构化网格边界点上的值是用二阶迎风格式计算的。在流动方向与网格划分方向一致时,QUICK 格式具有更高的精度。

1.4.2 流场的数值计算方法

SIMPLE(Semi - Implicit Method for Pressure - Linked Equations,意为求解压力耦合方程组的半隐式方法)算法是目前工程上应用最为广泛的一种流场计算方法,它属于压力修正法的一种,该方法是由帕坦(Patankar)与斯伯丁(Spalding)于 1972 年提出的。SIMPLE 算法在被广泛应用的同时,也以不同的方式不断地得到改善和发展,其中比较著名的改进算法包括:SIMPLEC,SIMPLER 和 PISO 算法。

传统意义上的 SIMPLE 算法是基于交错网格的,其基本思想可这样描述:对于给定的压力场(它可以是假定的值,或是上一次迭代计算所得到的结果),求解离散形式的动量方程,得出速度场。因为压力场是假定的或不精确的,这样,由此得到的速度场一般不满足连续方程,因此,必须对给定的压力场加以修正。修正的原则是:与修正后的压力场相对应的速度场能满足这一迭代层次上的连续方程。据此原则,我们把由动量方程的离散形式所规定的压力与速度的关系代入连续方程的离散形式,从而得到压力修正方程,由压力修正方程得出压力修正值。接着,根据修正后的压力场,求得新的速度场。然后检查速度场是否收敛。若不收敛,用修正后的压力值作为给定的压力场,开始下一层次的计算。如此反复,直到获得收敛的解。

在上述求解过程中,如何获得压力修正值,即如何构造压力修正方程,以及如何根据压力修正值确定“正确”的速度,即如何构造速度修正方程,是 SIMPLE 算法的两个关键问题。为此,下面先介绍这两个问题,然后给出基于交错网格的 SIMPLE 算法的求解步骤。

(1)速度修正方程

现考察一直角坐标系下的二维层流稳态问题。设有初始的猜测压力场 p^*,则可知,动量方程的离散方程可借助该压力场求解,从而求出相应的速度分量 u^* 和 v^*,根据动量方程的离散方程,有

$$a_{i,j}u_{i,j}^* = \sum a_{nb}u_{nb} + (p_{i-1,j}^* - p_{i,j}^*)A_{i,j} + b_{i,j} \tag{1.37}$$

$$a_{i,j}v_{i,j}^* = \sum a_{nb}v_{nb} + (p_{i-1,j}^* - p_{i,j}^*)A_{i,j} + b_{i,j} \tag{1.38}$$

定义压力修正值 p' 为正确的压力场 p 与猜测的压力场 p^* 之差,则有

$$p = p^* + p' \tag{1.39}$$

同样的,定义速度修正值 u' 和 v',以联系正确的速度场 (u,v) 与猜测的速度场 (u^*,v^*),则

$$u = u^* + u' \tag{1.40}$$

$$v = v^* + v' \tag{1.41}$$

将正确的压力场 p 代入动量离散方程,得到正确的速度场 (u,v)。现在从动量方程的离散方程中减去式(1.37)和式(1.38),假定源项 b 不变,并引入压力修正与速度修正的表达式(1.39)、式(1.40)和式(1.41),则有

$$a_{i,j}u'_{i,j} = \sum a_{nb}u'_{nb} + (p'_{i-1,j} - p'_{i,j})A_{i,j} \tag{1.42}$$

$$a_{i,j}v'_{i,j} = \sum a_{nb}v'_{nb} + (p'_{i-1,j} - p'_{i,j})A_{i,j} \tag{1.43}$$

可以看出,由压力修正值 p' 可求出速度修正 (u',v'),便可对猜测的速度场作出相应的速度修正,得到正确的速度场 (u,v)。

以上推导都是针对稳态问题的,而多数工程实际问题是瞬态问题,计算相对复杂。其实,瞬态问题的动量离散方程与稳态问题的离散方程式(1.37)和式(1.38)在形式上是一样的,区别只在于系数项 $a_{i,j}$ 和 $b_{i,j}$ 的计算公式不一样,可直接写出 $a_{i,j}$ 和 $b_{i,j}$ 如下:

$$\begin{cases} a_{i,j} = \sum a_{nb} + \Delta F - S_{uP}\Delta V_u + a_{i,j}^0 \\ b_{i,j} = S_{uC}\Delta V_u + a_{i,j}^0 u_{i,j}^0 \\ a_{i,j}^0 = \dfrac{\rho_{i,j}^0 \Delta V_u}{\Delta t} \end{cases} \tag{1.44}$$

式中,Δt 表示时间步长;上标 0 表示在上个时间步结束时取值;系数 a_{nb} 取决于所采用的离散格式。

(2)压力修正方程

在 1.3.3 节的推导中,只考虑了动量方程,其实,速度场还受连续方程的约束。对于稳态问题,连续方程的离散方程为

$$[(\rho uA)_{i+1,j} - (\rho uA)_{i,j}] + [(\rho vA)_{i,j+1} - (\rho vA)_{i,j}] = 0 \tag{1.45}$$

将正确的速度值代入式(1.45),整理可得压力修正值 p' 的离散方程并简记为

$$a_{i,j}p'_{i,j} = a_{i+1,j}p'_{i+1,j} + a_{i-1,j}p'_{i-1,j} + a_{i,j+1}p'_{i,j+1} + a_{i,j-1}p'_{i,j-1} + b'_{i,j} \tag{1.46}$$

其中，$a_{i+1,j}=(\rho \mathrm{d}A)_{i+1,j}$；$a_{i-1,j}=(\rho \mathrm{d}A)_{i,j}$；$a_{i,j+1}=(\rho \mathrm{d}A)_{i,j+1}$；$a_{i,j-1}=(\rho \mathrm{d}A)_{i,j}$；$a_{i,j}=a_{i+1,j}+a_{i-1,j}+a_{i,j+1}+a_{i,j-1}$；$b'_{i,j}=(\rho u^* A)_{i,j}-(\rho u^* A)_{i+1,j}+(\rho v^* A)_{i,j}-(\rho v^* A)_{i,j+1}$。

求解方程(1.46)，可得到空间所有位置的压力修正值 p'。

SIMPLEC 算法与 SIMPLE 算法在基本思路上是一致的，不同之处在于 SIMPLEC 算法在通量修正方法上有所改进，加快了计算的收敛速度。

PISO 算法是压力的隐式算子分割算法。起初是针对非稳态可压缩流动的无迭代计算所建立的一种压力速度计算程序，后来在稳态问题的迭代计算中也比较广泛地使用了该算法。PISO 算法与 SIMPLE 及 SIMPLEC 算法的不同之处在于：SIMPLE 和 SMPLEC 算法是两步算法，由预测步和修正步组成。而 PISO 算法增加了一个修正步，包含一个预测步和两个修正步，在完成了第一步修正步得到速度场和压力场后寻求第二次改进值。目的是使它们更好地同时满足动量方程和连续性方程。PISO 算法由于使用了预测—修正—再修正三个步骤，从而加快了单个迭代步中的收敛速度。

1.5 CFX 软件在船舶流体力学中的应用

在流体力学的研究中，常用的方法有理论研究方法、数值计算方法和实验研究方法。

理论研究方法的特点是能够清晰、普遍地揭示出流动的内在规律，但该方法目前只局限于少数比较简单的理论模型。研究更复杂更符合实际的流动一般采用数值计算方法，它的特点就是能够解决理论研究方法无法解决的复杂流动问题，如常见的航空工程、气象预报、水利工程、环境污染预报、星云演化过程等。实验研究方法的特点就是结果可靠，但其局限性在于相似准则不能全部满足、尺寸限制及边界影响等。

数值计算方法和实验研究方法相比，它所需的费用和时间都比较少，并且有较高的精度，但它要求对问题的物理特性有足够的了解(通过实验方法了解)，并能建立较精确的描述方程组(通过理论分析)。

对于流体力学的数值模拟常采用的步骤如下。

(1)建立反映问题(工程问题、物理问题等)本质的数学模型。建立反映问题各量之间的微分方程及相应的定解条件，这是数值模拟的出发点。水流动的数学模型就是著名的 N－S 方程及其相应的定解条件。

(2)寻求高效率、高准确度的计算方法。计算方法不仅包括数学方程的离散化及求解方法，还包括计算网格的建立、边界条件的处理。

(3)编制程序和进行计算。当求解的问题比较复杂，如求解非线性的 N－S 方程，还需要通过实验加以验证。

(4)计算结果的显示与处理。当计算工作完成后，流场的图像显示是不可缺少的部分。随着人们研究的流动问题日益深入和复杂，计算结果也更加纷繁浩瀚，难以把握。只有把数值计算的结果以各式各样的图像和曲线形式输出才能有效判断结果的正确性，进而得出结论和获取需要的数据。随着计算机图像显示系统和相应软件的发展，流场数值的图像显示在快速及时、三维扫描、形象逼真等方面发展迅速。通过利用录放设备存储、显示动态过程，数值模拟可以充分发挥数值实验的作用。

第 2 章　ICEM 和 CFX 软件介绍

2.1　概　　述

CFX 是全球第一个通过 ISO 9001 质量认证的大型商业软件，是英国 AEA Technology 公司为解决其在科技咨询服务中遇到的工业实际问题而开发的。诞生在工业应用背景中的 CFX 一直将精确的计算结果、丰富的物理模型以及强大的用户扩展性作为其发展的基本要求，并以其在这些方面的卓越成就，引领着 CFD 技术的不断发展。目前，CFX 已经遍及航空航天、旋转机械、能源、石油化工、机械制造、汽车、生物技术、水处理、火灾安全、冶金和环保等领域，为其在全球 6 000 多个用户解决了大量的实际问题。

其实 CFX 不是单一的软件，而是由多个相互配合的软件模块构成的软件包。目前 CFD 软件一般包括四个功能的模块：网格生成器、前处理器、求解器和后处理器。CFX 软件包也是这样的结构，CFX 包括四个功能程序模块，即 ICEM，CFX – Pre，CFX – Solver，CFX – Post 以及一个快捷启动模块 CFX – Launcher。

ICEM 是网格生成器，是 ANSYS 收购的一个专业网格生成工具，可以给很多求解器生成网格。

前处理器 CFX – Pre，用于定义求解的问题，如流体介质的属性，是空气还是水，哪里是入口边界，哪里是出口边界，以及求解参数，如迭代的步数、目标残差。

求解器 CFX – Solver 在后台执行。为了使用户能够监视求解过程信息，如当前迭代步数、目标残差。求解器获得的是每个网格上的速度、压力、温度值，并进行图形化处理，使人们更直观理解结点上的数值结果。

CFX 软件提供了一个后处理器 CFX – Post，用于完成计算结果的统计和图形化。

Launcher 是一个启动 CFX – Pre，CFX – Solver Manager 和 CFX – Post 的快捷方式，它内置了 CFX – Pre，CFX – Solver Manager 和 CFX – Post 运行需要预先设置的环境变量。

2.2　ANSYS ICEM CFD 11.0 功能简介

2.2.1　ICEM CFD 基本功能

ICEM CFD 是一款世界顶级的 CFD 前处理器，为世界流行的 CFD 软件提供高效可靠的分析模型。它拥有强大的 CAD 模型修复能力、自动中面抽取和独特的网格“雕塑”技术、网格编辑技术以及广泛的求解器支持能力。同时作为 ANSYS 家族的一款专业分析软件，还可以集成于 ANSYS Workbench 平台，获得 Workbench 的所有优势[3]。

1. 模型接口

ICEM CFD 可对多种主流软件提供直接的模型接口，例如 CATIA，CADDS5，

ICEM Surf/DDN, I - DEAS, Solid Works, Solid Edge, Pro/ENGINEER 和 Unigraphics。

2. 几何生成

ICEM CFD 具有强大的创建点、线、面、体的功能,并具备完善的几何变换(平移、旋转、镜面、缩放等)、布尔运算(相交、相加、切分等)、高级曲面造型(抽取中面、包络面等)、几何修复(拓扑重建、闭合缝隙、缝合装配边界等)的功能。

3. 网格划分

可生成四面体(Tet)、六面体(Hexahedron)、三棱柱(Triangular Prism)、金字塔(Pyramid)以及 O - 形(O - grid)五种类型的网格,这五种网格可以满足绝大多数对流传热问题。并具备网格信息预报、网格装配、网格拖动等网格工具。

4. 网格编辑

ICEM CFD 提供了多种网格质量指标,通过查看网格质量分布,可以帮助使用者发现质量差的网格,并采取措施修正。并可对生成的网格进行修补与光顺。修补的过程可根据自己的意愿通过手工的方式直接修改网格。这种手工操作网格,尤其是操作非结构化网格的能力,是一般网格生成器所不具备的。

此外,ICEM CFD 不仅能对网格进行变换(平移、旋转、镜面、缩放)和劈分(细化),还可以对网格结点进行编辑和类型转换(三角形→四边形、四边形→三角形、四边形→六边形、所有类型→四边形)。

2.2.2 ICEM CFD 11.0 基本界面介绍

ICEM CFD 11.0 基本界面介绍如图 2.1 所示。

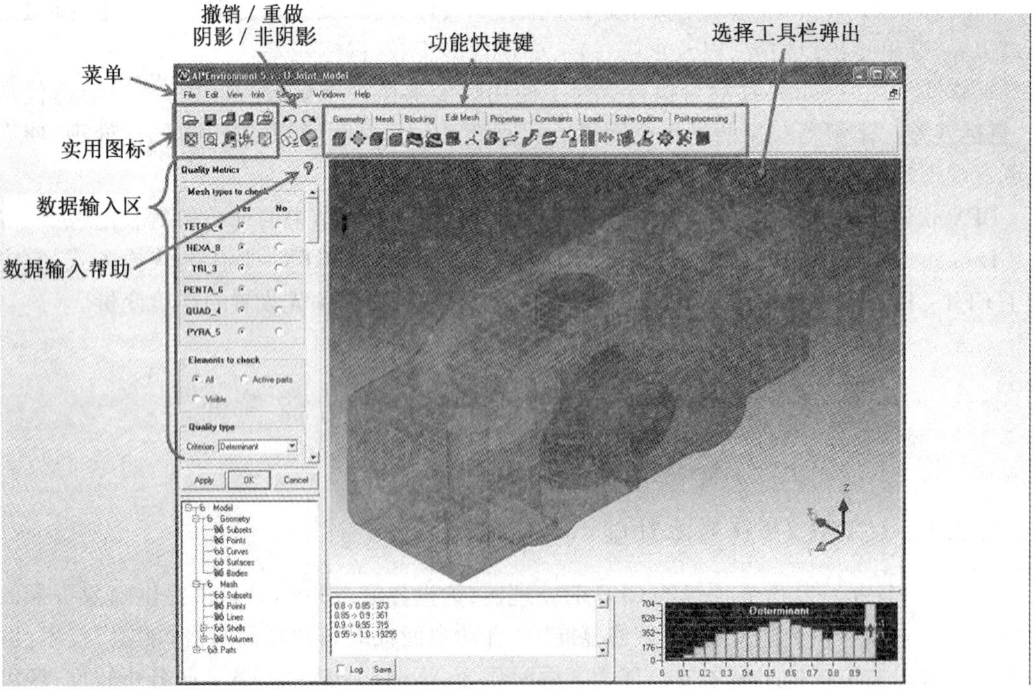

图 2.1 基本界面介绍

1. 主菜单

ICEM 的菜单设置比较奇特，它最主要的功能不在主菜单，而是在下面要介绍的模型实体树区页面工作菜单中。主菜单只包含了一般软件的通用功能，如打开文件、保存文件、设置显示字体和帮助等。

2. 快捷按钮

这是主菜单选项的子集，显示一些常用主菜单选项。

3. 模型的实体树区

ICEM CFD 将几何特征（点、线、面、体）和网格特征（结点、网格线、面网格、体网格）分类显示在这里，方便查看和选择。ICEM CFD 还设置了一个分组功能，允许用户将不同的几何特征和网格特征设置到一个组里，使查看和选择更方便，这个分组信息也显示在实体树区。

4. 参数设置区

工作菜单上各种命令的具体内容都需要在这个区域里显示并设置。

5. 图形显示区

在图形显示区里，使用者可以操作图形的平移、旋转、收缩，也可以在图形区中选择各种实体特征，进行设置。

6. 文本信息区及其他信息区

文本信息区用于反馈 ICEM CFD 的命令执行情况。例如执行划分网格命令时，这个区域就会显示当前网格划分了多少，执行到哪一步。其他信息区主要用于显示网格质量、网格生成过程等其他信息。

2.2.3　ICEM CFD 导入/导出文件说明

ICEM CFD 可导入各主流软件并导出 CAE 或 CFD 模拟软件，如图 2.2 所示。

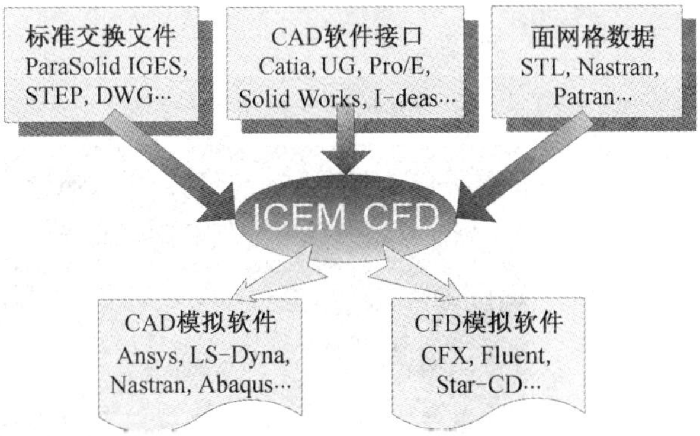

图 2.2　ICEM CFD 导入/导出文件说明

2.3　CFX 11.0 参数设置说明

2.3.1　CFX 启动平台

CFX 提供了一个启动平台，将前处理器、求解器和后处理器三个软件模块的快捷方式都设置于启动平台上。通过启动平台启动这三个软件模块时，启动平台会将一些运行环境信息提供给相应的软件模块[4]。

该界面很简单，只有三个按钮，分别可以启动 CFX－Pre，CFX－Solver Manager 和 CFX－Post。还有一个工作路径输入框，输入工作路径后，启动三个软件模块，这三个软件模块就会在这个工作路径下启动，相应地，产生的各种文件也都会写到这个路径下。

2.3.2　CFX－Pre 基本功能

CFX－Pre 为前处理器，顾名思义，就是用于求解前的各种数据处理工作，CFX－Pre 的主要功能包括导入网格、设置求解条件、生成求解文件。

CFX－Pre 可以导入的网格以 ANSYS 公司软件的格式为主，还包括少数几个常用网格格式，如 Nastran。CFX 内置了大量的材料数据库，包括各种常用流体、固体材料，如水、空气和铁等，用户可以直接使用这些材料定义求解问题，也可以在这些材料基础上修改或新建一种材料。

在 CFX－Pre 中可以设置的求解条件很多，对于通常的对流传热问题，需要设置的内容包括时间属性（是否定常问题）、求解域（哪部分是流体，是什么流体；哪部分是固体，是什么固体）、边界条件（入口、出口、壁面）和求解参数（迭代步数、收敛残差），CFX－Pre 会将使用者导入的网格和定义的求解条件统一输出一个后缀为“.def”的文件，供求解器求解用，“def”是“definition”的缩写。

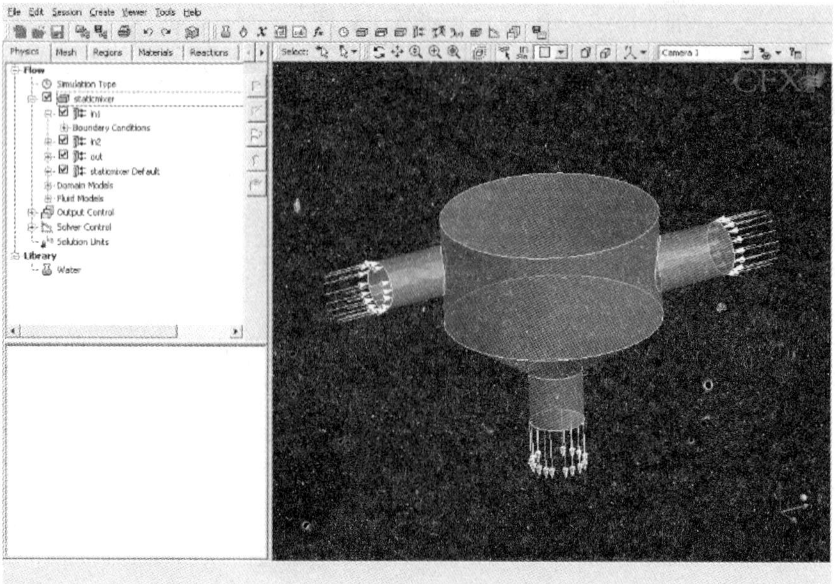

图 2.3　CFX－Pre 的操作界面

图 2.3 为 CFX－Pre 的操作界面。

CFX－Pre 操作界面包括以下内容。

(1)主菜单。与 ICEM 的非常规主菜单不同,CFX－Pre 遵循了常规软件的主菜单设置方式,主菜单里包含了软件的全部功能。

(2)快捷按钮。一般情况下,使用这些快捷按钮就足够用了。

(3)模型设置区。通过模型的实体树区管理全部模型内容,包括网格、求解域、边界条件、材料数据库和化学反应库等。

(4)右半部分分为上下两个区域,上半部分是图形区,以图形方式直观地显示模型;下半部分是文本信息区。

2.3.3 CFX－Solver 基本功能

CFX 的求解过程实际上就是一个代数方程组的迭代过程,没有什么可以干预的,只要等待结果就可以。但一般求解器都会反馈一些信息,供使用者判断程序的运行过程是否正常,CFX 的求解管理器就是这样一个反馈程序。

CFX－Solver Manager 有下列主要功能。

(1)启动一个新的求解过程,启动前可以定义是否使用外部初场文件,是否使用并行。

(2)监视正在进行的求解过程,包括随迭代步变化的残差、监视点的状态参数和三个守恒方程的总体守恒满足程度等。使用者可以通过这些信息,判断求解过程是否正常。如果发现不正常求解,使用者可以通过求解管理器中止求解过程,或动态修改求解参数、边界条件。

(3)对于已经求解完成的问题,CFX－Solver Manager 还可以回放求解过程,帮助使用者发现求解过程中的问题。

图 2.4 为 CFX－Solver Manager 的软件界面。

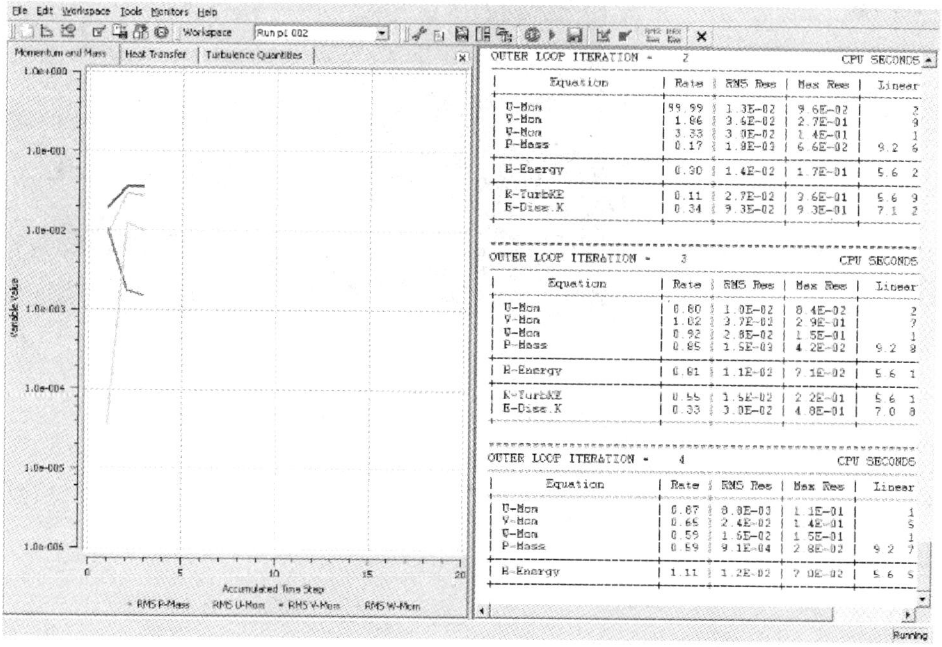

图 2.4 CFX－Solver Manager 的软件界面

CFX－Solver Manager 界面有两个主要的区域。左侧是收敛曲线，以图形方式显示随迭代步变化的各种收敛判断参数，包括参数、总体守恒度、用户自定义的监视点参数等；右侧是相应的文本信息。

在求解出错时，收敛曲线往往只能看到一个不收敛的结果，而文本信息会给使用者提供尽可能多的错误信息，并对如何修改模型提出建议。

2.3.4　CFX－Post 基本功能

求解完成后，使用者就需要使用 CFX－Post 对求解后的数据进行图形化显示和统计处理。

CFX－Post 具有一般后处理器的全部特征，包括打开结果文件，建立几何特征，生成矢量图、云图，计算统计量，生成动画以及导出文本数据。CFX－Post 还可以建立自己的宏命令，从而构建一套针对特定问题的后处理。CFX 有一套专门针对旋转机械的后处理器，就是用宏命令编写的。

图 2.5 为 CFX－Post 的软件界面。

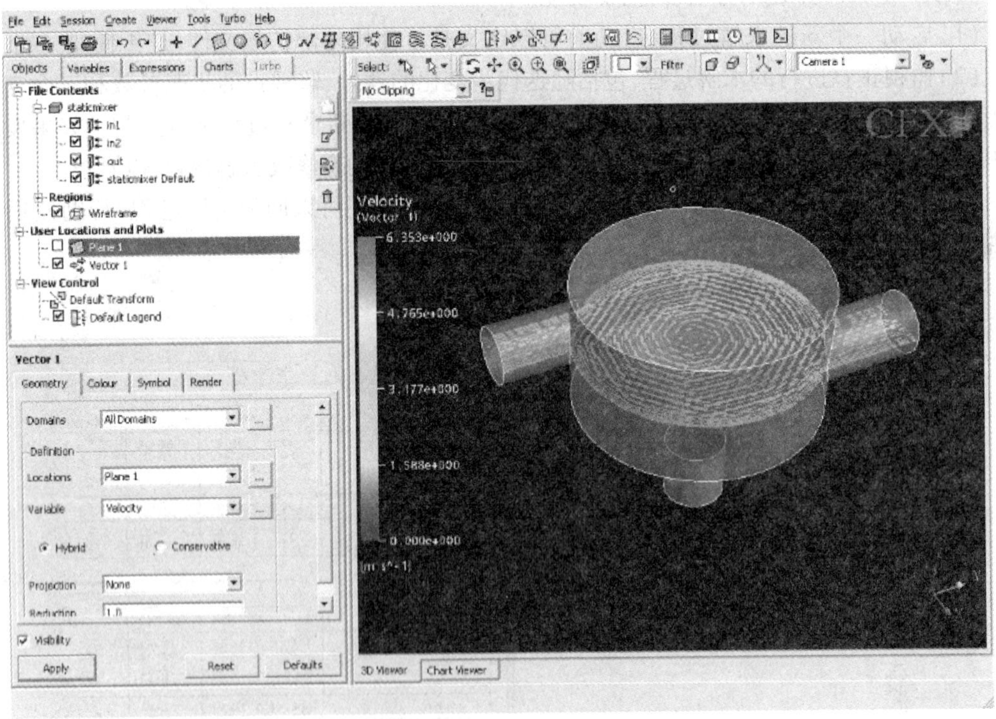

图 2.5　CFX－Post 的软件界面

CFX－Post 和 CFX－Pre 是在同一个图形显示平台上开发出来的，所以具有很相似的页面布局。

2.4 小　　结

最后来回顾一下 CFX 软件的求解流程,步骤如图 2.6 所示。

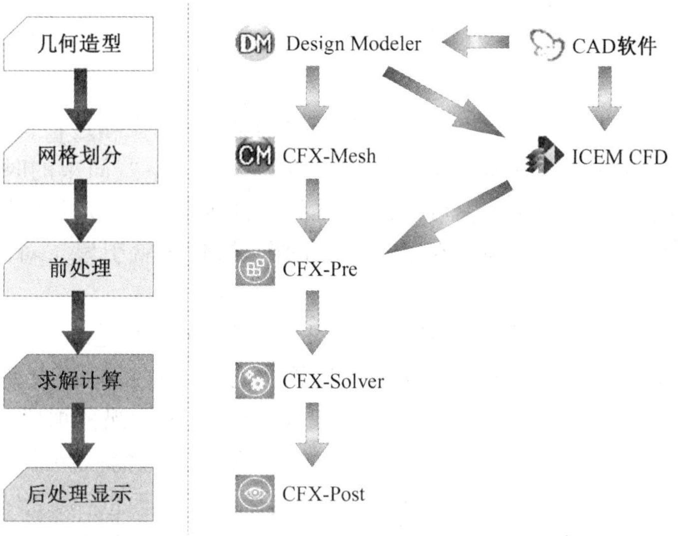

图 2.6　CFX 软件求解流程图

从 CAD 文件开始,ICEM 是导入 CAD 文件,并生成网格。CFX – Pre 导入网格文件,加入求解定义条件后,生成后缀为“. def”的文件。CFX – Solver Manager 根据后缀为“. def”文件的网格和设置,迭代求解,最后生成后缀为“. res”的文件。CFX – Post 读入后缀为“. res”的文件,作出各种图形或统计数据。这就是 CFX 软件包的模块,也是 CFX 软件的求解流程。

第3章　湍流模型理论及近壁处理

3.1　概　　述

自然环境和工程装置中的流动常常是湍流流动，模拟任何实际过程首先遇到的就是湍流问题，而湍流问题本身又是流体力学理论上的难题。对于某些简单的时均流场，如果湍流流动是各向均匀且各向同性的，则可以用经典的统计理论来分析，但实际上的湍流往往是不均匀的，这就给湍流的理论分析带来了极大的困难，这也就引发了对湍流过程进行模拟的想法[5]。

对湍流最根本的模拟方法是在湍流尺度的网格尺寸内求解瞬态的三维 N－S 方程的全模拟方法，此时无需引进任何模型。然而由于计算方法及计算机运算水平的限制，该方法不易被实现。另一种要求稍低的方法是亚网格尺寸度模拟，即大涡模拟（LES），也是由 N－S 方程出发，其网格尺寸比湍流尺度大，可以模拟湍流发展过程的一些细节，但由于计算量仍然很大，所以只能模拟一些简单的情况，直接应用于实际工程也存在很多问题。目前数值模拟主要有三种方法：平均 N－S 方程的求解、大涡模拟（LES）以及直接数值模拟（DNS）。而模拟的前提是建立合适的湍流模型。

所谓湍流模型，就是以雷诺平均运动方程与脉动运动方程为基础，依靠理论与经验的结合，引进一系列模型假设，从而建立起的一组描写湍流平均量的封闭方程组。目前常用的湍流模型可根据所采用的微分方程数进行分类：零方程模型、一方程模型、二方程模型、四方程模型和七方程模型等。对于简单流动而言，一般随着方程数的增多，精度会提高，计算量会增大，收敛性会变差。但是，对于复杂的湍流运动，则不一定。这里所说的微分方程是指除了时均 N－S 方程外，还要增加其他方程才能使方程封闭，增加多少个方程，则该模型就被称为 n 方程模型。

3.2　湍流流动的特征

湍流的流体质点的运动类似于分子运动，在时间与空间上具有完全不规则的运动特征。

湍流的运动参数虽是随机量，但在一定程度上符合概率规律，具有某种规律的统计平均特征。由于湍流场中存在着拟序结构，它们都以大尺度旋涡运动为特征，因此湍流也服从自然界中最基本的物理定律。

湍流场中任意两个相邻空间点上的运动参数有某种程度的相关或关联，如速度与位移的关联、速度与压强的关联等。边界条件不同的湍流具有不同的关联特征。湍流还有其他一些特征，如扩散能力增加、大雷诺数、三维、能量有耗散、小旋涡中的运动能转换成内能等。

3.3　湍流的数值模拟方法

本书的研究对象为具有分界面的不互溶两相(水和空气)不可压缩层流流动。对于其中的任一相来说,必然满足不可压缩流体流动的所有规律,因此,可以认为这种流场具有单一流体流动的所有性质,除了在界面处存在物性参数(如密度 ρ、黏性系数 μ 等)的阶跃[6]。这样,如果假设两种流体在界面处的速度连续,就可以将两相流动统一为一不均匀介质的连续流场。在流体体积函数方法框架下,根据流体体积分数的概念,将两相流体的物性参数(如密度 ρ、黏性系数 μ 等)以"混合物"的形式统一表达。因此,不可压缩两相流场的数值模型可以借用单一流体流动的数值模型来表达[7]。

3.3.1　控制方程

1. 连续性方程

连续性方程实际上是质量守恒定律在流体力学中的具体形式[8],描述为在无源无汇的封闭曲面内,单位时间内通过控制面的流体净质量等于控制体内流体质量的减少。据此,微分形式的连续性方程可以写成

$$\frac{\partial \rho}{\partial t} + \nabla \cdot (\rho \boldsymbol{V}) = 0 \tag{3.1}$$

式中,$\boldsymbol{V} = (u, v, w)$ 为速度矢量;ρ 为混合密度。

若流体不可压缩,则连续性方程进一步可写成

$$\nabla \cdot \boldsymbol{V} = 0 \tag{3.2}$$

2. 纳威尔 - 斯托克斯(Navier - Stokes)方程

纳威尔 - 斯托克斯(以下简称 N - S)方程是牛顿第二定律的具体反映。在三维直角坐标系中,对任一流体微元,通过引入牛顿切应力公式及 Stokes 的表达式,可得到动量方程的表达式为

$$\frac{\partial (\rho \boldsymbol{V})}{\partial t} + \nabla \cdot (\rho \boldsymbol{V} \otimes \boldsymbol{V}) = \nabla \cdot (\mu \nabla \otimes \boldsymbol{V}) - \nabla P + \boldsymbol{g} + \boldsymbol{f}_\sigma + \boldsymbol{S} \tag{3.3}$$

式中,$\boldsymbol{V} = (u, v, w)$ 为速度矢量;ρ 为混合密度;μ 为混合动力黏性系数;P 为压强;$\boldsymbol{g} = (0, 0, g)$,$g$ 为当地重力加速度;$\boldsymbol{f}_\sigma$ 为表面张力矢量;$\boldsymbol{S} = (S_x, S_y, S_z)$ 为动量方程的广义源项,可用式(3.4)表达。

$$S_x = \frac{\partial}{\partial x}\left(\mu \frac{\partial u}{\partial x}\right) + \frac{\partial}{\partial y}\left(\mu \frac{\partial v}{\partial x}\right) + \frac{\partial}{\partial z}\left(\mu \frac{\partial w}{\partial x}\right) + \frac{\partial}{\partial x}(\lambda \nabla \cdot \boldsymbol{V}) \tag{3.4a}$$

$$S_y = \frac{\partial}{\partial x}\left(\mu \frac{\partial u}{\partial y}\right) + \frac{\partial}{\partial y}\left(\mu \frac{\partial v}{\partial y}\right) + \frac{\partial}{\partial z}\left(\mu \frac{\partial w}{\partial y}\right) + \frac{\partial}{\partial y}(\lambda \nabla \cdot \boldsymbol{V}) \tag{3.4b}$$

$$S_z = \frac{\partial}{\partial x}\left(\mu \frac{\partial u}{\partial z}\right) + \frac{\partial}{\partial y}\left(\mu \frac{\partial v}{\partial z}\right) + \frac{\partial}{\partial z}\left(\mu \frac{\partial w}{\partial z}\right) + \frac{\partial}{\partial z}(\lambda \nabla \cdot \boldsymbol{V}) \tag{3.4c}$$

式中,λ 为流体的第二分子黏度。

对于不可压缩两相流动,可结合连续性方程(3.2),但考虑到动力黏性系数 μ 不为常数,N - S方程(3.3)可简化为

$$\frac{\partial u}{\partial t} + \nabla \cdot (u\boldsymbol{V}) = \frac{1}{\rho_u}\nabla \cdot (\mu \nabla u) - \frac{1}{\rho_u}\frac{\partial P}{\partial x} + S_x \tag{3.5a}$$

$$\frac{\partial v}{\partial t} + \nabla \cdot (v\boldsymbol{V}) = \frac{1}{\rho_v}\nabla \cdot (\mu \nabla v) - \frac{1}{\rho_v}\frac{\partial P}{\partial y} + S_y \tag{3.5b}$$

$$\frac{\partial w}{\partial t} + \nabla \cdot (w\boldsymbol{V}) = \frac{1}{\rho_w}\nabla \cdot (\mu \nabla w) - \frac{1}{\rho_w}\frac{\partial P}{\partial z} + S_z \tag{3.5c}$$

其中

$$S_x = \frac{1}{\rho_u}\left[\frac{\partial}{\partial x}\left(\mu\frac{\partial u}{\partial x}\right) + \frac{\partial}{\partial y}\left(\mu\frac{\partial v}{\partial x}\right) + \frac{\partial}{\partial z}\left(\mu\frac{\partial w}{\partial x}\right) + f_{\sigma x}\right] \tag{3.6a}$$

$$S_y = \frac{1}{\rho_v}\left[\frac{\partial}{\partial x}\left(\mu\frac{\partial u}{\partial y}\right) + \frac{\partial}{\partial y}\left(\mu\frac{\partial v}{\partial y}\right) + \frac{\partial}{\partial z}\left(\mu\frac{\partial w}{\partial y}\right) + f_{\sigma y}\right] \tag{3.6b}$$

$$S_z = \frac{1}{\rho_w}\left[\frac{\partial}{\partial x}\left(\mu\frac{\partial u}{\partial z}\right) + \frac{\partial}{\partial y}\left(\mu\frac{\partial v}{\partial z}\right) + \frac{\partial}{\partial z}\left(\mu\frac{\partial w}{\partial z}\right) + f_{\sigma z}\right] \tag{3.6c}$$

3. 流体体积分数输运方程

流体体积函数方法的基本原理是在欧拉网格上定义一个网格单元中含有的流体体积与网格体积比的相函数 F。本书指定液体相是目标流体，则

$$F(x,t) = \frac{V_{\text{liquid}}(I,J)}{V(I,J)} \tag{3.7}$$

式中，$V_{\text{liquid}}(I,J)$ 是格子 (I,J) 中含有的液体体积；$V(I,J)$ 是格子 (I,J) 的体积。

我们将相函数 F 形象地称为流体体积分数函数。由式(3.7)可知，当 $F=1$ 时，格子单元被液体充满；当 $F=0$ 时，格子单元被气体充满；当 $0<F<1$ 时，格子单元部分被液体占据，另一部分被空气占据，为界面单元。因此 F 又可表示为

$$F(x,t) = \begin{cases} 1 & \text{网格单元被液体占据} \\ 0 < F < 1 & \text{网格为自由表面单元} \\ 0 & \text{网格单元被气体占据} \end{cases} \tag{3.8}$$

运动界面的变化正是由各个网格的流体体积分数变化产生的，因此可以通过函数 F 来追踪运动界面的变化。

根据流体体积分数 F 的定义，我们可以得出混合密度 ρ 及混合动力黏性系数 μ 的表达式为

$$\rho = F\rho_{\text{L}} + (1-F)\rho_{\text{G}} \tag{3.9a}$$

$$\mu = F\mu_{\text{L}} + (1-F)\mu_{\text{G}} \tag{3.9b}$$

式中，ρ_{L}，μ_{L} 代表液相的密度和动力黏性系数；ρ_{G}，μ_{G} 代表气相的密度和动力黏性系数。

在具有速度场 $\boldsymbol{V}=(u,v,w)$ 的流体系统中，流体体积分数函数 F 的输运方程为

$$\frac{\mathrm{d}F}{\mathrm{d}t} = 0 \tag{3.10a}$$

根据物质导数的定义，则

$$\frac{\partial F}{\partial t} + \boldsymbol{V} \cdot \nabla F = 0 \tag{3.10b}$$

对于不可压缩流体，将连续性方程(3.2)代入式(3.10b)，则

$$\frac{\partial F}{\partial t} + \nabla \cdot (\boldsymbol{V}F) = 0 \tag{3.10c}$$

为了保证控制体的任意性，式(3.10b)和式(3.10c)应当在运动介质流场中任意点都成

立。式(3. 10b)的物理意义是可压缩流体体积分数函数的输运规律,式(3. 10c)则描述了不可压缩流体体积分数函数的输运规律。

式(3. 2)、式(3. 5)和式(3. 10c)可以写成统一的表达形式

$$\frac{\partial \varphi}{\partial t} + \nabla \cdot (\phi \boldsymbol{V}) = \frac{1}{\rho_\phi} \nabla \cdot (\Gamma_\phi \nabla \phi) + S_\phi \tag{3.11}$$

式中,ϕ 为特征物理量;Γ_ϕ 为扩散系数;S_ϕ 为方程源项。

4. 表面张力方程

互不掺混流体(如液体中的气泡,空气中的液滴等)界面上存在着表面张力,这种力学现象要从分子层面来理解。以空气中的水滴为例,以某一特定的水分子为研究对象,此水分子总是被其他分子所包围着。观察水滴里面,某个水分子四周均匀分布着相同的水分子,因此四周水分子对它的总的作用效果为零。然而,界面上的水分子周围既有水分子,又有气体分子,界面上水分子受到的来自水滴内部水分子对它的作用力大于来自空气中气体分子对它的作用力,这样该分子受到的总的作用效果不为零,且水滴表面趋向于收缩。在没有外力场作用下,空气中的水滴总会呈现出圆球形的平衡态,如果将界面分割成两部分,则在分割线处必然存在一个指向空气的张力,其与界面水分子所受的分子引力的合力大小相等,方向相反,从而使界面达到并保持平衡,这种张力称为表面张力。单位长度的表面张力称为表面张力系数 σ,以 N/m 为计量单位,σ 与界面两侧的介质性质和温度有关。对于互不相溶流体(如水和空气)来说 $\sigma > 0$,对于互溶的流体(如水和酒精)来说 $\sigma < 0$。

两相流体间的这种张力可用 Young – Laplace 方程来表达

$$\Delta P = P_{\mathrm{I}} - P_{\mathrm{O}} = \sigma \kappa \tag{3.12}$$

式中,κ 为界面曲率;σ 为表面张力系数;P 为压强;下标 I,O 分别代表曲面的凹形一侧和凸形一侧(对空气中的水滴来讲,I 代表水相一侧,O 代表空气相一侧)。

计算表面张力时,要解决好以下两个难点:①界面曲率 κ 的确定;②表面张力只作用于界面处,而在任一相流体内部,应使表面张力为零。

3. 3. 2　控制方程的离散

CFD 求解流场的基本思路是:先将表达流场的各种连续场信息(速度、温度、浓度等)在空间和时间上离散,将这些离散信息存储于离散结点上;然后选用适当的离散方法及离散格式,完成控制方程的离散化,建立起这些离散场信息值之间的代数方程;最后代入边界条件及初值条件,使用适当的方法求解上述离散方程以获得各种场信息的近似解,完成流动问题的数值模拟。

1. 空间区域的离散化

离散化空间区域是采用数值方法对流场进行仿真的第一步。数值模拟中,我们无法直接求得连续空间内无限多点上的函数值,因此需要选定离散点,然后计算出这些选定点上的函数值来近似表达整个连续空间。一般的实施过程:先将计算域分割成若干互不相交的子域,再给定各个子域内的结点分布并为各个结点分配控制容积。视结点在子区域中位置的不同,可以把区域离散化方法分成单元顶点法与单元中心法两大类[9],如图 3. 1 所示。

对这两种方法进行计算对比,结果显示在二维空间中,当两种布置方式都采用结构化的四边形网格来计算时,模拟得到的结论相差甚微。同时,从图 3. 1 中可以发现单元中心法的界面生成与子域划分是同时进行的,而结点正好处于两侧界面的中心位置,这就为算法

代码的编写带来了极大的便利。因此,本书决定采用的离散方法是单元中心法。

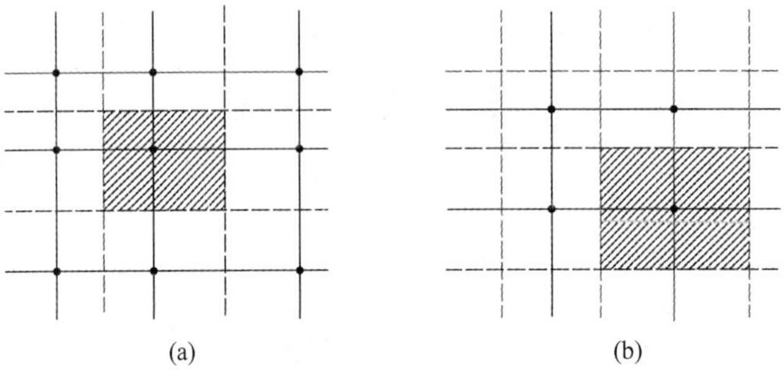

图 3.1 结点设置方法

(a)单元顶点法;(b)单元中心法

2. 有限体积法

有限体积法(Finite Volume Method,FVM)的基本思路:将流场计算域分割成多个控制体积(Control Volume,CV)单元,始终保持 CV 不变,每个 CV 单元都由相应的结点包围。将所需求解的控制方程微分形式在 CV 单元上积分,原方程就会被离散,得到可以求解的方程组。引入界面的插值函数求解相关结点的未知数,从而求解离散后的方程组。其具体的实施步骤如下。

(1)通过空间积分和时间积分把微分表达的守恒形式控制方程组转化为积分方程组。

(2)在时间和体积上选用对应的插值函数(阶梯状、梯形状等)。

(3)根据插值函数对自变量积分,得到关于结点的离散方程组。

有限体积法在直观上很好理解,就是通过有限体积单元来分析整个问题,通过因变量在控制体积单元中的守恒性来离散控制方程。由于 FVM 中控制单元体积的守恒性,得出的代数方程组在整个流域内也具有守恒性,这是 FVM 的优越之处。其他的离散方法得到的方程组一般不具备积分守恒性。有限差分法只在网格步长无限小时才具有守恒性,而有限体积法积分守恒性与网格步长大小无关。在离散方法中,有限体积法、有限差分法和有限元法在某些方面异曲同工,而在另一些方面差别很大,有限体积法可以说是有限差分法与有限元法的部分结合。与有限元法不同,有限体积法只考虑结点值的变化,而有限元法必须通过插值函数来得到近似解。有限体积法计算某个有限体积单元的积分过程中,也需要引入插值函数,此思路和有限单元法是相通的。插值函数的引入允许研究者自我选定,具体情况根据有限体积单元体积积分的需要而改变。

3. 连续性方程及 N－S 方程的离散

根据 FVM 的思想,我们将通用变量表达式(3.11)写成有限体积单元内的积分形式,可得

$$\int_{\Delta V}\frac{\partial\varphi}{\partial t}\mathrm{d}V+\int_{\Delta V}\nabla\cdot(\phi\boldsymbol{V})\mathrm{d}V=\int_{\Delta V}\frac{1}{\rho_{\varphi}}\nabla\cdot(\Gamma_{\phi}\nabla\phi)\mathrm{d}V+\int_{\Delta V}S_{\phi}\mathrm{d}V \tag{3.13}$$

对于欧拉型固定网格,利用高斯定理,可得

$$\int_{\Delta V}\frac{\partial\phi}{\partial t}\mathrm{d}V+\int_{A}(\phi\boldsymbol{V})\cdot\boldsymbol{n}\mathrm{d}A=\int_{A}\frac{1}{\rho_{\phi}}(\Gamma_{\phi}\nabla\phi)\cdot\boldsymbol{n}\mathrm{d}A+\bar{S}_{\phi}V_{P} \tag{3.14}$$

在式(3.13)中,令 $\phi=1,\Gamma_{\phi}=0,S_{\phi}=0$,则能够给出连续性方程的积分表达为

$$\int_A V \cdot \boldsymbol{n} \mathrm{d}A = 0 \tag{3.15}$$

式(3.15)可离散为

$$\sum_{nf=1}^{n} \boldsymbol{u}_f \cdot \boldsymbol{A}_f = 0 \tag{3.16}$$

至此,完成了式(3.2)的离散化。

在式(3.13)中取 $\phi = u$, $\Gamma_\phi = \mu$,然后在时间上积分,则可得 u 方向 N - S 方程表达式,即

$$\int_t^{t+\delta t} \left[\left(\frac{\partial u}{\partial t} \right)_{\mathrm{P}} V_{\mathrm{P}} + \sum_{nf=1}^{n} \boldsymbol{u}_f flux_f - \frac{1}{\rho_u} \sum_{nf=1}^{n} \mu_f (\nabla \boldsymbol{u})_f \cdot \boldsymbol{A}_f \right] \mathrm{d}t = \int_t^{t+\delta t} (\bar{S}_u)_{\mathrm{P}} V_{\mathrm{P}} \mathrm{d}t \tag{3.17}$$

式中,P 指代主控制容积结点;f 指代控制体边界;n 为控制体边界数(二维情形下 $n=4$);V_{P} 为网格体积;$flux_f = \boldsymbol{u}_f \cdot \boldsymbol{A}_f$,为流出控制体各面的通量。

对于式(3.17)的离散,可以采用显式、Crank - Nicolson(C - N)、全隐等差分方法。其中全隐格式可以保证在较大的时间步长 δt 下,求解过程的稳定性,因此本书选择全隐格式对式(3.17)进行离散,可得

$$\frac{\boldsymbol{u}_{\mathrm{P}}^{n+1} - \boldsymbol{u}_{\mathrm{P}}^{n}}{\delta t} V_{\mathrm{P}} + \left(\sum_{nf=1}^{n} \boldsymbol{u}_f flux_f \right)^{n+1} - \left[\frac{1}{\rho_{\mathrm{P}}} \sum_{nf=1}^{n} \mu_f ((\nabla \boldsymbol{u})_f \cdot \boldsymbol{A}_f) \right]^{n+1} = (S_u)_{\mathrm{P}}^{n+1} V_{\mathrm{P}} \tag{3.18a}$$

同理,可得 $\boldsymbol{v}$, $\boldsymbol{w}$ 方向动量方程,即

$$\frac{\boldsymbol{v}_{\mathrm{P}}^{n+1} - \boldsymbol{v}_{\mathrm{P}}^{n}}{\delta t} V_{\mathrm{P}} + \left(\sum_{nf=1}^{n} \boldsymbol{v}_f flux_f \right)^{n+1} - \left[\frac{1}{\rho_{\mathrm{P}}} \sum_{nf=1}^{n} \mu_f ((\nabla \boldsymbol{v})_f \cdot \boldsymbol{A}_f) \right]^{n+1} = (S_v)_{\mathrm{P}}^{n+1} V_{\mathrm{P}} \tag{3.18b}$$

$$\frac{\boldsymbol{w}_{\mathrm{P}}^{n+1} - \boldsymbol{w}_{\mathrm{P}}^{n}}{\delta t} V_{\mathrm{P}} + \left(\sum_{nf=1}^{n} \boldsymbol{w}_f flux_f \right)^{n+1} - \left[\frac{1}{\rho_{\mathrm{P}}} \sum_{nf=1}^{n} \mu_f ((\nabla \boldsymbol{w})_f \cdot \boldsymbol{A}_f) \right]^{n+1} = (S_w)_{\mathrm{P}}^{n+1} V_{\mathrm{P}} \tag{3.18c}$$

式(3.18)的时间项(等号左边第一项)及源项(等号右边项)的处理比较简单,这里不再介绍。

本书对于式(3.18)中左边第三项的处理使用中心差分的方式,即

$$\begin{aligned} \sum_{nf=1}^{n} \mu_f ((\nabla \phi)_f \cdot \boldsymbol{A}_f) = {} & \mu_{\mathrm{e}} \frac{\phi_{\mathrm{E}} - \phi_{\mathrm{P}}}{\delta x_i} \Delta A_{\mathrm{e}} - \mu_{\mathrm{w}} \frac{\phi_{\mathrm{P}} - \phi_{\mathrm{W}}}{\delta x_{i-1}} \Delta A_{\mathrm{w}} + \\ & \mu_{\mathrm{n}} \frac{\phi_{\mathrm{N}} - \phi_{\mathrm{P}}}{\delta y_j} \Delta A_{\mathrm{n}} - \mu_{\mathrm{s}} \frac{\phi_{\mathrm{P}} - \phi_{\mathrm{S}}}{\delta y_{j-1}} \Delta A_{\mathrm{s}} + \\ & \mu_{\mathrm{t}} \frac{\phi_{\mathrm{T}} - \phi_{\mathrm{P}}}{\delta z_k} \Delta A_{\mathrm{t}} - \mu_{\mathrm{b}} \frac{\phi_{\mathrm{P}} - \phi_{\mathrm{B}}}{\delta z_{k-1}} \Delta A_{\mathrm{b}} \end{aligned} \tag{3.19}$$

式中,ΔA_f 代表网格界面的面积。

对流项是一阶微分项,从纯粹的数学角度来分析,离散起来应该很容易。不过,考虑到在实际物理过程中,自然对流运动具有由高到低的单向性,它的离散化就成了最棘手的问题。控制方程中时间项和源项在离散格式时不会产生误差,在大多数实际问题中,扩散项采用中心差分甚至一阶差分形式就能体现其特性,引入高阶差分反而会显得浪费。相反,对流项在选择不同的格式时会引入误差,例如对流项选用中心差分格式时会引入假扩散使所得结果准确性降低,这部分误差占整个计算误差的大部分。同时,中心差分离散格式对流场速度较大或者网格数量不足时会发生数值解的上下跳动,这就是数值分析中所谓的不稳定性。

对流项的离散中,很直接的一个问题就是网格边界上变量值 ϕ_f 的确定。本书对流项的离散采用规正变量图(NVD)的方法进行离散,下面对 NVD 进行介绍。

4. 规正变量图(NVD)

前面对 FVM 的探讨已经指出，特定的离散格式对应于当前物理量在控制面上的一种插值样式，即界面函数值与周围结点上的函数值之间的函数关系。现在来看 NVD 格式定义的一维均匀网格系统，如图 3.2(a)所示。为了研究界面 f 上的 ϕ_f 值，需要确定上游 U，中间 C 及下游 D 三个相邻的结点（设流速 $u>0$），并指定 ϕ_f 与这三个结点值(ϕ_U,ϕ_C,ϕ_D)的部分或全部之间的函数关系，即假定出变量在界面处的变化形式，不同的假定就代表了不同的离散格式。

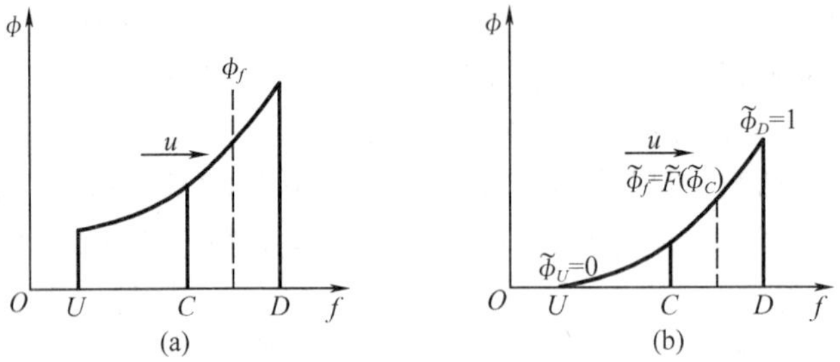

图 3.2　规正变量定义示意图

(a)常规定义;(b)规正变量定义

一般情况下，ϕ_f 与 ϕ_U,ϕ_C,ϕ_D 的函数关系可表达为

$$\phi_f = F(\phi_U,\phi_C,\phi_D) \tag{3.20}$$

伦纳德(Leonard)使用上游与下游结点的 ϕ_U,ϕ_D 值，将求解物理量进行规正化，定义一个规正变量，则

$$\tilde{\phi} = \frac{\phi - \phi_U}{\phi_D - \phi_U} \tag{3.21}$$

这样式(3.20)可改写为

$$\tilde{\phi}_f = \tilde{F}(\tilde{\phi}_U,\tilde{\phi}_C,\tilde{\phi}_D) \tag{3.22a}$$

由于 $\tilde{\phi}_U=0,\tilde{\phi}_D=1$，两者在插值表达式中变为定值，则式(3.22a)又可简化为

$$\tilde{\phi}_f = \tilde{F}(\tilde{\phi}_C) \tag{3.22b}$$

对比式(3.20)与式(3.22b)会发现，引入规正变量后，界面的插值函数关系由原本的三个自变量变为了一个，简化了离散格式的表达，这就是 NVD 方法的优越之处。

加斯克尔(Gaskell)与刘(Lau)研究后，得出了一维流动确定 $\tilde{\phi}_f$ 的对流有界性准则(CBC)，这一准则被广泛地应用于 NVD 方法构造的高阶差分格式中。CBC 规定了局部有界性准则，可以描述为：

(1) $\tilde{F}(\tilde{\phi}_C)$为连续的或分段连续的递增函数。

(2)当 $\tilde{\phi}_C\leqslant 0$ 或者 $\tilde{\phi}_C\geqslant 1$ 时，$\tilde{\phi}_f=\tilde{\phi}_C$。

(3)当 $0\leqslant\tilde{\phi}_C\leqslant 1$ 时，$\tilde{\phi}_C\leqslant\tilde{\phi}_f\leqslant 1$。

现将这三条所规定的界面规正变量的取值范围及五种差分格式(CD，QUICK，TUD，FUD 和 SUD)的特征线绘于图 3.3(a)中。图中阴影部分及坐标平面一、三象限对角线为 CBC 的有界性范围。如图 3.3(a)所示，一阶迎风格式以一、三象限对角线为其特征线，其他格式均以通过点 $Q(0.5,0.75)$的直线为特征线。

对比差分格式的特征线与阴影区域的交集可知，只有一阶迎风格式满足 CBC 条件，但是这一格式只有一阶精度。从图 3.3 中可以归纳得出一个基本结论:具有二阶以上精度的格式应通过点 $Q(0.5,0.75)$。

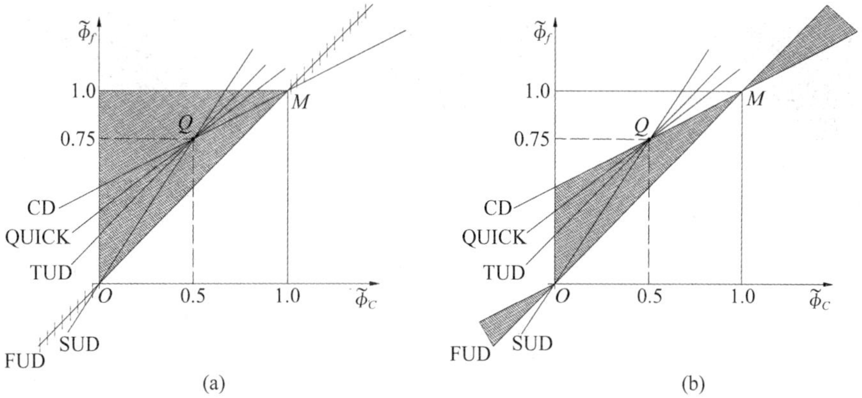

图 3.3　对流有界性准则取值范围

(a) CBC 取值范围;(b) ECBC 取值范围

宇波在其博士论文中提出了拓展的对流有界性准则(ECBC)[10],其具体取值范围如图 3.3(b)所示,可以描述为以下三点:

(1) $\tilde{F}(\tilde{\phi}_C)$为连续的或分段连续的函数。

(2)当 $\tilde{\phi}_C \leqslant 0$ 时,$\tilde{\phi}_C \leqslant \tilde{\phi}_f \leqslant \frac{1}{2}\phi_C$;当 $\tilde{\phi}_C \geqslant 1$ 时,$\frac{1}{2}(\tilde{\phi}_C + 1) \leqslant \tilde{\phi}_f \leqslant \phi_C$。

(3)当 $0 < \tilde{\phi}_C < 1$ 时,$\tilde{\phi}_C \leqslant \tilde{\phi}_f \leqslant \frac{1}{2}(\phi_C + 1)$。

由图 3.3(b)可知,ECBC 在 $0 < \tilde{\phi}_C < 1$ 范围内,缩小了 $\tilde{\phi}_f$ 的取值范围,而在 $\tilde{\phi}_C \leqslant 0$ 及 $\tilde{\phi}_C \geqslant 1$ 区域中,拓展了 $\tilde{\phi}_f$ 的取值范围,但仍然包含点 $Q(0.5,0.75)$。

根据以上的取值范围及差分格式特征线的分析,研究者们提出了多种符合绝对稳定、有界、具备二阶或三阶精度的组合格式。这些格式的特征线均过原点 $O(0,0)$,$Q(0.5,0.75)$,$M(1,1)$坐标点。CBC 准则下的七种高阶组合格式如图 3.4(a)~(f)所示,ECBC 准则下的高阶格式如图 3.4(g)~(i)所示。

本书选择有代表性的 FUD,QUICK,MUSCL,ECBC1 格式,分别完成了二维纯对流问题的数值模拟,即

$$\boldsymbol{u}\frac{\partial \phi}{\partial x} + \boldsymbol{v}\frac{\partial \phi}{\partial y} = 0$$

图 3.5 及图 3.6 分别为整个流场变量 ϕ 的分布及 $x = 0.5$ 处变量 ϕ 的分布图示。

其中速度场 $\boldsymbol{V} = (\boldsymbol{u}, \boldsymbol{v})$为

$$\begin{cases} \boldsymbol{u} = \cos\theta \\ \boldsymbol{v} = \sin\theta \end{cases}$$

初始条件为

$$\begin{cases} x = 0 \text{ 且 } 0 \leqslant y \leqslant y_0, & \phi = 0 \\ x = 0 \text{ 且 } y_0 \leqslant y \leqslant 0, & \phi = 1 \\ 0 \leqslant x \leqslant 1 \text{ 且 } y = 0, & \phi = 0 \end{cases}$$

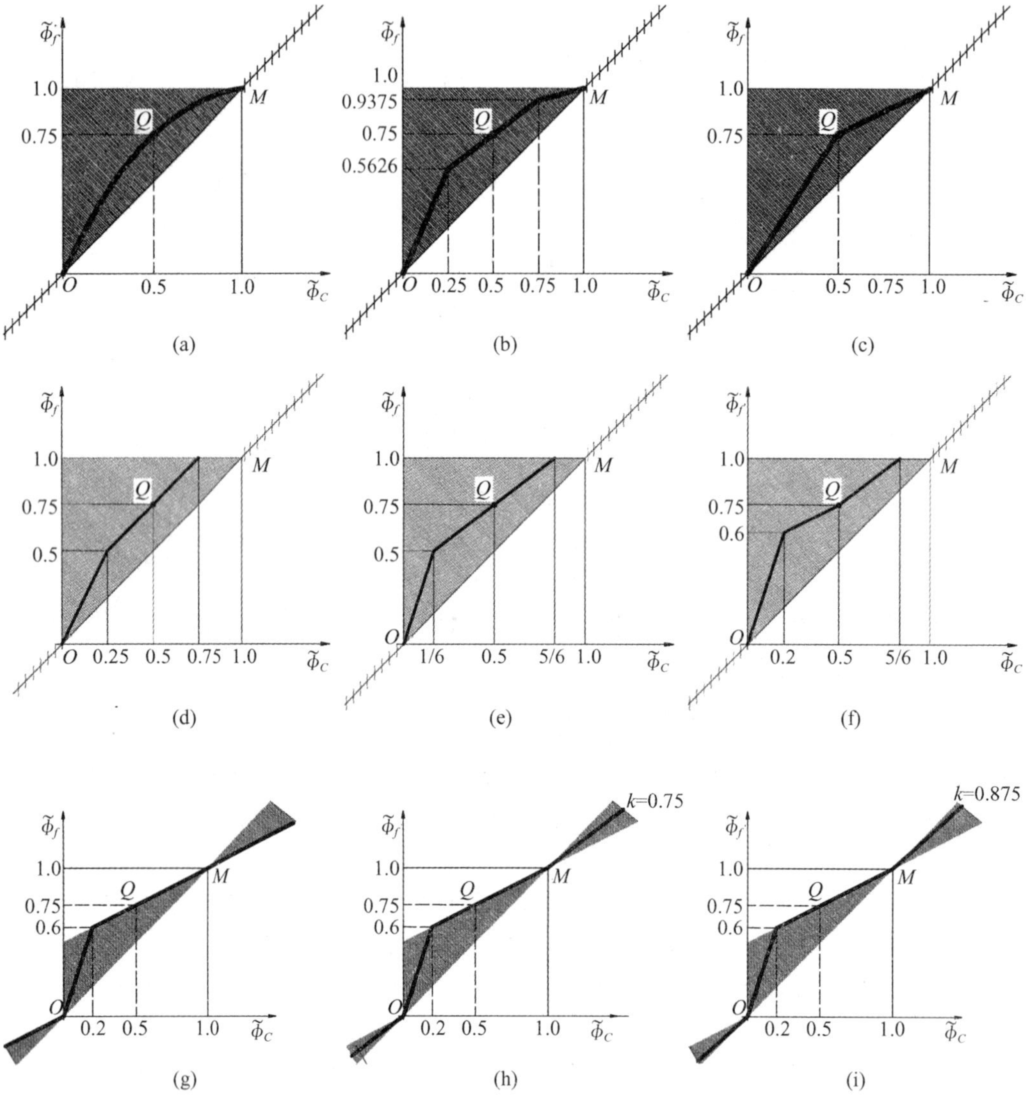

图 3.4　有界的高阶组合格式规正变量图

(a) HLPA; (b) COPLA; (c) MINMOD; (d) MUSCL;
(e) SMART; (f) STOIC; (g) ECBC1; (h) ECBC2; (i) ECBC3

阶梯形标量场初始条件和边界条件如图 3.7 所示。

通过上面的分析,我们知道 FUD,MUSCL,ECBC1 的特征线都处于相应的有界性准则取值范围内,这三种格式应该能获得令人满意的数值解,但是 QUICK 格式应该会发生超界情况,图 3.5 和图 3.6 验证了这一结论。其中,一阶迎风格式虽然没有发生越界现象,但存在较严重的假扩散,使变量在阶跃处及边界上的剧烈变化被大大抹平,这是该格式精度较低的反映;高阶组合格式 MUSCL,ECBC1 作为 CBC 准则及 ECBC 准则的代表都很好地反映了变量的阶跃型变化,说明了这些格式在处理对流项时的优越性。

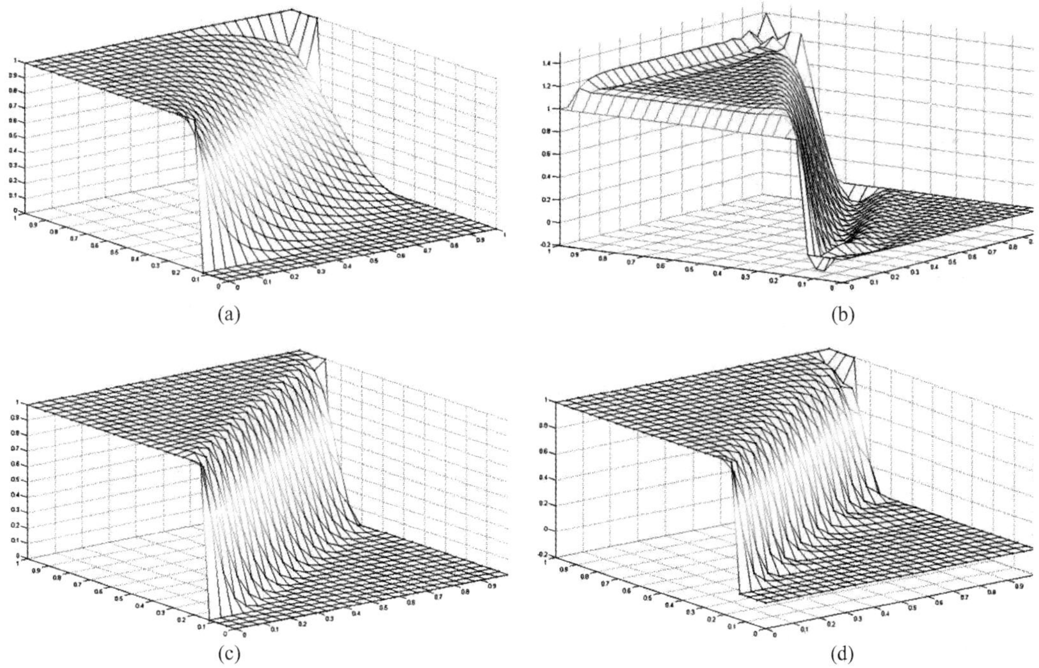

图 3.5　整个流场变量 ϕ 的分布

(a) FUD; (b) QUICK; (c) MUSCL; (d) ECBC1

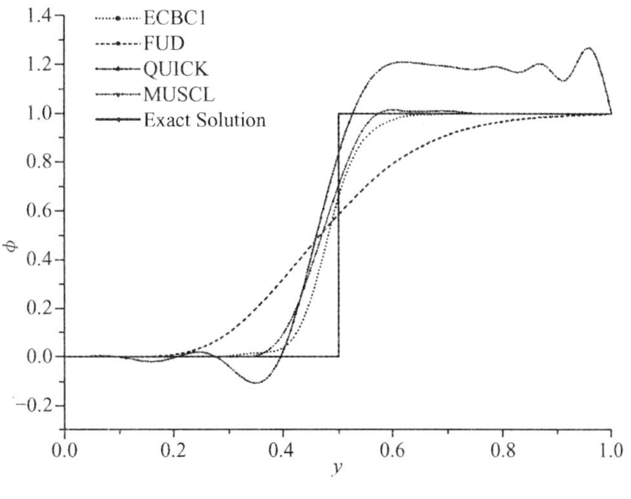

图 3.6　$x=0.5$ 处 ϕ 的分布

将式(3.22b)还原可得

$$\phi_f = \tilde{F}(\tilde{\phi}_C)(\phi_D - \phi_U) + \phi_U \tag{3.23}$$

式中，$\tilde{F}(\tilde{\phi}_C)$ 是图 3.4 中相应格式的特征线表达式。

将式(3.19)和式(3.23)替换进式(3.18)，变换后可得以下统一表达的离散线性方程组，即

$$A_P\phi_P^{n+1} = \sum_{NB=1}^{n} A_{NB}\phi_{NB}^{n+1} + S_P \qquad (3.24)$$

式中，ϕ 分别可取 $\boldsymbol{u},\boldsymbol{v},\boldsymbol{w}$；下标 P，NB 分别代表当前网格中心及邻近网格中心；S_P 为源项，包含了重力源项、表面张力源项、压力梯度源项、无法纳入扩散项的所有与黏性有关的项及 n 时刻的变量 ϕ 值。

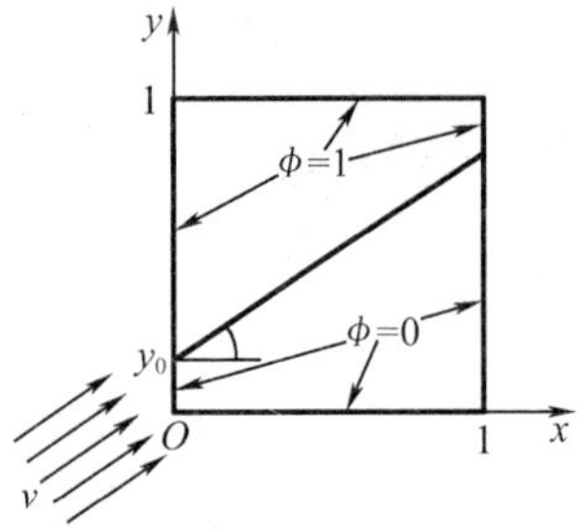

图 3.7　初始条件与边界条件

至此完成了 N－S 方程的离散。

5. 流体体积分数输运方程的求解

在统一的表达式(3.11)中取 $\phi = F, \rho = 1, \Gamma_\phi = 0, S_\phi = 0$，使用有限体积法，采用 C－N 格式离散，可得

$$\frac{F_P^{t+\delta t} - F_P^t}{\delta t} = -\frac{1}{V_P}\sum_{f=1}^{n}\frac{1}{2}[(fluxF_f)\ t + \delta t + (fluxF_f)^t] \qquad (3.25)$$

式中，F 为流体体积分数；F_f 为网格边界上的流体体积分数；$P, f, n, V_P, flux$ 的定义同式(3.17)。

对求解式(3.25)的具体细节会在 3.3.4 节详细讨论。

6. 表面张力的 CSF 模型

Brackbill 在 1992 年提出的连续表面力(Continuum Surface Force)模型很好地解决了表面张力计算中的两个难题。很多商业的 CFD 软件(如 CFX－4 和 Star－CD)中也使用了这一模型。CSF 模型假设两相流体的界面为一有限厚度的过渡区域，使用经特定规则光顺后的流体体积分数分布，从而将不连续的表面张力转化为一种连续分布的体积力。其基本步骤如下。

(1)光顺流体体积分数分布

研究者在流体体积分数的光顺规则上改进了 CSF 模型，改进后将流体体积分数光顺处理。其规则可以表达为

$$\nabla\cdot\left(\frac{\alpha}{|\boldsymbol{d}|}\nabla F^*\right) = F - F^* \qquad (3.26)$$

式中，α 为界面过渡区域厚度调整因子；$\boldsymbol{d}$ 为相邻网格中心连线向量；F^* 为光顺后的流体体积分数。

(2)计算界面法向

流体体积分数的分布光顺好后，按式(3.27)确定网格内的界面法向

$$\boldsymbol{n} = \nabla F^* \qquad (3.27)$$

$$(\nabla F^*)_P = \frac{\sum_{nf=1}^{n} F_f^* \boldsymbol{A}_f}{V_P} \qquad (3.28)$$

式中，V_P 为主控制容积体积；F_f^* 为网格边界上的流体体积分数；$\boldsymbol{A}_f$ 为网格边界面积向量；nf 代表网格边界。

(3)计算表面曲率

$$\kappa = -\frac{\nabla\cdot\boldsymbol{n}}{|\boldsymbol{n}|} \qquad (3.29)$$

将式(3.27)和式(3.28)代入式(3.29)，得

$$\kappa = -\frac{1}{V_P}\sum_{nf}\frac{\nabla F_f^*}{|\nabla F_f^*|}\cdot \boldsymbol{A}_f \tag{3.30}$$

至此,表面张力可以通过式(3.12)进行计算。

3.3.3　压力修正方法

除了界面插值方式的问题外,对 N－S 方程进行数值求解时,还要处理压力梯度。控制方程表达式(3.18)表明,压力梯度位于 N－S 方程的右端,是线性方程组的一个源项。也就是说,在求解线性方程组(3.24)以获得速度分布时,必须先获得压力分布,但是压力并没有独立的方程。为了解决这一问题,研究者们先后发展出了人工压缩性方法(Artificial Compressibility Method)、惩罚方法(Penalty Method)、抛射方法(Projection Method)和压力修正方法(Pressure-Correction Method)等[11],其中压力修正方法的应用最为广泛。本书在解决流场中压力与速度的耦合关系时选择压力修正方法。

1. 交错网格

交错网格中速度 $\boldsymbol{u},\boldsymbol{v},\boldsymbol{w}$ 及压力 P(包括流体体积分数函数 F 等其他所有标量场及物性参数)形成变量"交错布置"的网格系统。一般规定压力 P 的控制容积为主控制容积,则速度 $\boldsymbol{u},\boldsymbol{v},\boldsymbol{w}$ 分别存在于主控制容积的左右、前后、上下界面上。速度 $\boldsymbol{u},\boldsymbol{v},\boldsymbol{w}$ 各自的控制容积中心在相应的速度所在位置。二维空间下的交错网格如图 3.8 所示,$\boldsymbol{u},\boldsymbol{v}$ 控制容积与主控制容积分别在 x 与 y 方向上相差半个空间步长。

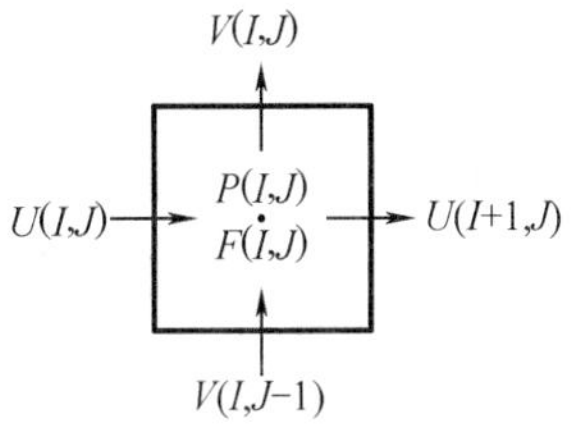

图 3.8　二维交错网格变量布置示意图

在这样的网格布置下,速度的离散方程分别对各自的控制容积积分而得出,这样压力梯度就可表达为相邻两点间的压力差形式,即 $1-\delta$ 压差,也就从根本上解决了棋盘形压力场的问题。

2. IDEAL 算法

在黏性流体力学计算问题中,压力修正算法从一出现就得到了研究者们的青睐,到目前为止,在该领域内压力修正算法依然是应用最广泛的。IDEAL 算法是一种压力修正算法。

压力修正算法最先出现在 1972 年帕坦卡(Patankar)和斯波尔丁(Spalding)提出的 SIMPLE(Semi－Implicit Method for Pressure Linked Equations)算法[12]。SIMPLE 算法通过引入三个假定来解决压力不存在的单独控制方程这一难题。这三个假定与实际情况都是不相符合的,比如,第一个假定中独立设定的压力场将会与给定的速度场不相匹配;第三个假定中,无论系数还是源项实际上都是流速相关的量,流速变化后,它们的值均应作相应的变化,但是 SIMPLE 算法在每一迭代层上,它们的值都是固定的。后来的研究者从这三个方面入手对该算法进行不断的改进,先后出现了 SIMPLER 算法、SIMPLEC 算法和 PISO 算法等。以上算法需要求解 p' 的压力修正方程,在建立 p' 方程时为了简化不得不将邻点速度修正略去不计。CLEAR 算法直接改进压力,克服了 SIMPLE 算法中的第二个假设。然而,CLEAR 算法稳定性较差。

2008 年,孙东亮等提出了内部双迭代高效算法——IDEAL(Inner Doubly－Iterative Efficient Algorithm for Linked－Equations)[13],该算法通过对压力方程进行两次内部迭代计

算几乎完全克服了 SIMPLE 算法的两个基本假设,速度和压力得到了充分耦合,大大提高了计算的稳定性和收敛性[14]。

基于以上分析,本书将 IDEAL 算法用于联立求解动量方程和连续性方程。

3.3.4 代数方程组的求解方法

1. 延迟修正技术

对于稳态对流－扩散方程,有

$$\nabla\cdot(\rho\boldsymbol{u}\phi) = \nabla\cdot(\Gamma\nabla\phi) + S_\phi \tag{3.31}$$

定义通量密度 $\boldsymbol{J}$ 为

$$\boldsymbol{J} = \rho\boldsymbol{u}\phi - \Gamma(\nabla\phi) \tag{3.32}$$

则守恒方程可表达为

$$\nabla\cdot J = S_\phi \tag{3.33}$$

将式(3.33)在二维控制容积上积分可得

$$J_e - J_w + J_n - J_s = S_m\Delta V \tag{3.34}$$

式中,S_m 为压力 P 控制容积的源项积分平均值;J_e 等为通过界面的总通量(包括界面面积的影响在内)。界面上的总通量由对流扩散作用所造成,在所有的差分格式中除了乘方格式以及指数格式外,总通量均可以表示成对流作用与扩散作用的叠加,即

$$J_f = J_f^C + J_f^D \tag{3.35}$$

扩散通量总是采用具有二阶精度的中心差分来表示,例如对 J_e^D,有

$$J_e^D = \Gamma_e A_e\left(\frac{\partial\varphi}{\partial x}\right)_e = \Gamma_e A_e\frac{\phi_E - \phi_P}{\delta x} \tag{3.36}$$

不同的格式区别在于界面上对流项函数值的插值方式,以 $flux$ 表示通过界面的流量,则

$$J_f^C = flux_f\phi_f \tag{3.37}$$

一般来说,面 f 处的函数数据 ϕ_f 可以通过主点数据 ϕ_{NB} 来表达,即

$$\phi_f = f(\phi_{NB}) \tag{3.38}$$

这样式(3.34)就可以改写成

$$J_e^D + flux_e[f(\phi_{NB})]_e - \{J_w^D + flux_w[f(\phi_{NB})]_w\} + J_n^D + flux_n[f(\phi_{NB})]_n - \{J_s^D + flux_s[f(\phi_{NB})]_s\} = S_m\Delta V \tag{3.39}$$

按照延迟修正思想,界面上的对流通量可以表示成一阶迎风格式的对流通量与一个源项之和,即

$$J_f^C = flux_f\phi_f^{FUD} - flux_f(\phi_f^{FUD} - \phi_f)^* \tag{3.40}$$

将式(3.40)带入式(3.39)有

$$[J_e^D + flux_e\phi_e^{FUD}] - [J_w^D + flux_w\phi_w^{FUD}] + [J_n^D + flux_n\phi_n^{FUD}] - [J_s^D + flux_s\phi_n^{FUD}] = S_m\Delta V + [flux_e(\phi_e^{FUD} - \phi_e)^* - flux_w(\phi_w^{FUD} - \phi_w)^* + flux_n(\phi_n^{FUD} - \varphi_n)^* - flux_s(\phi_s^{FUD} - \phi_s)^*] \tag{3.41}$$

即

$$A_P\phi_P = A_E\phi_E + A_W\phi_W + A_N\phi_N + A_S\phi_S + b_P + b_{dc} \tag{3.42}$$

式中,A_P,A_E,A_W,A_N,A_S 为按一阶上风格式计算的系数;$b_P = S_m\Delta V$;b_{dc} 就是延迟修正所生成的源项,即式(3.14)等号左端各项第二部分。这样得出的系数矩阵可以满足对角占优原则。这样,求解方程组时,就达到了数值计算的稳定性要求,这就是采用延迟修正技术的出

发点。

2. 求解代数方程的 Bi－CGSTAB 方法

在计算流体力学发展的早期，由于受到计算机内存容量的限制，求解控制方程离散后所形成的代数方程方法一般采用交替方向线迭代，内存的节省以计算时间的延长为代价。共轭梯度（Conjugate Gradient）法在每一轮迭代中都用直接求解法求解线性方程组，大大加快了收敛速度。本书采用 C－G 类方法中的 Bi－CGSTAB 方法求出离散化代数方程组（3.24）的解。其基本求解思想如下。

（1）设定 $\boldsymbol{x}^0$；

（2）令 $\boldsymbol{r}^0=\boldsymbol{b}-\boldsymbol{A}\boldsymbol{x}^0,\rho^0=\alpha=\omega^0$，$\boldsymbol{v}^0=\boldsymbol{p}^0=0$；

（3）具体迭代步骤：

$$\rho^k=(\boldsymbol{r},\boldsymbol{r}^{k-1})$$

$$\beta=(\rho^k/\rho^{k+1})(\alpha/\omega^{k-1})$$

$$\boldsymbol{p}^k=\boldsymbol{r}^{k-1}+\beta(\boldsymbol{p}^{k-1}-\omega^{k-1}\boldsymbol{v}^{k-1})$$

$$\boldsymbol{M}\boldsymbol{y}=\boldsymbol{p}^k$$

$$\boldsymbol{v}^k=\boldsymbol{A}\boldsymbol{y}$$

$$\alpha=\rho^k/(\boldsymbol{r}^0,\boldsymbol{v}^k)$$

$$\boldsymbol{s}=\boldsymbol{r}^{k-1}-\alpha\boldsymbol{v}^k$$

$$\boldsymbol{M}\boldsymbol{z}=\boldsymbol{s}$$

$$\boldsymbol{t}=\boldsymbol{A}\boldsymbol{z}$$

$$\omega^k=(\boldsymbol{t},\boldsymbol{s})/(\boldsymbol{t},\boldsymbol{t})$$

$$\boldsymbol{x}^k=\boldsymbol{x}^{k-1}+\alpha\boldsymbol{y}+\omega^k\boldsymbol{z}$$

$$\boldsymbol{r}^k=\boldsymbol{s}-\omega^k\boldsymbol{t}。$$

其中 $\boldsymbol{M}$ 称为预条件矩阵，可采用 Cholesky 不完全分解由 $\boldsymbol{A}$ 求得。

3.4　湍流流动的近壁处理

在受壁面限制的流动中，因为壁面附近流场变量的梯度较大，所以壁面对湍流计算的影响很大。湍流模型中假定湍流是各向同性的，因此在壁面附近需要进行特殊处理。处理的一种办法是用半经验公式将自由流中的湍流与壁面附近的流动连接起来，这种方法被称为壁面函数法。另一种方法是通过在壁面附近加密网格，同时调整湍流模型以包含壁面影响的方法，被称为近壁模型法。

壁面函数法中又有标准壁面函数法和非平衡壁面函数法。一般地说，标准壁面函数可以适用于大多数流动问题，因此也是 CFX 软件中缺省设置的方法。非平衡壁面函数法则适用于流场函数在壁面附近存在很大梯度的流动问题[15]。

壁面函数法适用于高雷诺数流动，近壁模型法适用于低雷诺数流动。

3.5 小　　结

本章首先介绍了计算流体力学的基本理论公式,并使用数值方法将其转化为代数方程组。重点讨论了对流项的插值有界性问题,然后介绍了交错网格下的 IDEAL 算法,最后介绍了建立起来的离散化方程的求解方法,为本书的研究奠定了理论基础。

第4章　二维流动的数值计算

4.1　平板运动

4.1.1　问题描述

边界层理论，即定常绕流中流体黏性只在贴近物面极薄的一层内主宰流体运动，称这一薄层为边界层或附面层，边界层外的流动可近似为无黏性的理想流动。

设由均匀定常的高速水流绕过长度为 L 的极薄平板，流动的 Re 很大。按照理想流体的无黏流动，极薄平板对均匀流动毫无影响，流体在平板上均匀地滑移过去。实际上平板表面上的流体速度为零，在离开平板很小的距离 δ 处，流体距离迅速增大至均匀流动。

本节将模拟一长度为 L 的极薄平板在雷诺数为 Re 时绕流的边界层。

本节涉及以下内容：

(1)平板及流场建模；

(2)结构化网格划分；

(3)定常计算；

(4)后处理；

(5)数据保存。

4.1.2　ICEM 建模

1. 几何建模

(1)创建点

选择 Geometry —  —  ，出现创建点对话框，如图4.1所示。

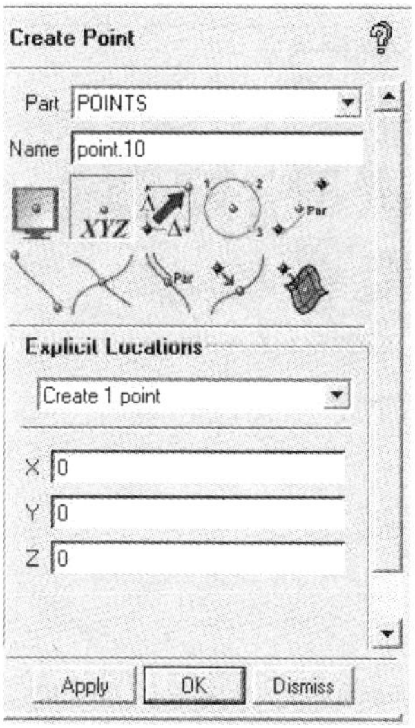

图4.1　创建点对话框

在其中依次输入点的坐标(0,0,0),(1,0,0),(3,0,0),(6,0,0),(6,3,0),(0,3,0),出现创建模型点,如图 4.2 所示。

图 4.2　创建模型点

(2)创建线

选择 Geometry — — ,Part 栏中选择“Curve”,将边界点依次连成线,出现创建面对话框,如图 4.3 所示。

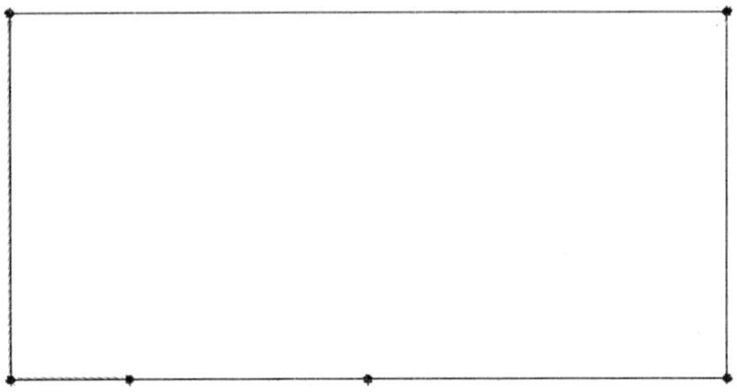

图 4.3　由点建线

(3)创建面

选择 Geometry — — ,出现创建面对话框,如图 4.4 所示。

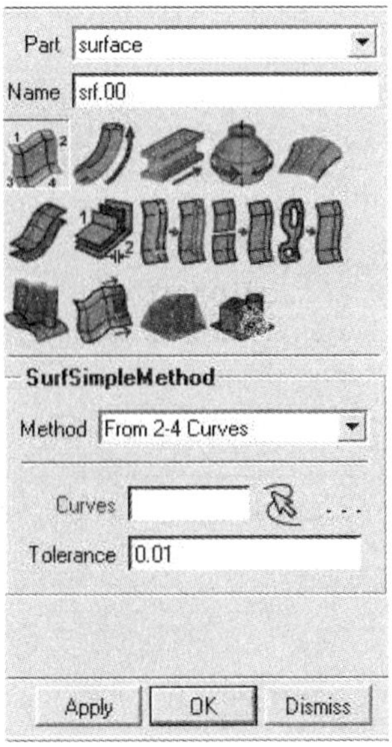

图 4.4　创建面对话框

在 Part 栏中输入“surface”，鼠标左键依次选中外围的 4 条曲线，点击“Apply”生成面，出现创建面，如图 4.5 所示。

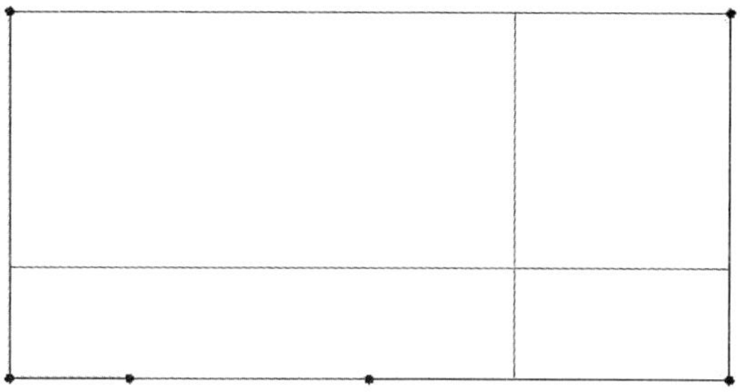

图 4.5　创建面

(4)创建体

选择 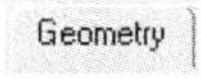

—  ，出现创建体对话框，如图 4.6 所示。

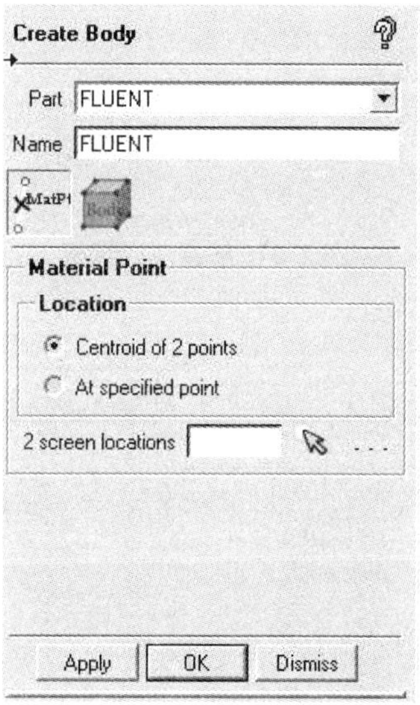

图 4.6　创建体对话框

在 Part 和 Name 栏中输入“LIVE”，然后在域中选择任意两点，一般选择对角点，然后控制树显示“BODY”，如图 4.7 所示。

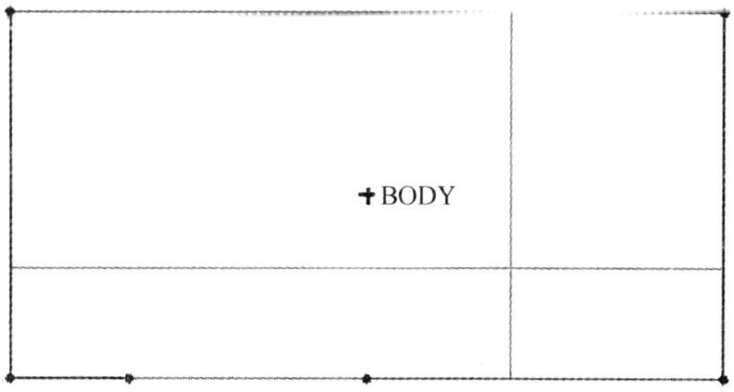

图 4.7　创建体

2. 网格划分

(1)创建块

选择 Blocking — — ,显示创建块对话框,如图 4.8 所示。

选择 Part 为“FLUID”,并设置 Initialize Blocks type 为“2D Planar”,然后点击“Apply”。

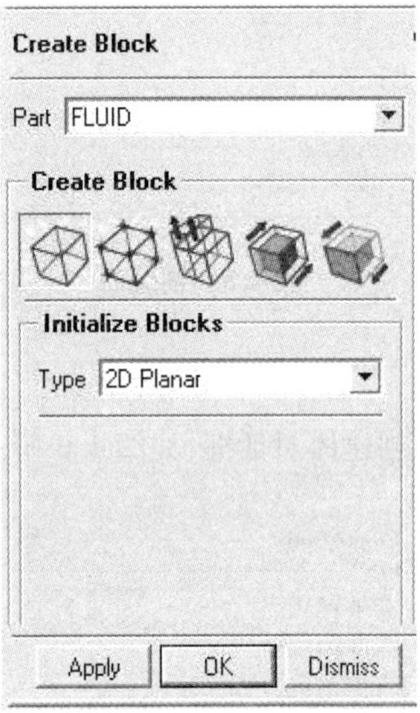

图 4.8　创建块对话框

(2)划分域

选择 Blocking — — ,显示切割块对话框,如图 4.9 所示。

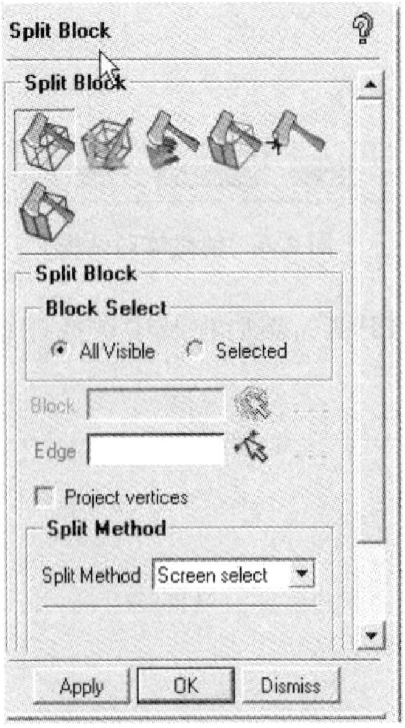

图 4.9　切割块对话框

对计算域进行划分,如图 4.10 所示。

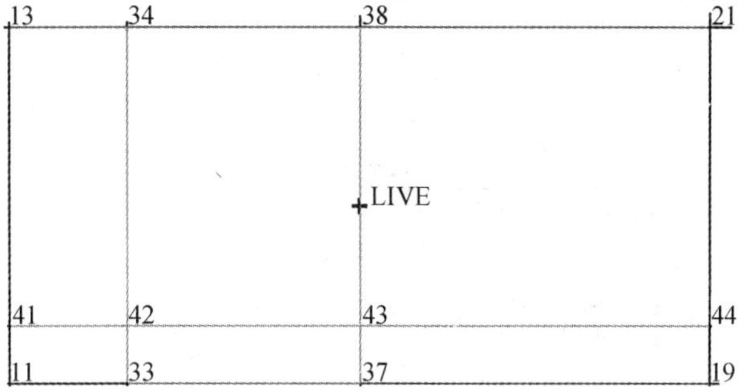

图 4.10　计算域划分

(3)设置网格结点

单击 Blocking ——,显示线网格设置对话框,选中 Copy Parameters——Method—To All Parallel Edges 选项,如图 4.11 所示。

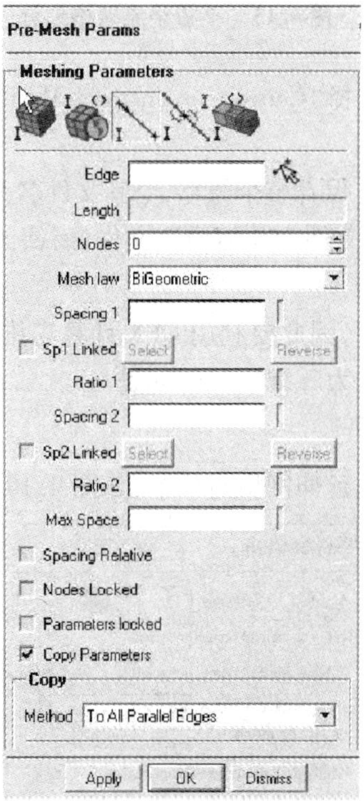

图 4.11　线网格设置对话框

选择边界 13 - 41,结点数 Nodes 设为 60;选择边界 11 - 41,由于要对边界层加密,所以结点数 Nodes 也设为 60,spacing1 设为 0.001,Ratio 设为 1.1;选择边界 13 - 34,结点数 Nodes 设为 20,spacing2 设为 0.03,Ratio2 设为 1.1;选择边界 34 - 38,Nodes 设为 80;选择边界 38 - 21,Nodes 设为 40,spacing1 设为 0.02,ratio 设为 1.1。

结点设置完成后,可以在控制树中单击 Model > Blocking > Pre_Mesh 预览网格划分情况,弹出对话框选择“Yes”,如图 4.12 所示。然后可以预览模型的网格划分,如图 4.13 所示。

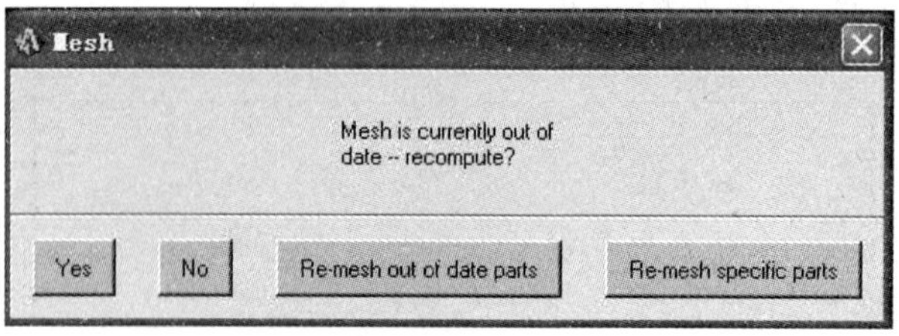

图 4.12　Mesh 对话框

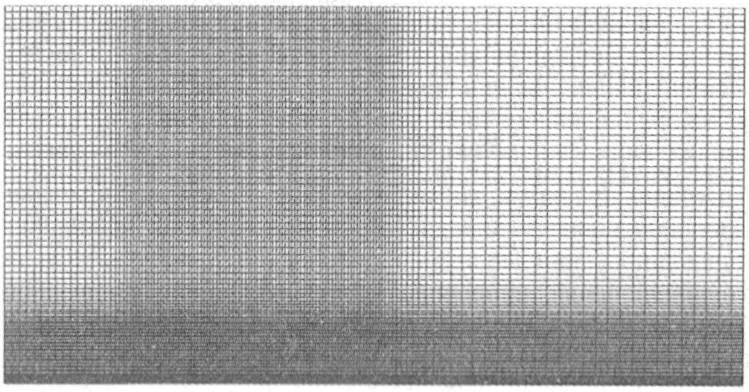

图 4.13　平板绕流网格划分

如果对网格划分满意,则选择"Convert to Unstruct Mesh"生成网格。

3. 文件保存

打开 File > Save Project As... 保存整个模型,令其文件名为"ban2d"。其中后缀为".blk"的文件为块文件,后缀为".tin"的文件为几何模型文件,后缀为".uns"的文件为网格文件。

4. 输出计算文件

CFX 只能计算三维的情况。因此要利用 CFX 计算二维情况时,需要在二维模型网格上加一个足够小的厚度,将其转化为三维情况的问题。

(1)Extrude Mesh(网格延伸)

选择 Edit Mesh —,显示延伸网格对话框,如图 4.14 所示。

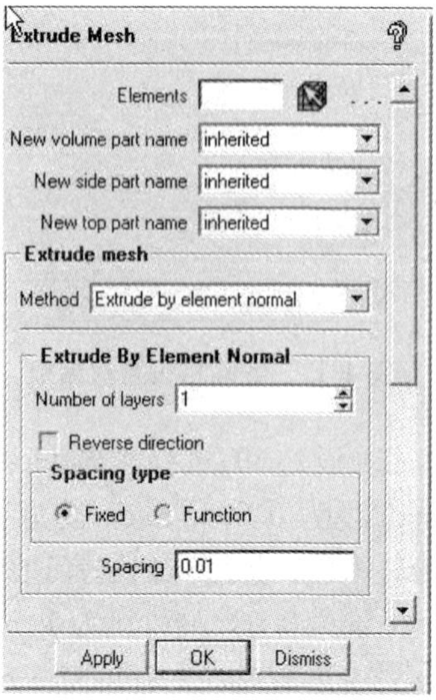

图 4.14　延伸网格对话框

使用 来选择"Elements"，这样会弹出选择网格要素对话框，如图 4. 15 所示。单击 并出现一个菜单，如图 4. 16 所示，单击"All"和"Accept"。

图 4. 15　Select mesh elements 对话框

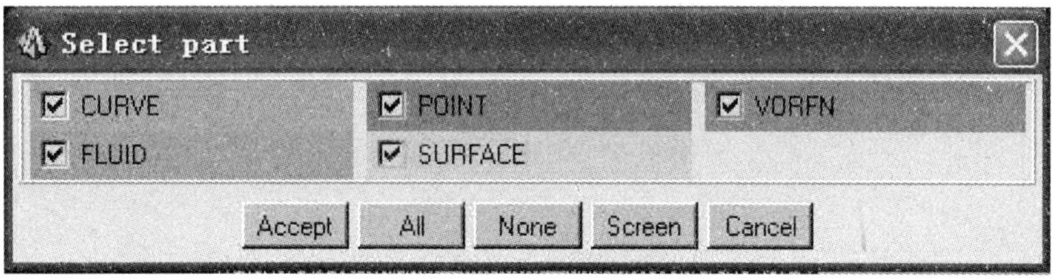

图 4. 16　Select part 对话框

在 New volume part name 后输入"Fluid_2d"，在 New side part name 后输入"side"，在 New top part name 后输入"top"，并且设置 Spacing type > Spacing 为 0. 001，然后单击"Apply"。

(2)设置边界名称

鼠标右键点击"Parts"，选择"Create Part"，单击"Create Part by Selection" ，如图 4. 17 所示。

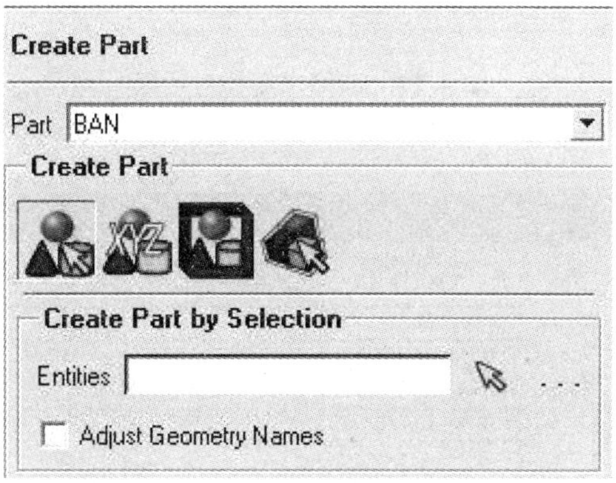

图 4. 17　Create Part 对话框

按照图 4. 18 所示创建新的边界。

(3)输出网格

输出网格文件到 CFX 中，单击 Output — ，选择 Output Solver 为"ANSYS CFX"，选择 Common Structural Solver 为"ANSYS"，然后单击"Apply"，如图 4. 19 所示。

单击 Output — ，保持默认设置，单击 Done，如图 4. 20 所示。

输出的网格文件后缀名为". cfx5"。

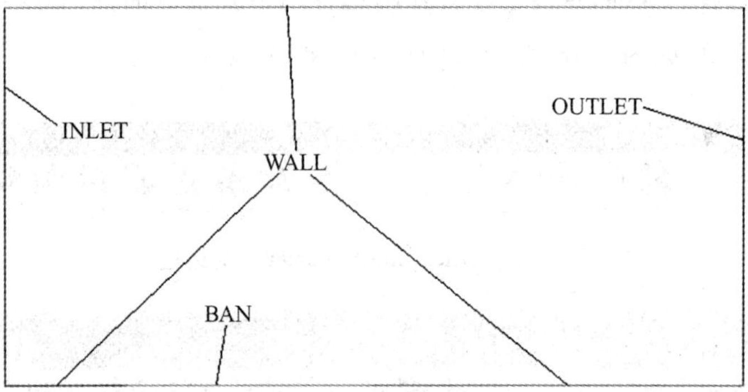

图 4.18　创建边界示意图

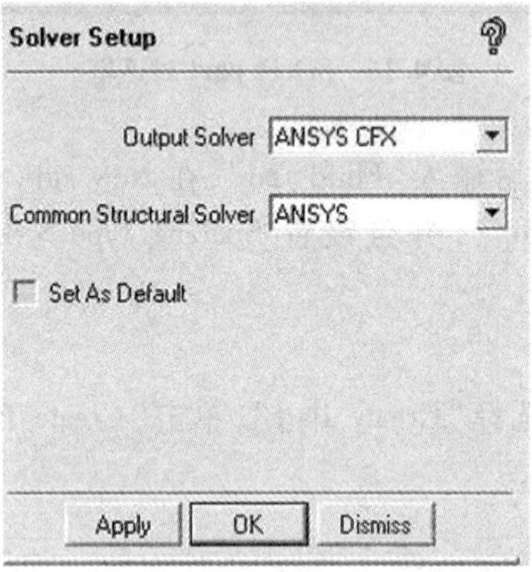

图 4.19　选择求解器对话框

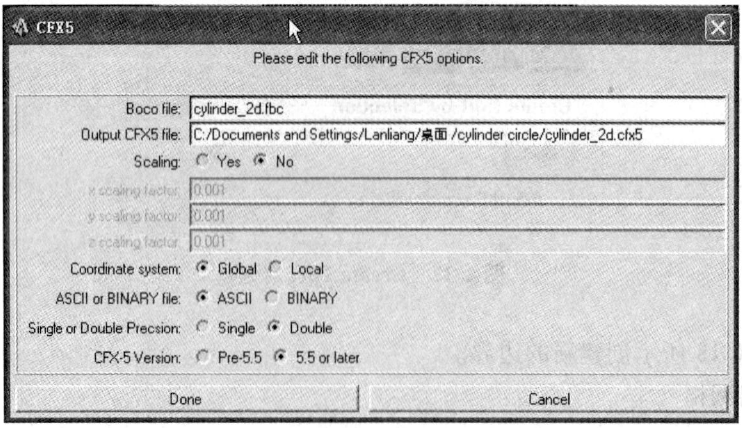

图 4.20　输出网格文件对话框

4.1.3　计算参数设置

单击 运行前处理软件 CFX - Pre 11.0。

1. 创建新的仿真

打开 File > New Simulation... ,选择“General”,单击“OK”。

打开 File > Save Simulation As... ,输入文件名为“ban2d”,选择适当的保存路径,然后单击“Save”。

2. 输入网格文件

在工具栏中选择“Import Mesh” ,在 File type 栏下选择“ICEM CFD(* cfx　* cfx　* msh)”,然后选择之前生成的网格文件,单击“Open”。

3. 定义仿真类型

选择“Define the Simulation Type” ,Simulation Type > Option 选择“Steady state”,单击“Apply”确定,如图 4.21 所示。

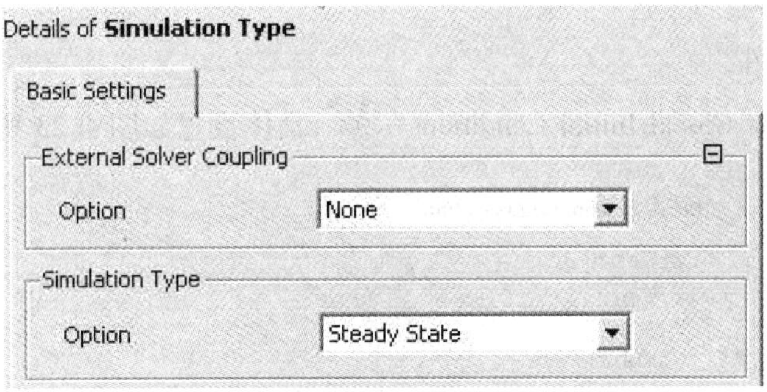

图 4.21　Simulation Type 对话框

4. 创建域

选择“Create a Domain” ,设置 Name 为“ban2d”,单击“OK”。

选择 General Options > Basic Settings > Location 为“FLUID_2D”,选择 General Options > Basic Settings > Fluids List 为“Water”。

在本例里我们选择湍流模型,因此选择 Fluid Models > Turbulence > Option 为 K-Epsilon,其他设置默认,单击“Apply”确定。

5. 创建边界条件

选择“Create a Boundary Condition” ,设置 Name 为“INLET”,单击“OK”。

如图 4.22 所示,设置 Basic Setting > Boundary type 为 Inlet,Boundary Detail > Mass And Momentum > Option 为 Cart. Vel. Components,并设其速度 U 为 2 m/s,V 和 W 均为 0 m/s。

在 Turbulence 一项中选择 Option 为 Medium(Intensity = 5%)。

按照上述操作,创建出口边界条件 Outlet,壁面条件 wall,ban,对称面 sym。

其中 outlet 为压力出口,设置压力为 0 Pa;壁面条件 wall 为计算域的上下边界面,壁面影响设置为自由滑移(Free Slip),ban 的壁面影响设置为无滑移(No Slip)。

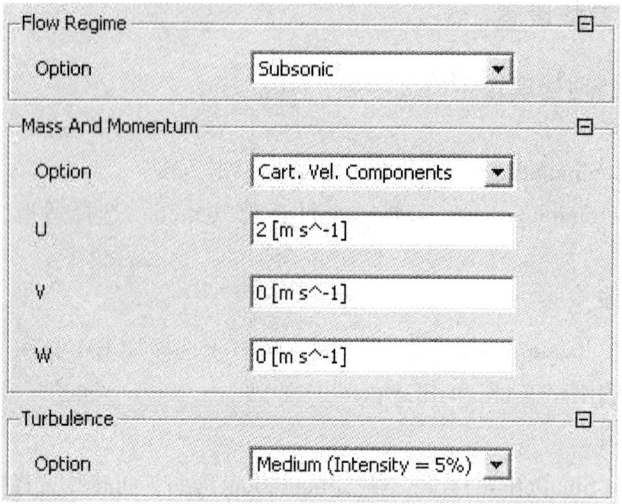

图 4.22　入口边界条件设置对话框

6. 定义初始条件

选择“Define the Global Initial Conditions”  ,具体设置如图 4.23 所示。

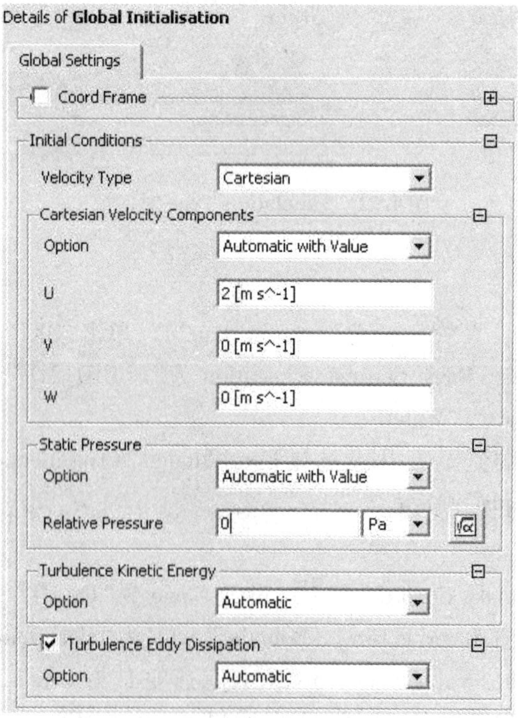

图 4.23　初始条件设置对话框

7. 定义求解控制

选择“Define the Solver Control Criteria” ，具体设置如图 4.24 所示。

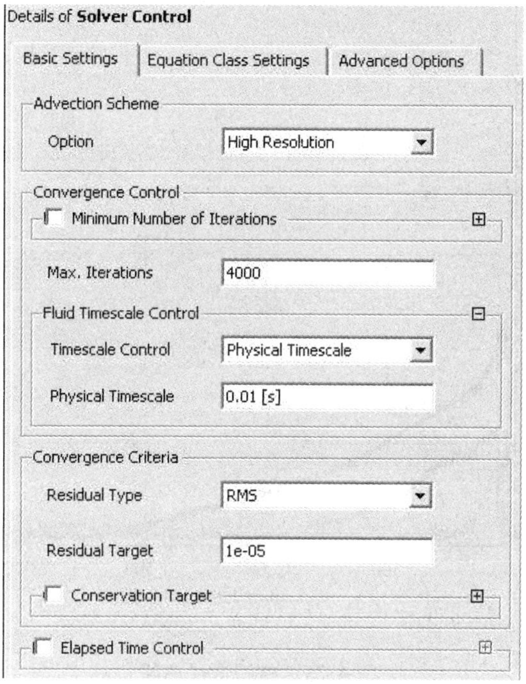

图 4.24　Solver Control 对话框

4.1.4　求解及监控

单击 运行求解器软件。

打开 Open File > Define Run... ，使用 选择文件名为“ban2d. def”的文件，单击“Start Run”开始计算。

图 4.25 为求解迭代曲线。

4.1.5　后处理

单击 运行后处理软件。

打开 File > Load Results... ，打开之前计算所得到的结果文件“ban2d. res”，则窗口会出现模型图像。

选择“Vector” 新建矢量图，具体设置如图 4.26 所示

在 Symbol 项中设 Symbol Size 为 0.05。

单击“Apply”显示速度矢量图和速度梯度图，如图 4.27 和图 4.28 所示。

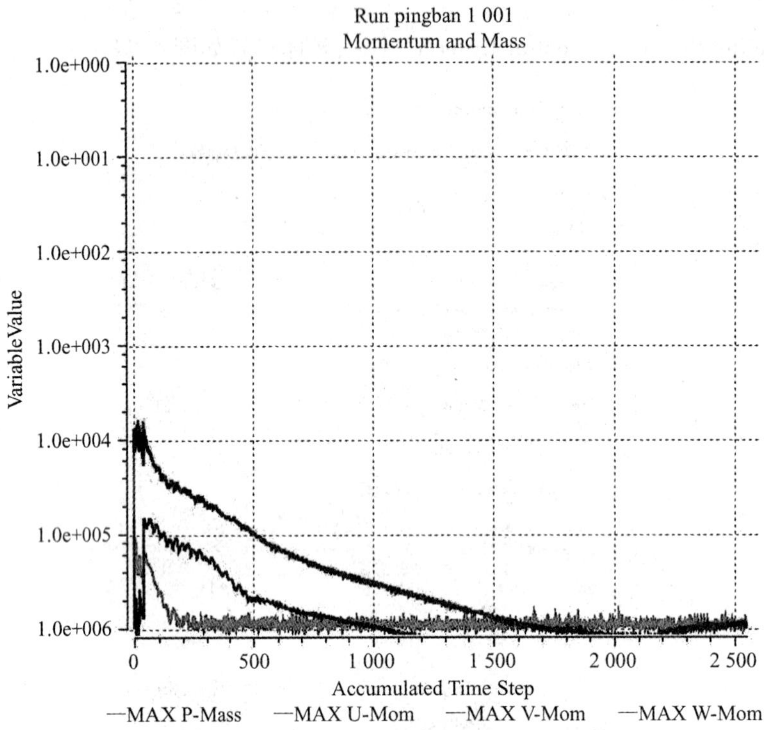

图 4.25　求解迭代曲线

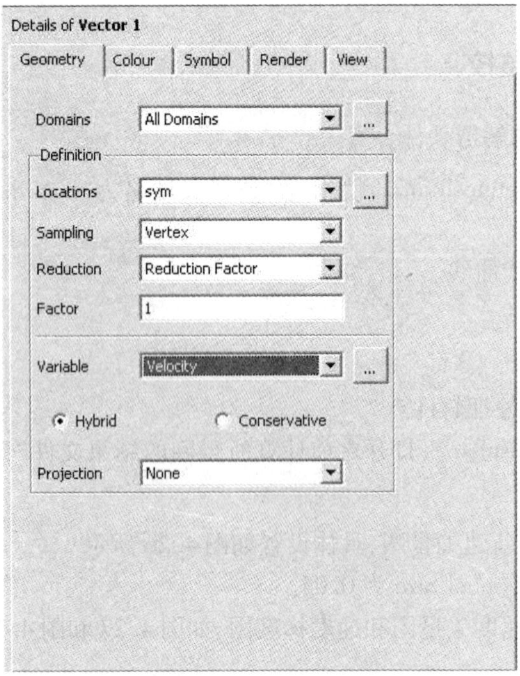

图 4.26　Vector 对话框

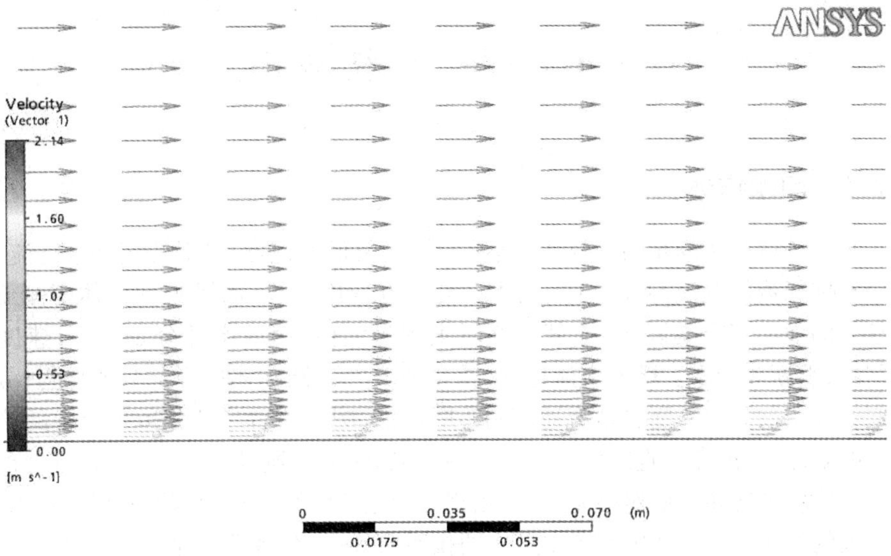

图 4.27　速度矢量图

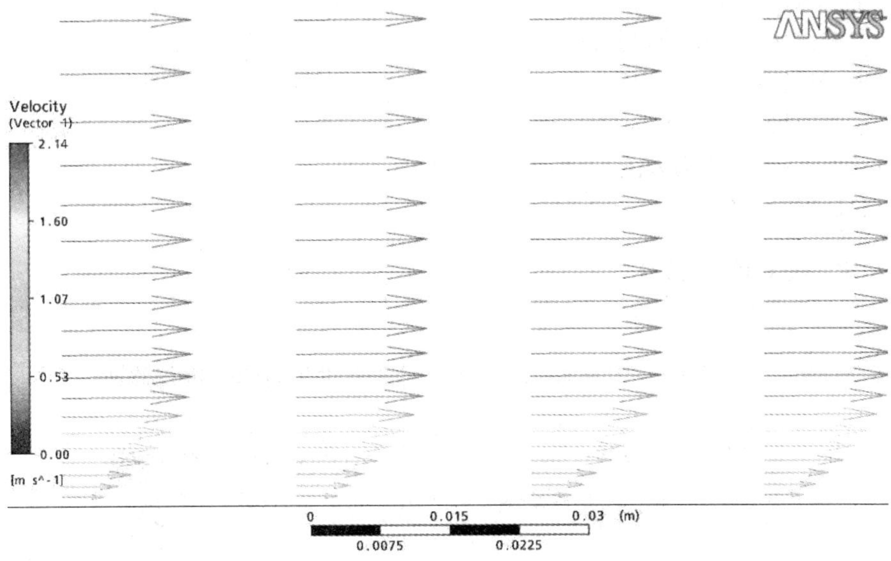

图 4.28　速度梯度图

4.1.6　小结

本节阐述了平板问题，利用 ICEM 对平板及流场建模，并采用结构化网格对该模型进行网格划分，然后在 CFX－Pre 中设置了相关的计算参数，并在 CFX－Solver 中进行了定常求解计算，最后在 CFX－Post 中对计算结果进行了后处理，为解决平板运动类型问题的数值模拟计算提供了参考。

4.2 圆 柱 绕 流

4.2.1 问题描述

把一个圆柱体放在静止的流体中,然后流体以很低的速度(雷诺数很小)绕流圆柱体。此时流动与理想流体绕流圆柱一样,流体在前驻点速度为零,而后沿圆柱体两侧流动。流动在圆柱体的前半部分是降压,速度逐渐增大到最大值;而后半部分是升压,速度逐渐下降,到后驻点重新等于零。增大来流速度(雷诺数增大),圆柱体后半部分的压强梯度增加,以致引起边界层的分离。随着来流速度的不断增加,圆柱体后半部分边界层中的流体微团受到更大的阻滞,分离点一直向前移动。当雷诺数 Re 增大到 40 左右时,在圆柱体的后面便会产生一对旋转方向相反的对称旋涡;当雷诺数超过 40 后,对称旋涡不断增长且出现摆动;当雷诺数大约等于 60 时,在尾流场中形成两排反向旋涡,交错排列为有序的涡列,这就是著名的卡门涡街。

本节将模拟一直径为 1 m 的圆柱在雷诺数 Re 为 200 时卡门涡街脱落情况。

本节涉及以下内容:

(1)二维结构化网格的划分;

(2)瞬态计算;

(3)动画设置;

(4)后处理,包括压力云图、速度矢量图;

(5)数据保存。

4.2.2 ICEM 建模

1. 创建点(Point)

图 4.29 所示为 Geometry 工具栏,此工具栏用来创建几何体并进行修改。

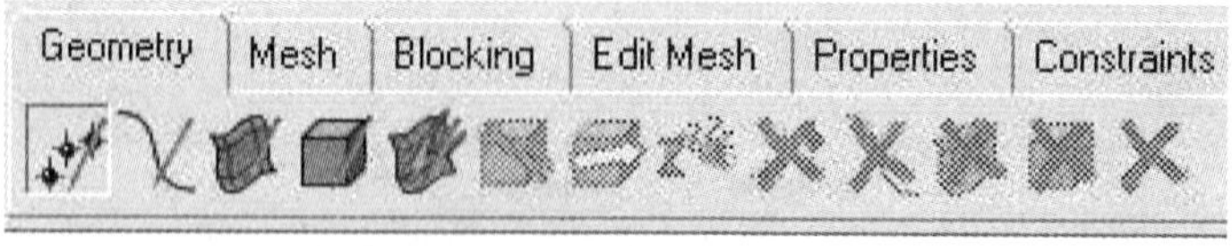

图 4.29 Geometry 工具栏

操作:点击 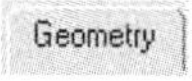 —  —  ,如图 4.30 所示。在 X,Y,Z 上分别输入流体域边界点的值。在这里取 X 的最小值为 -5,最大值为 20,Y 的最小值为 -5,最大值为 5。

对于二维圆柱创建只需要输入圆心坐标(0,0,0)和不在同一条直线上的两个坐标点坐标值(0.5,0,0)和(0,0.5,0),创建完成后如图 4.31 所示。控制树将会显示在软件左侧,如图 4.32 所示。

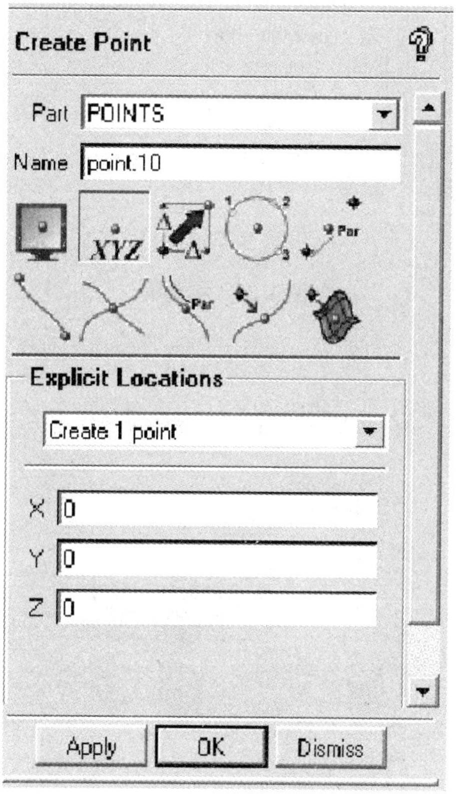

图 4.30　ICEM CFD 创建点对话框

图 4.31　点创建完成

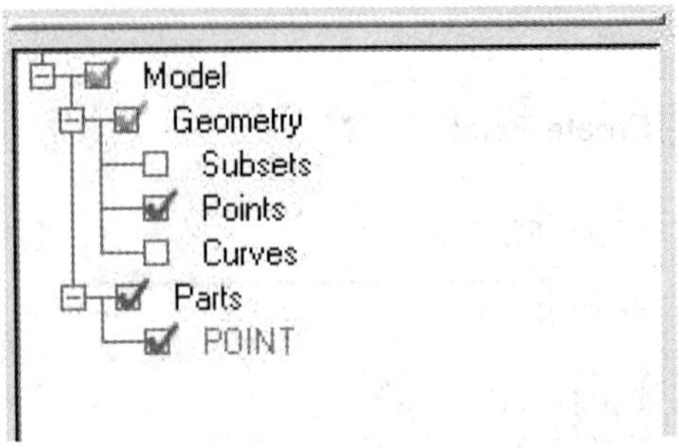

图 4.32　控制树

2. 由点建线(Line)

操作:点击 Geometry — — ,如图 4.33 所示。

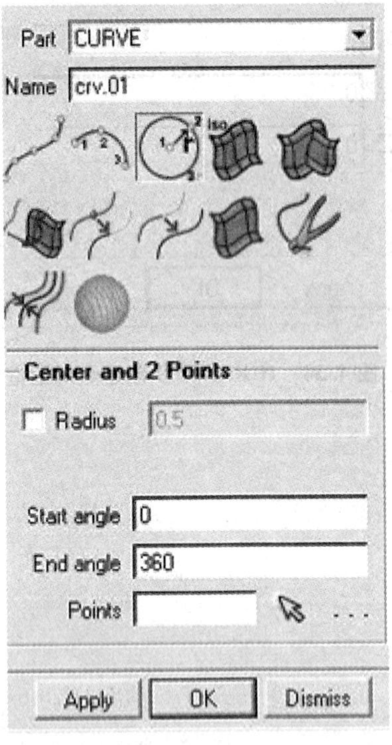

图 4.33　创建圆对话框

按照提示选择圆心点和圆周上的两个点,点击“Apply”,如图 4.34 所示。

单击 ,用左键选中点,单击鼠标滚轮为确定,单击鼠标右键为取消,如图 4.35 所示。

按上述步骤依次将外围各点连接成直线,单击图标 调整合适的显示窗口,如图 4.36 所示。

3. 由线建面(Surface)

操作:点击 Geometry — — ,如图 4.37 所示。

鼠标左键依次选中外围的 4 条曲线,点击“Apply”生成面,如图 4.38 所示。

图 4.34　创建圆

图 4.35　创建线 A

图 4.36　创建线 B

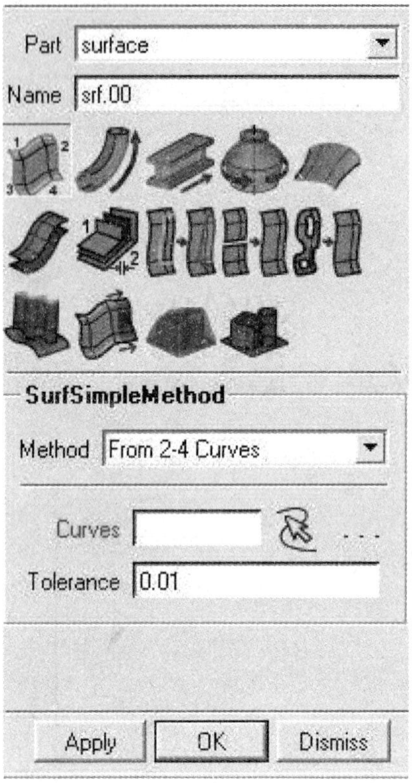

图 4.37　创建面对话框

图 4.38　创建面

4. 创建体(Body)

点击 Geometry —  ,如图 4.39 所示。

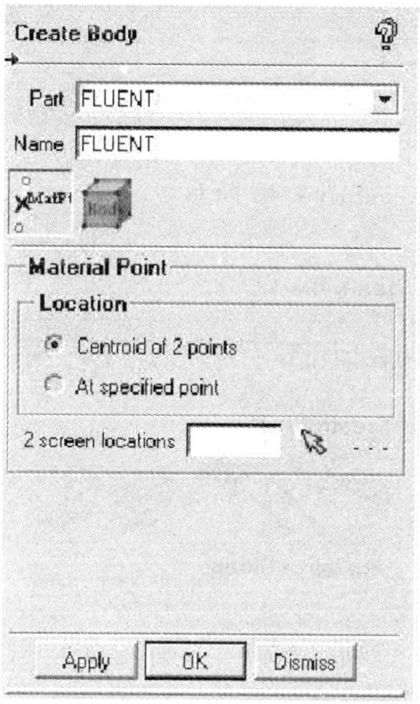

图 4.39　创建体对话框

在 Part 和 Name 栏中输入“FLUID”,然后在域中选择任意两点,一般选择对角点,然后单击“Apply”生成体,如图 4.40 所示。

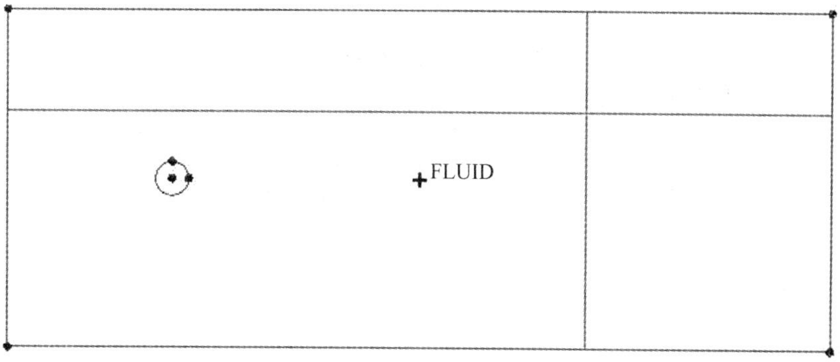

图 4.40　创建体

点击 File > Geometry > Save Geometry As… ,输入“cylinder_2d”,点击保存,将几何体保存。

5. 划分网格

(1)创建块(Block)

图 4.41 所示为 Blocking 工具栏。

图 4.41　Blocking 工具栏

点击 

—  —  ,如图 4.42 所示。

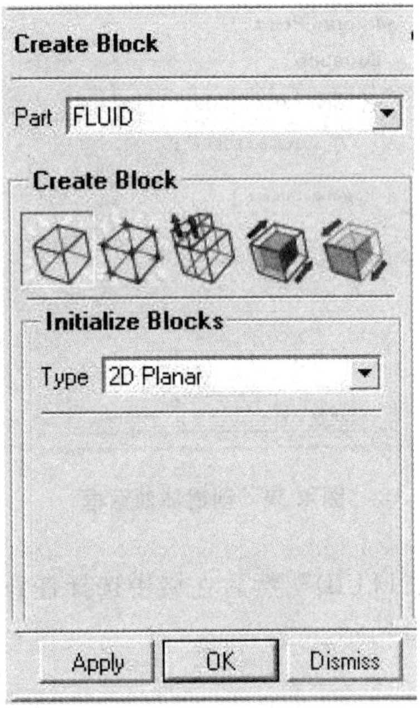

图 4.42　创建块对话框

选择 Part 为“FLUID”,并设置 Initialize Blocks type 为“2D Planar”,然后点击“Apply”,显示如图 4.43 所示。

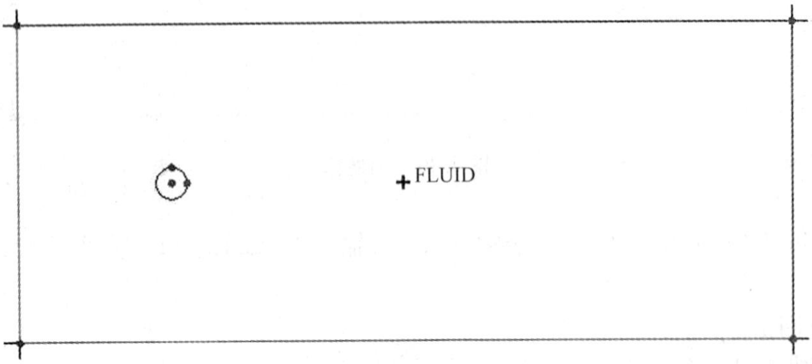

图 4.43　创建块

(2)域的分块

点击 Blocking —  —  ,如图 4.44 所示。

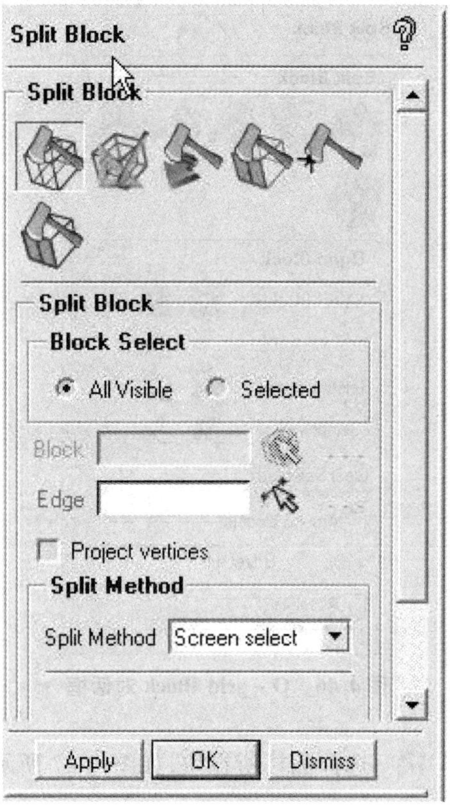

图 4.44　切割块对话框

注意 Split Method 应设置为“Screen Select”。

点击  ,使用鼠标左键选择壁面边界,将会出现一条垂直于所选边界的切割线。一直点住鼠标左键不放,我们可以移动这条新的边界线至所需位置,如图 4.45 所示。

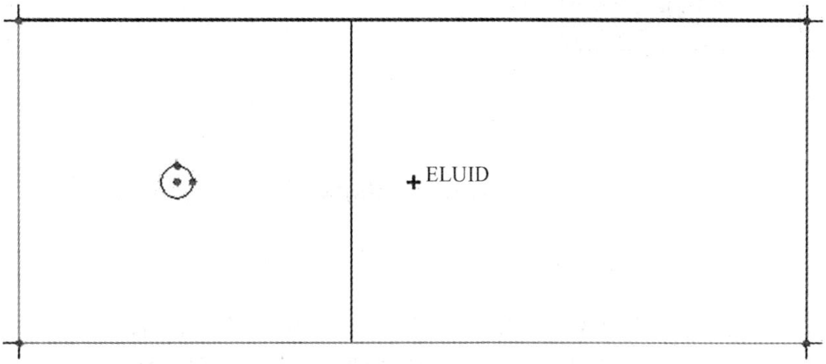

图 4.45　移动切割线

(3)创建 O 型网格(O – grid)

选择“O – grid Block” ,如图 4.46 所示。

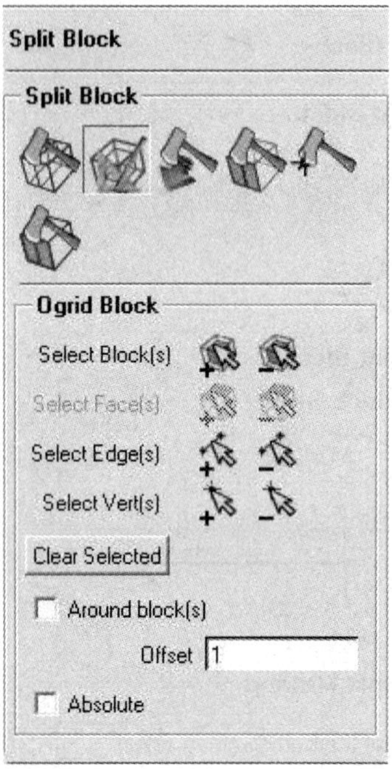

图 4.46　O – grid Block 对话框

单击“Select Block(s)” ,选择圆柱所在块,如图 4.47 所示。单击“Apply”生成 O 型网格,如图 4.48 所示。

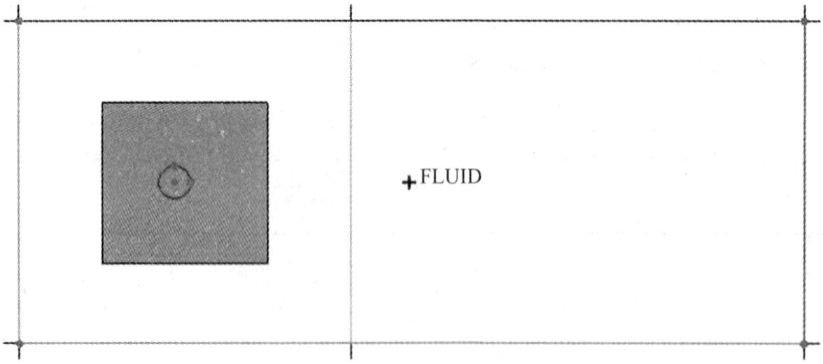

图 4.47　O 型网格

(4)几何体关联

将块的边界线关联到几何体上。单击 Blocking — — ,如图 4.49 所示。

勾选上“Project Vertices”点击“Apply”,选择边界线(Edge)和圆柱曲线(Curve),然后单击鼠标滚轮确定,如图 4.50 和图 4.51 所示。

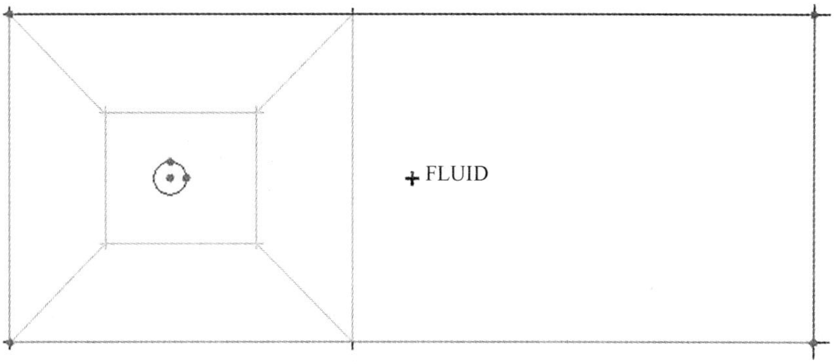

图 4.48　显示边界线顶点

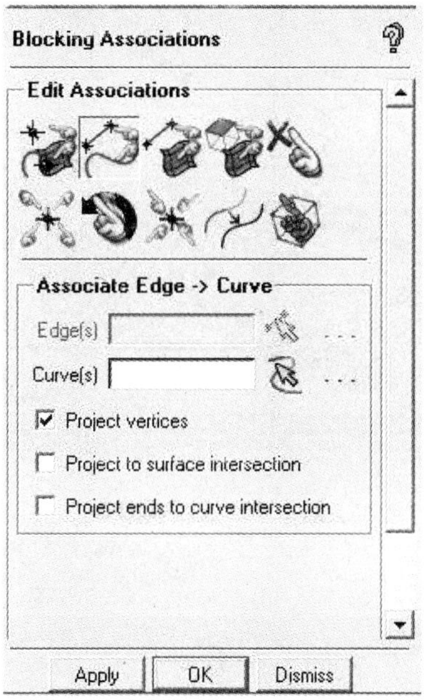

图 4.49　线关联对话框

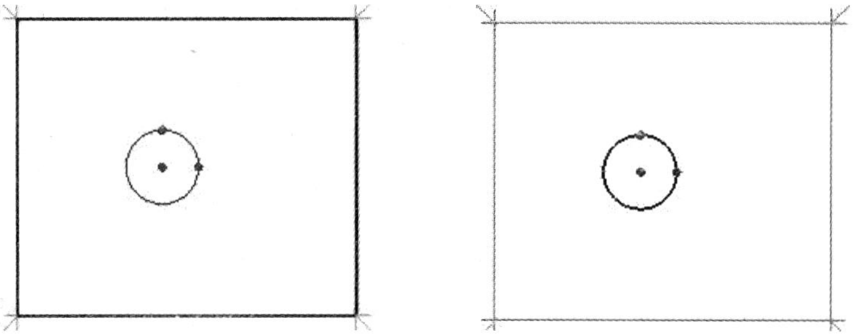

图 4.50　选择 Edge 和 Curve

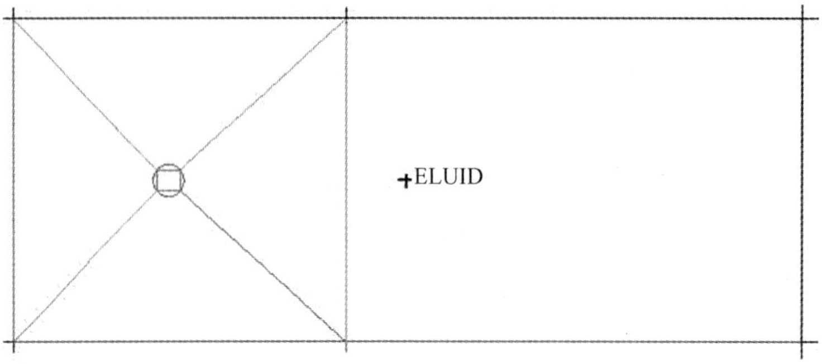

图 4.51　几何体关联

观察圆柱绕流主要是观察圆柱后面的尾流现象,因此要对圆柱后面尾部进行局部的网格加密。在圆柱后面尾部进行切割,生成一个尾流域,如图 4.52 所示。

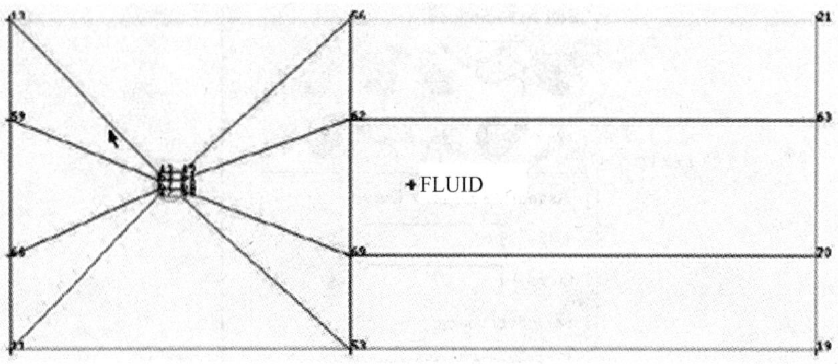

图 4.52　圆柱尾流域

(5)线网格划分

单击 Blocking —  —  ,如图 4.53 所示。

选中"Copy Parameters",下面的 Method 选择"To All Parallel Edges"选项。这样当选择一条边界线时,计算机会自动选中其他与该边界线平行的所有边界线。

首先,选中圆柱周围的斜边,由于要对圆柱绕流边界层处网格进行加密,因此对于斜边的网格划分需要进行局部加密,即在圆柱表面网格要密,相对远些的地方,网格可以稀疏些。参数设置如图 4.54 所示,选择一段斜边,在 Nodes 后输入"80",Spacing 1 后输入"0.001"。结果如图 4.55 所示。

然后,选中圆形内部长方形的边界,每条矩形的边对应了每段圆弧,将每段矩形的边网格结点数设为 60,以划分结构化网格,如图 4.56 所示。

对于尾流区域,选中其中一条边,在 Nodes 后输入"60",Spacing 1 后输入"0.18",Ration 1 后输入"1.1"。结果如图 4.57 所示。

要查看网格的划分情况,可以鼠标左键单击 Model > Blocking > Pre_Mesh,这样会弹出一个对话框,选择"Yes",如图 4.58 所示。然后我们可以预览整个模型的网格划分,如图 4.59 所示。

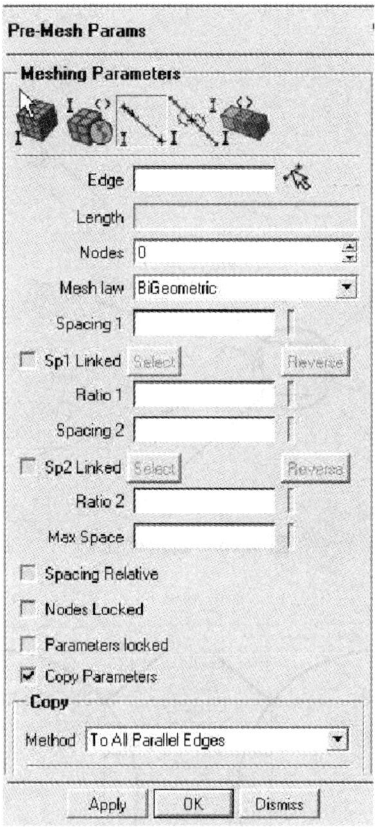

图 4.53　划分线网格对话框

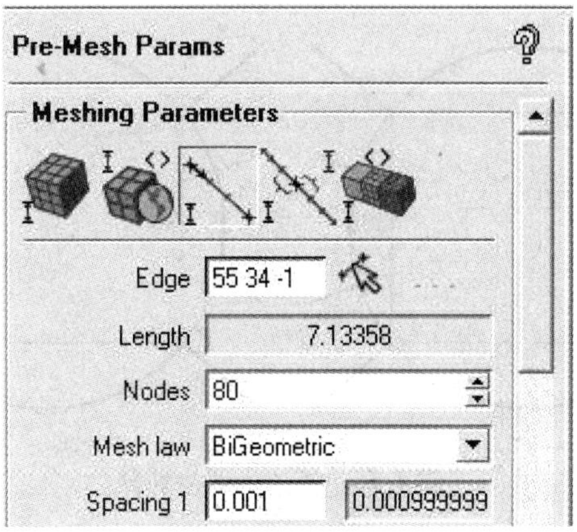

图 4.54　网格比例操作

如果网格划分没有问题,则可以用鼠标左键单击“Pre Mesh”,选择“Convert to Unstruct Mesh”生成网格。

6. 文件保存

打开 File > Save Project As... 保存整个模型,令其文件名为“cylinder_2d”。其中后缀为

“. blk”的文件为块文件,后缀为“. tin”的文件为几何模型文件,后缀为“. uns”的文件为网格文件,如图 4. 60 所示。

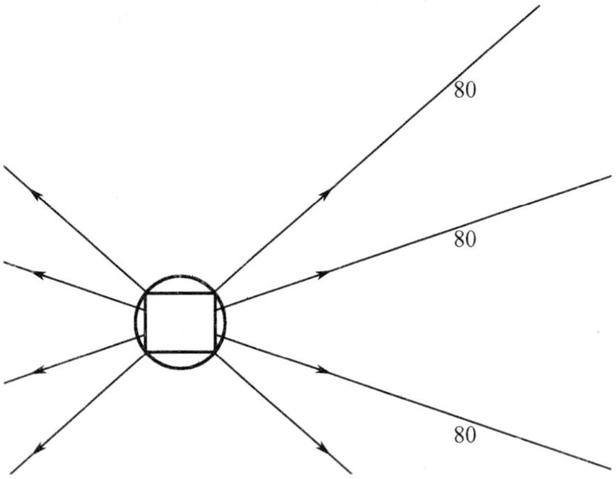

图 4. 55　线网格比例

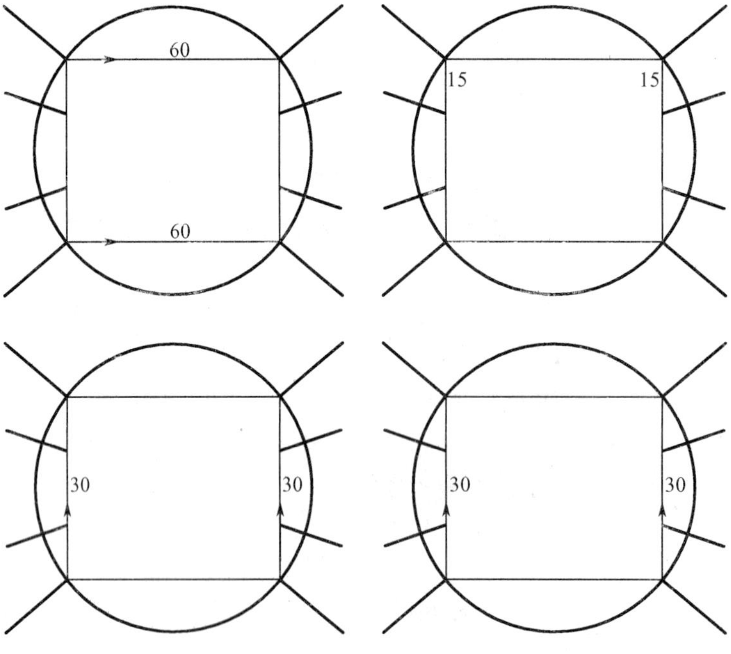

图 4. 56　矩形线网格划分

7. 输出计算文件

CFX 计算与 Fluent 有所不同,Fluent 在二维的情况下直接进行计算,但是 CFX 则不行,它只能计算三维的情况。因此假如我们要利用 CFX 计算二维情况时,我们需要在二维模型网格上加一个足够小的厚度,将其转化为三维情况。

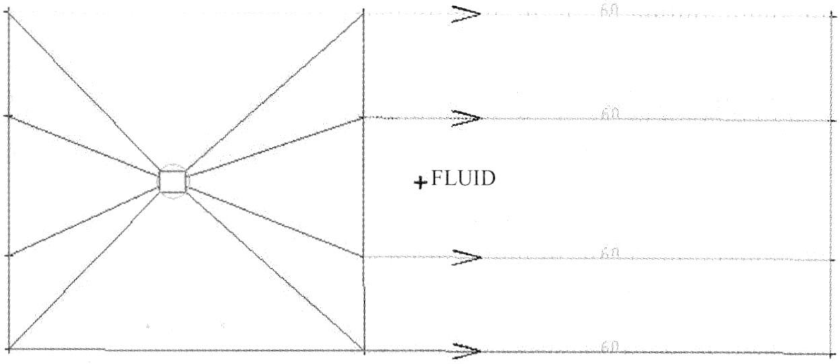

图 4.57　尾流区域线网格划分

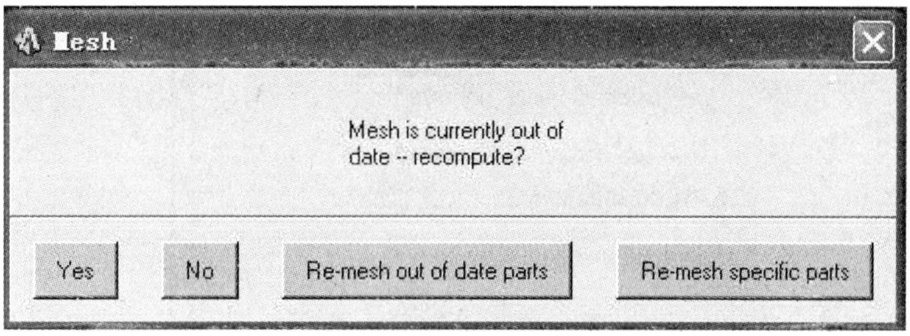

图 4.58　网格预览对话框

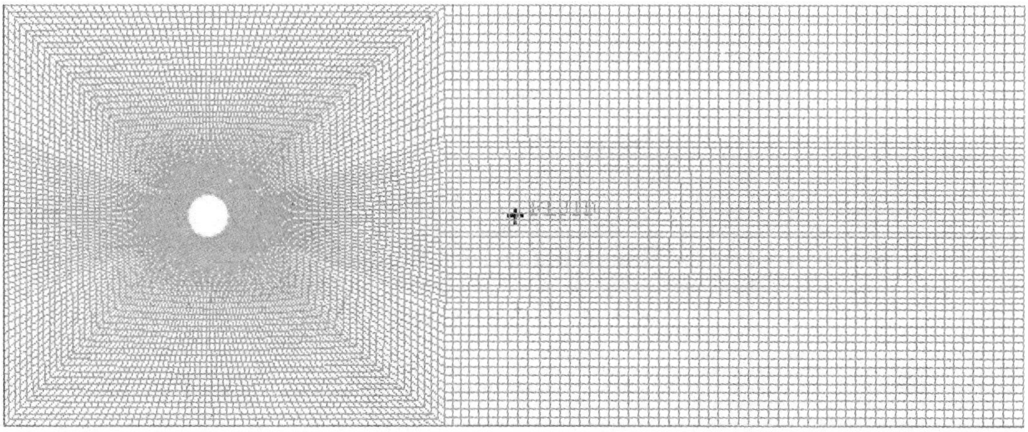

图 4.59　模型网格预览

图 4.60　保存的文件

(1)Extrude Mesh(网格延伸)

图 4.61 所示为 Mesh 工具栏。

图 4.61　Mesh 工具栏

单击  —  ,得到延伸网格对话框,如图 4.62 所示。

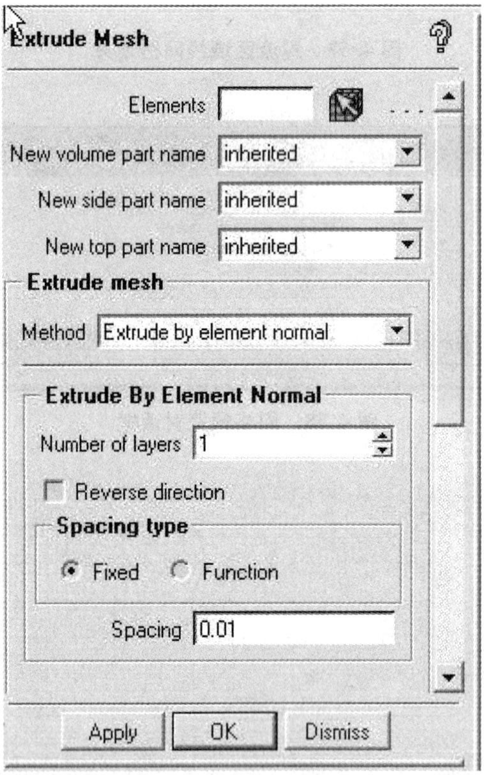

图 4.62　延伸网格对话框

点击  来选择 Elements,这样会弹出选择网格要素对话框,如图 4.63 所示。单击  出现一个菜单,如图 4.64 所示,单击"All"和"Accept"。

图 4.63　选择网格要素对话框

在 New volume part name 后输入"Fluid_2d",在 New side part name 后输入"side",在 New top part name 后输入"top",并且设置 Spacing type > spacing 为"0.001",然后单击"Apply"。因此,网格在 *Z* 方向上有了一个高度,高度值为 0.001。

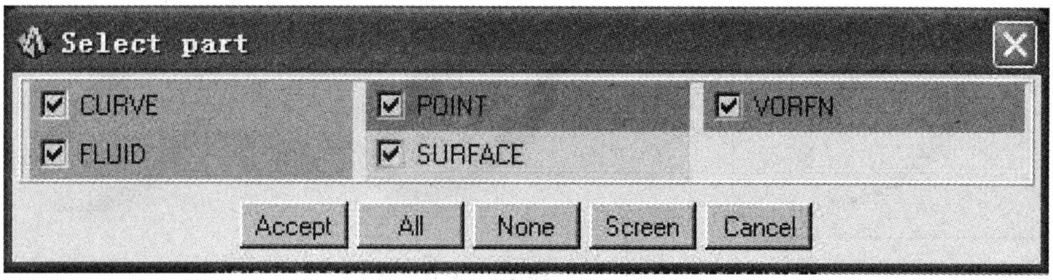

图 4.64　Select part 对话框

(2)设置边界名称

在控制树中打开 Parts,并关闭其中的 FLUID,TOP 和 VORFN,如图 4.65 所示。

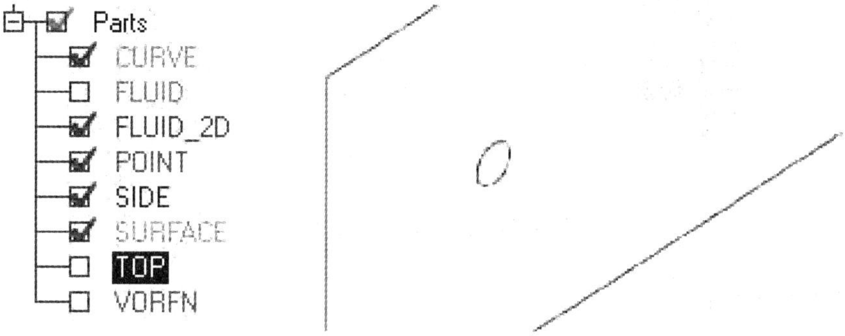

图 4.65　控制树选择

鼠标右键点击“Parts”,选择“Create　Part”,单击“Create　Part　by　Selection”  ,如图 4.66 所示。

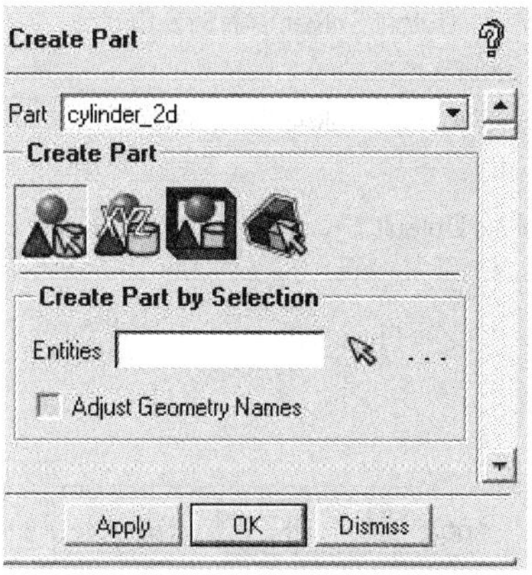

图 4.66　创建 Parts 对话框

在 Part 后输入“cylinder_2d”,使用  并且按住鼠标左键拖拽选择圆柱区域,如图 4.67 所示。单击鼠标滚轮确定,于是一个新的 CYLINDER 边界条件创建完毕。

然后通过相同的方法创建 INLET,OUTLET,SIDEA 和 SIDEB 边界条件,完成后控制树中会显示之前创建的部分,如图 4.68 所示。

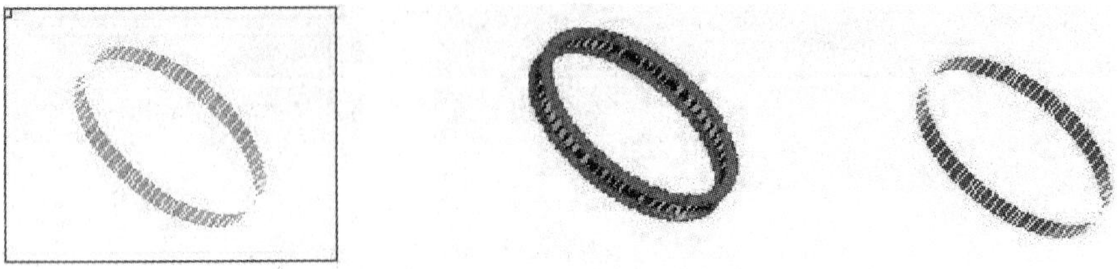

图 4.67　创建 CYLINDER

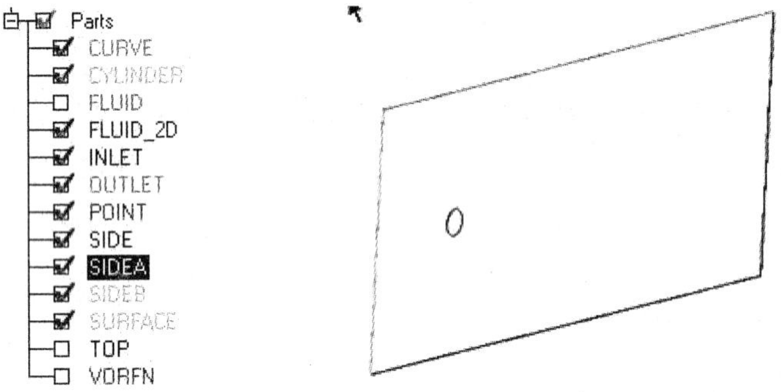

图 4.68　创建完成边界条件

(3)输出网格文件

输出网格文件到 CFX 中，单击 Output —，选择 Output Solver 为“ANSYS CFX”，选择 Common Structural Solver 为“ANSYS”，然后单击“Apply”，如图 4. 69 所示。

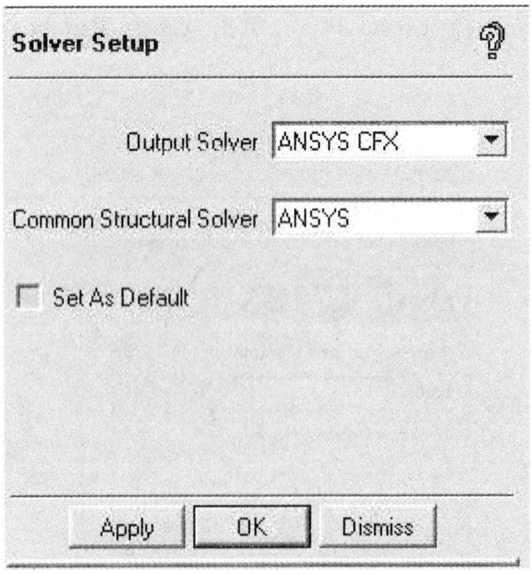

图 4.69　选择求解器

单击 Output —，保持默认设置，单击“Done”，如图 4. 70 所示。

现在，我们可以在相应文件夹中找到输出的网格文件，该文件的后缀名为“. cfx5”，如图 4. 71 所示。

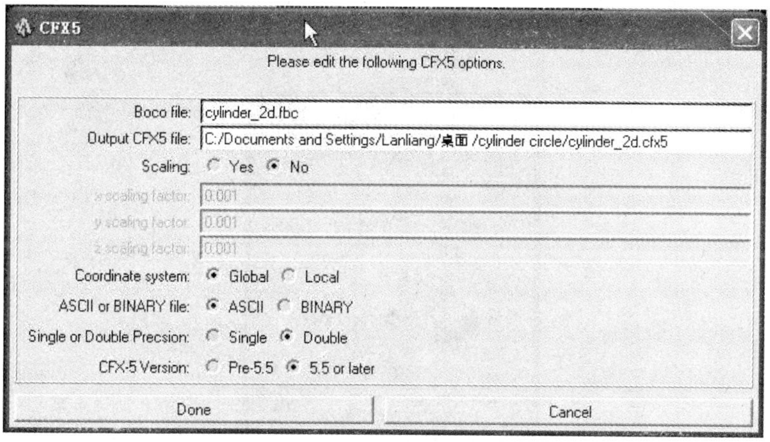

图 4.70　输出网格文件

图 4.71　网格文件

4.2.3　计算参数设置

打开 CFX 软件,我们可以看到 CFX 11.0 软件的界面,如图 4.72 所示。

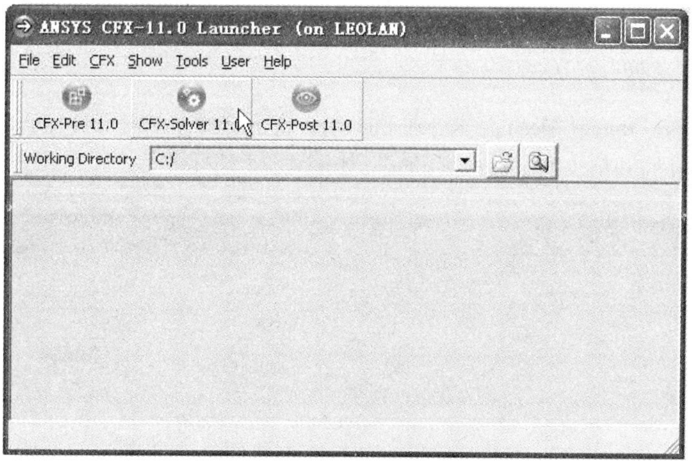

图 4.72　CFX 11.0 界面

这里有三种不同的功能:

(1)CFX－Pre 11.0　前处理,设置相关的参数;

(2)CFX－Solver 11.0　求解器,使用确定的物理模型进行求解;

(3)CFX－Post 11.0　后处理,获得我们所需要的数据和图形。

1. 计算参数设置

单击  运行前处理软件。

(1)创建新的仿真

打开 File > New Simulation... ,如图 4.73 所示。

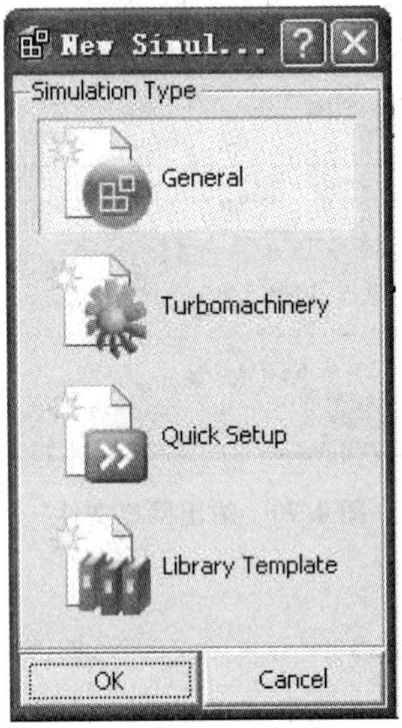

图 4.73　创建新仿真

选择"General",单击"OK"。

打开 File > Save Simulation As... ,输入文件名"cylinder_2d",选择适当的保存路径,然后单击"Save"。

(2)输入网格文件

在工具栏中选择"Import Mesh" ,在 File type 栏下选择 ICEM CFD"(* cfx *cfx *msh)",然后选择之前生成的网格文件,单击"Open",如图 4.74 所示。

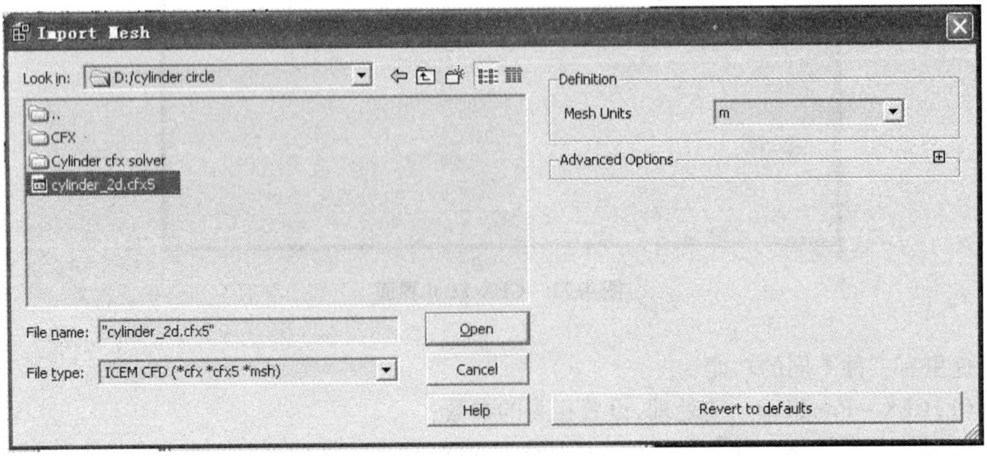

图 4.74　导入网格文件对话框

这样网格文件就被导入 CFX - Pre 中,如图 4.75 所示。

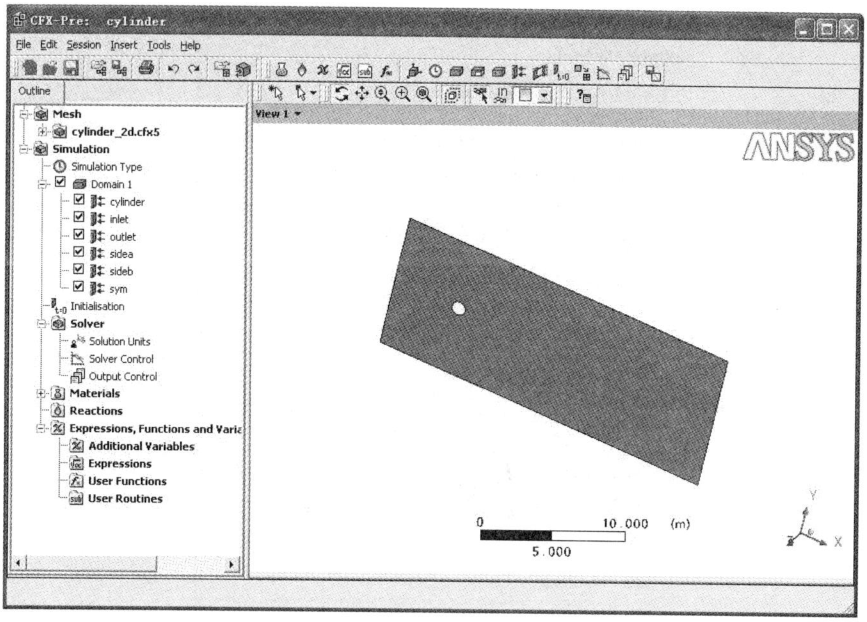

图 4.75　CFX 前处理界面

(3)新建一种材料

选择“Create a Material” ，使用默认的名称，单击“OK”，如图 4.76 所示。

图 4.76　Insert Material 对话框

设置该材料的密度为“1 kg/m^3”，动力黏性系数为“0.005 kg/(m·s)”，其他保持默认设置，单击“Apply”和“OK”确定，如图 4.77 所示。

(4)定义仿真类型

选择“Define the Simulation Type” ，Simulation Type > Option 选择“Transient”。这里有两种模型，分别是定常模型(Steady State)和非定常模型(Transient)，由于涡脱落为瞬态的现象，所以选择非定常模型。其他的设定如图 4.78 所示，单击“Apply”和“OK”确定。

(5)创建域

选择“Create a Domain” ，弹出如图 4.79 所示对话框，设置 Name 为“cylinder2d”，单击“OK”。

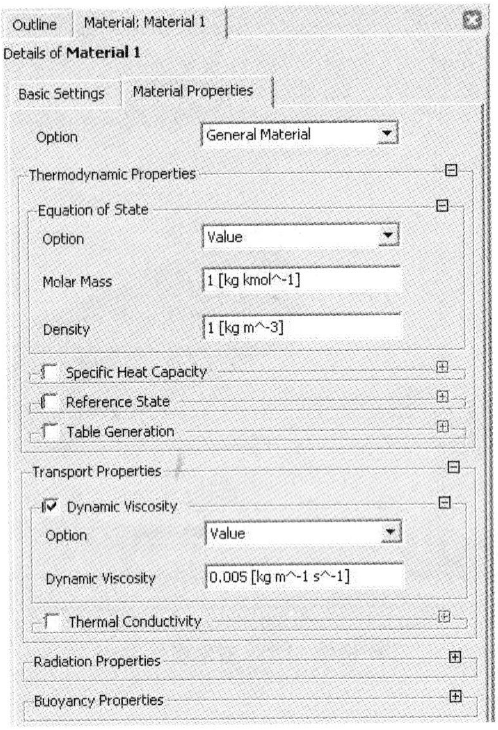

图 4.77　创建一种新的材料

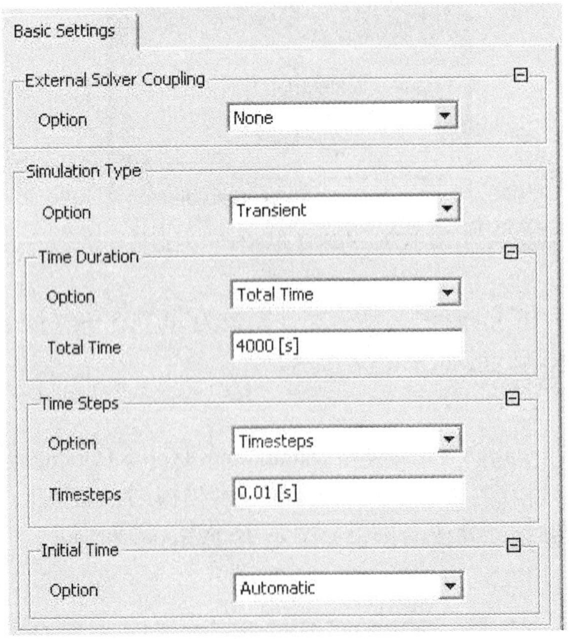

图 4.78　定义仿真类型对话框

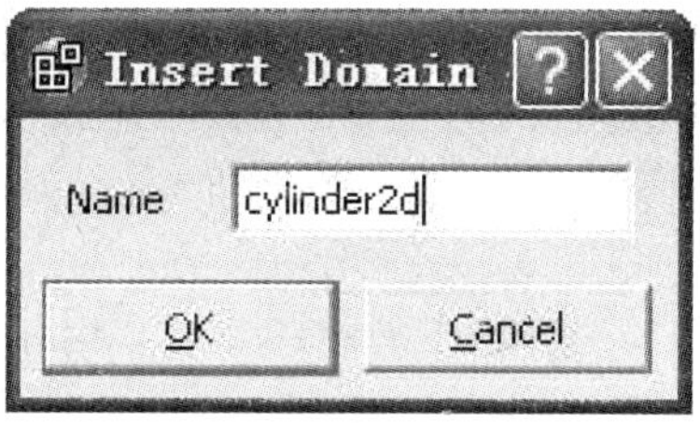

图 4.79　Insert Domain 对话框

选择 General Options > Basic Settings > Location 为“CYLINDER2D”，选择 General Options > Basic Settings > Fluids List 为“Material 1”，如图 4.80 所示。

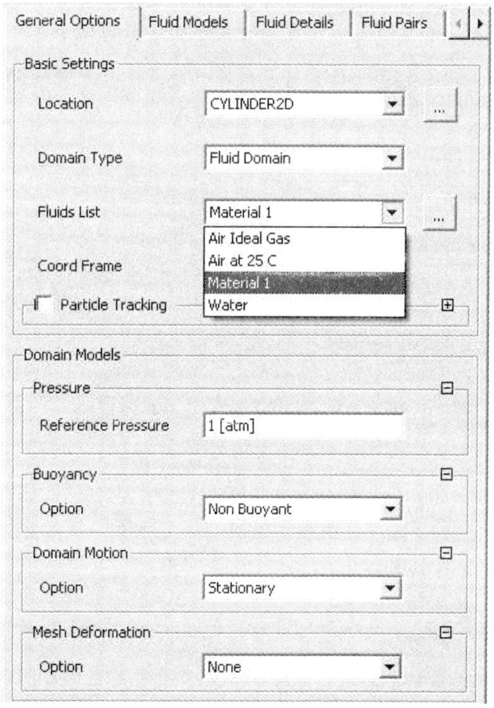

图 4.80　Detail of cylinder2d General Options 对话框

在本例里我们选择层流模型，因此选择 Fluid Models > Turbulence > Option 为“None (Laminar)”。

(6) 创建边界条件

①入口边界条件

选择“Create a Boundary Condition” ，设置 Name 为“INLET”，单击“OK”，如图 4.81 所示。

如图 4.82 所示，设置 Basic Setting > Boundary type 为“Inlet”，Boundary Detail > Mass And Momentum > Option 为“Normal Speed”，并设其速度为“1 m/s”。

②出口边界条件

设置 Name 为“OUTLET”，单击“OK”。设置 Basic Setting > Boundary type 为“Outlet”，Boundary Detail 设置如图 4.83 所示，单击“OK”确定。

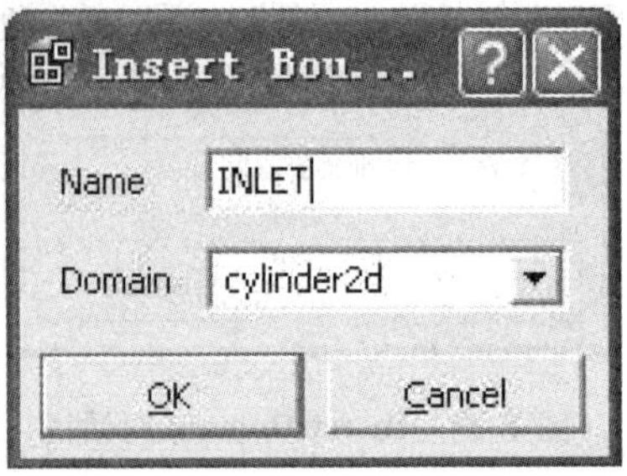

图 4.81 **Insert Boundary 对话框**

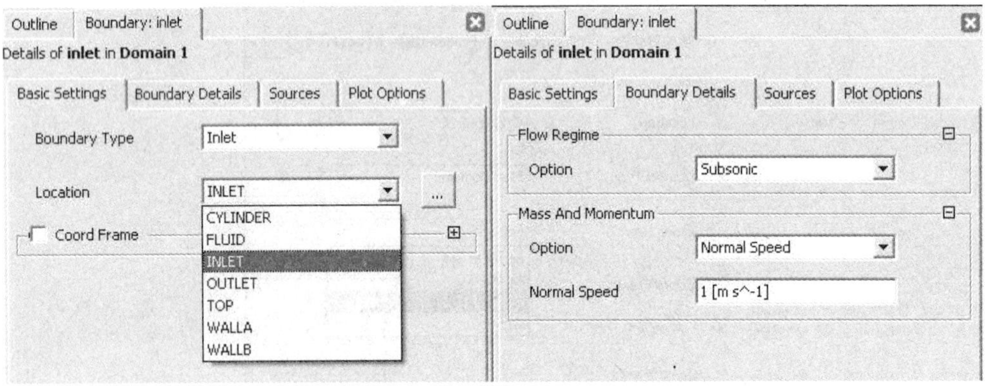

图 4.82 **Detail of INLET 对话框**

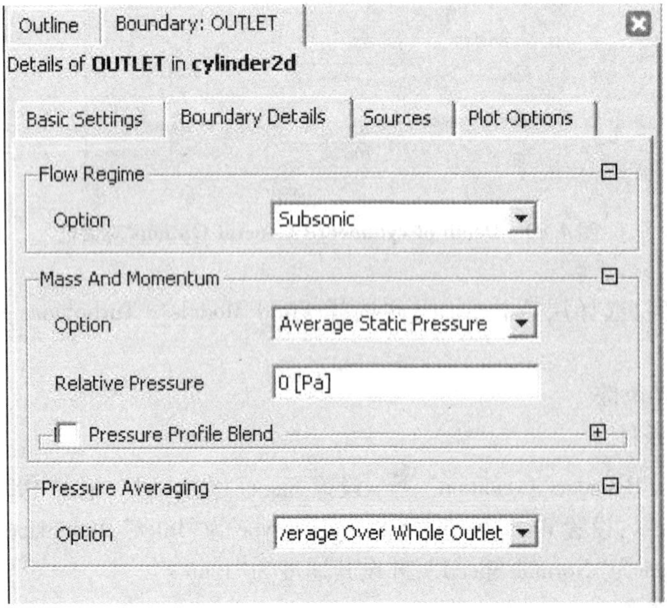

图 4.83 **Outlet Boundary Detail 对话框**

③壁面条件

设置 Name 为“Wall”,单击“OK”。如图 4. 84 所示,设置 Basic Setting > Boundary type 为“Wall”,设置 Basic Setting > Location 为“SIDEA”,“SIDEB”,Boundary Details > Wall Influence On Flow > Option 设为“Free Slip”。

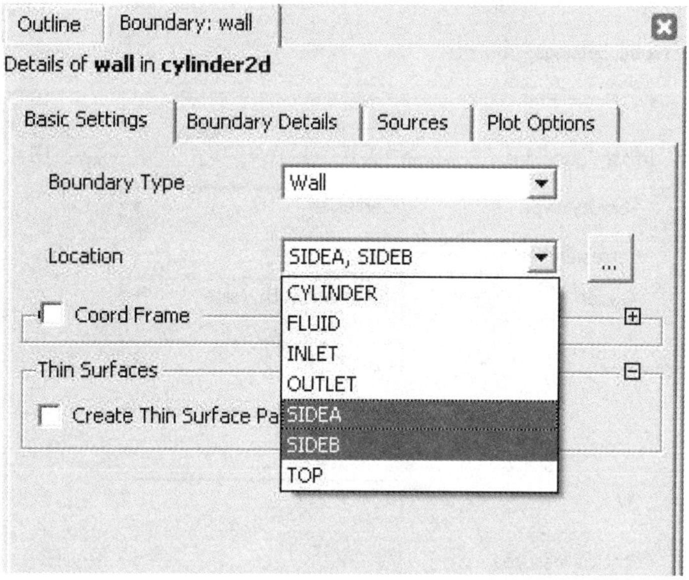

图 4. 84　Wall Basic Settings 对话框

④对称面

设置 Name 为“SYM”,单击“OK”。设置 Basic Setting > Boundary type 为“Symmetry”, Basic Setting > Location 为“FLUID”和“TOP”,如图 4. 85 所示。

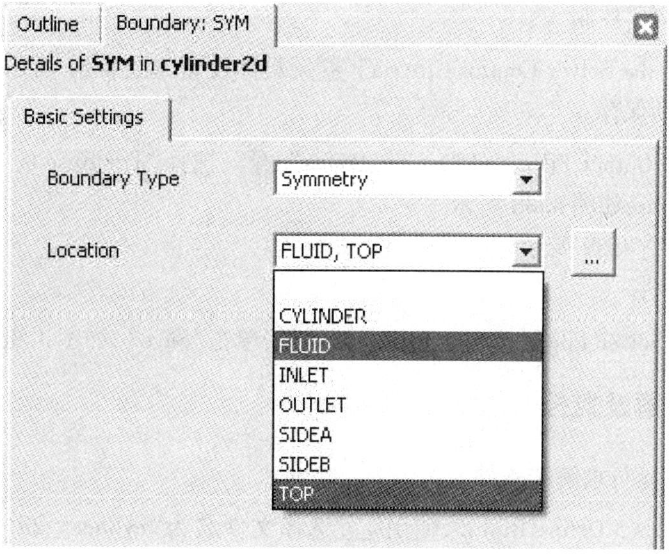

图 4. 85　SYM Basic Settings 对话框

(7)定义初始条件

选择“Define the Global Initial Conditions” ，具体设置如图4.86所示。

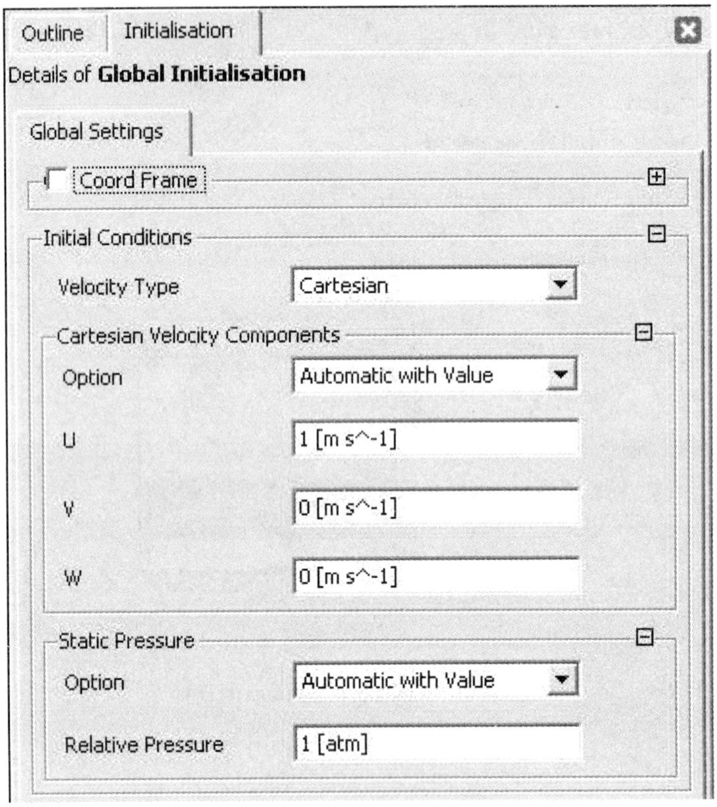

图4.86　初始条件设置对话框

(8)定义求解器控制

选择“Define the Solver Control Criteria” ，具体设置如图4.87所示。

(9)设置自动保存

选择“Create Output Files and Monitor Points” ，选择“Trn Results”，单击 新建一个Transient Results，如图4.88所示。

具体设置如图4.89所示。

(10)保存文件

选择“Write Solver File” ，选择相应的路径，单击“Save”，如图4.90所示。

4.2.4　求解及监控

单击 运行求解器软件。

打开Open File > Define Run...，使用 选择文件名为“cylinder_2d.def”的文件，单击“Start Run”开始计算，如图4.91所示。计算结果如图4.92所示。

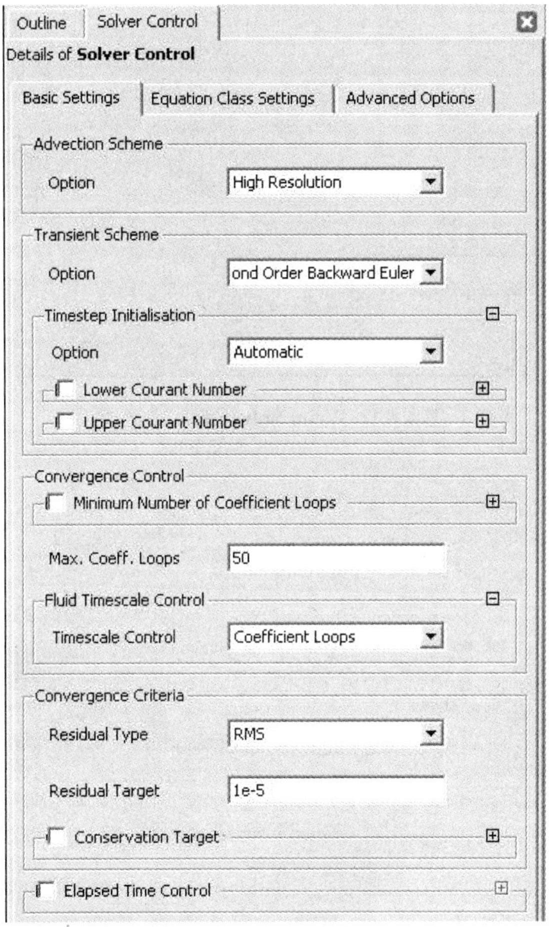

图 4.87　Solver Control 对话框

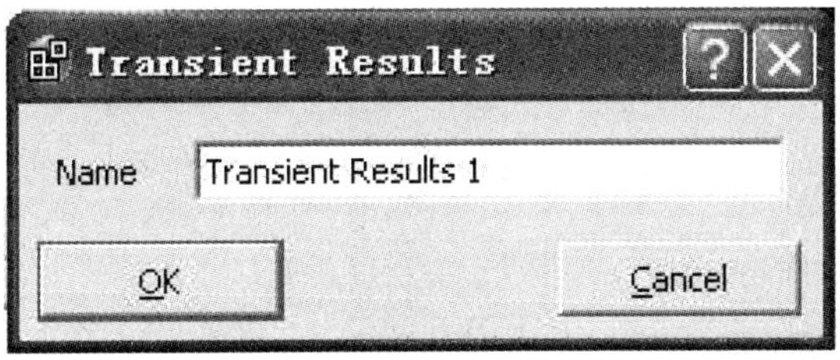

图 4.88　Transient Results 对话框

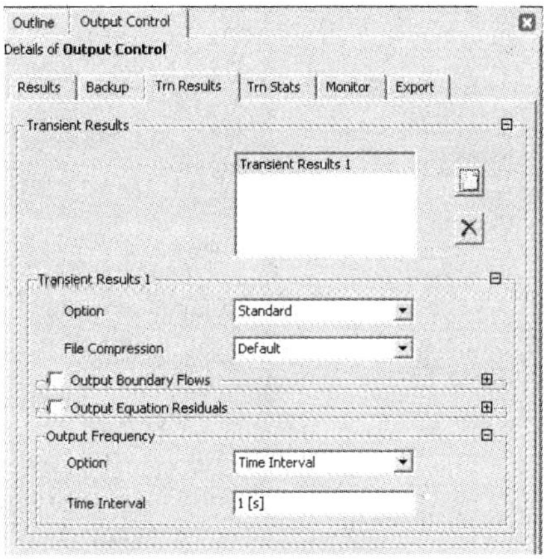

图 4.89　Output Control 对话框

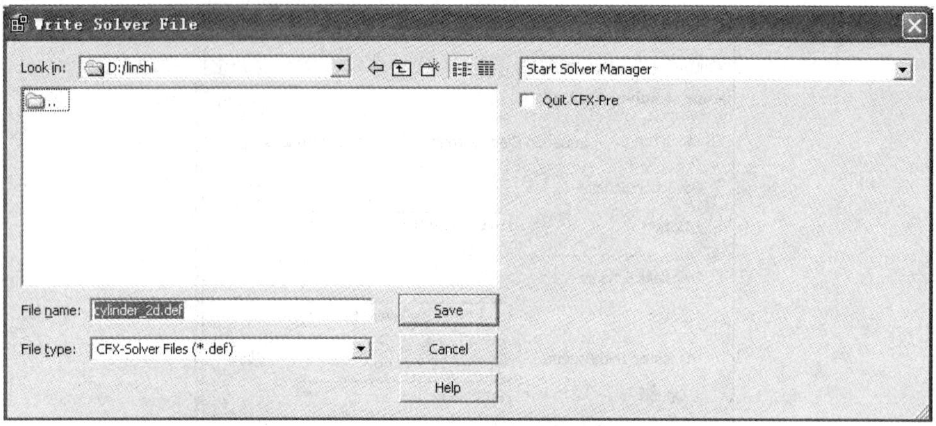

图 4.90 Write Solver File 对话框

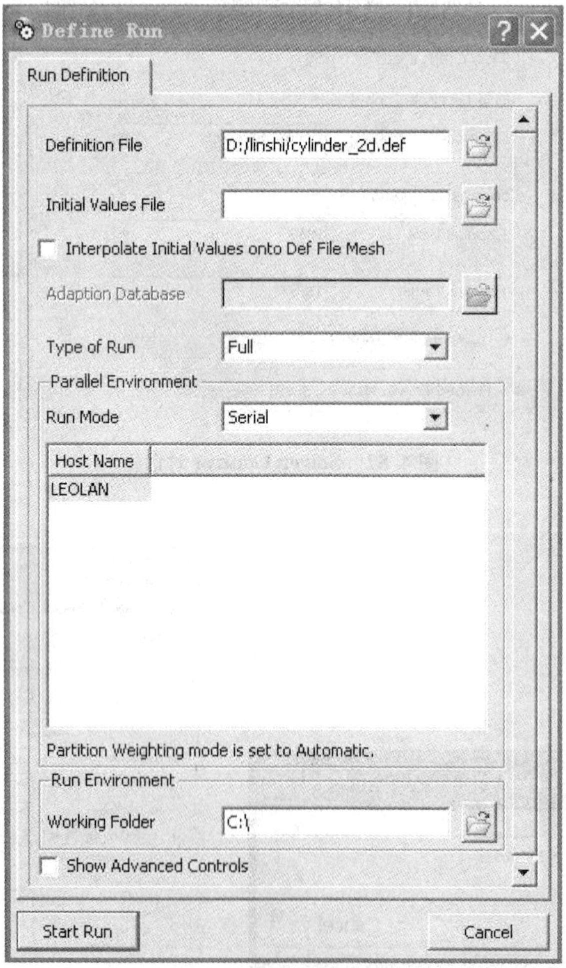

图 4.91 Define Run 对话框

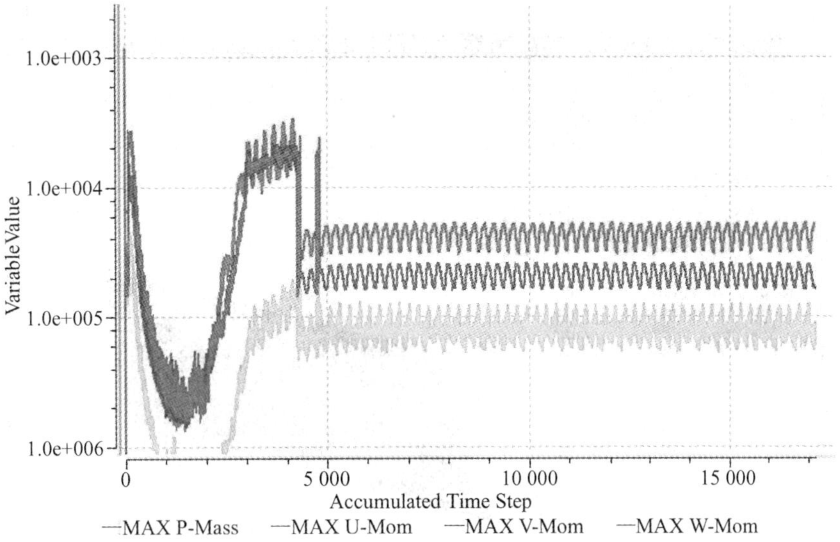

图 4.92　求解迭代曲线

我们可以单击 STOP 来停止求解，如果想要继续进行求解，单击 ▶ 。

4.2.5　后处理

单击 CFX-Post 11.0 运行后处理软件，CFX – Post 软件的界面如图 4.93 所示。

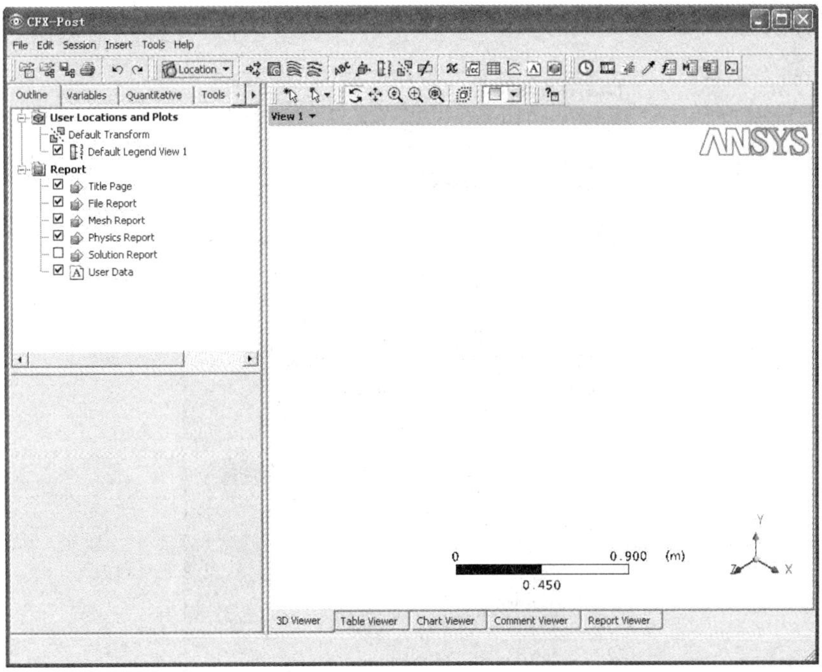

图 4.93　CFX – Post 界面

打开 File > Load Results...，打开之前计算所得到的结果文件"cylinder_2d. res"，则窗口

会出现模型图像,如图 4.94 所示。

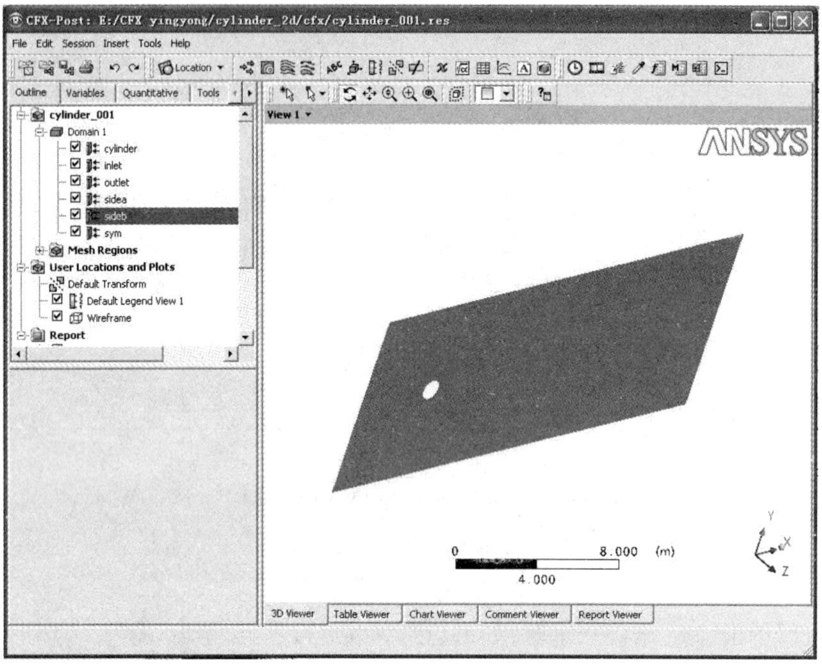

图 4.94　CFX Post 界面

(1)压力云图

选择“Contour” 新建一个云图,可以使用默认名字或为它设定一个名称,单击“OK”。具体设置如图 4.95 所示。

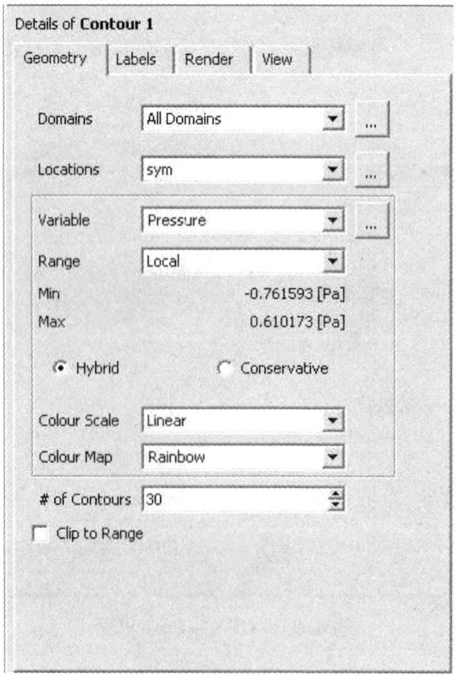

图 4.95　Contour 对话框

在 Variable 项选择“Pressure”,则弹出整个流场的静压力分布云图,如图 4.96 所示。

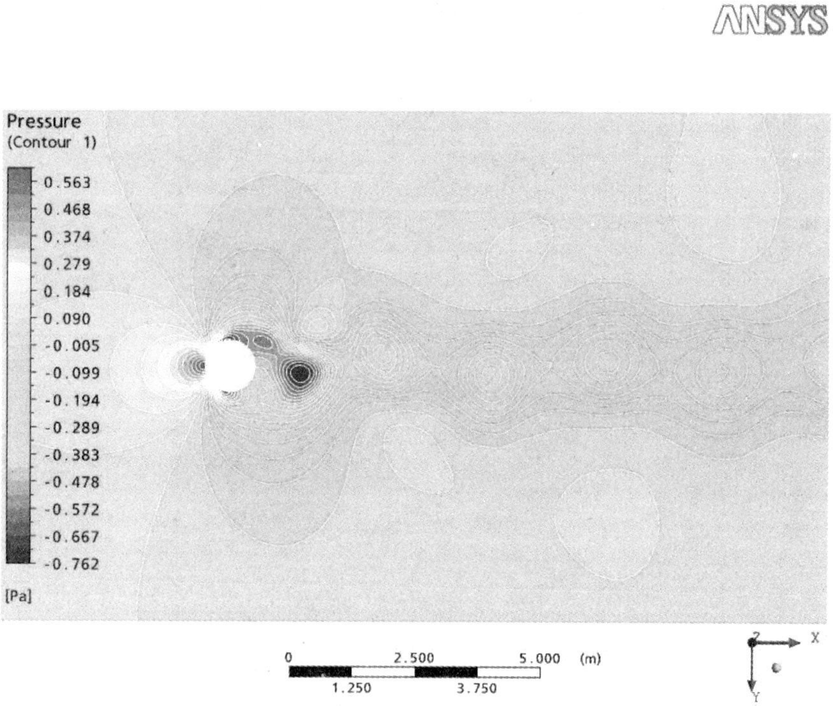

图 4.96　静压力分布云图

在 Variable 项选择“Total Pressure”,则弹出 Total Pressure 分布云图,如图 4.97 所示。

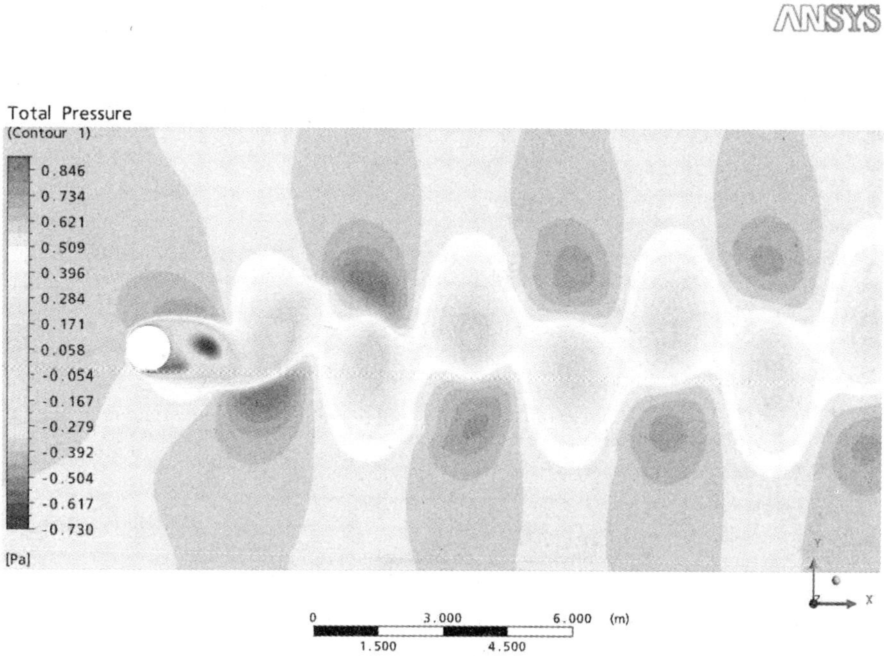

图 4.97　Total Pressure 分布云图

(2)速度矢量图

选择“Vector” 新建矢量图,具体设置如图 4.98 所示。

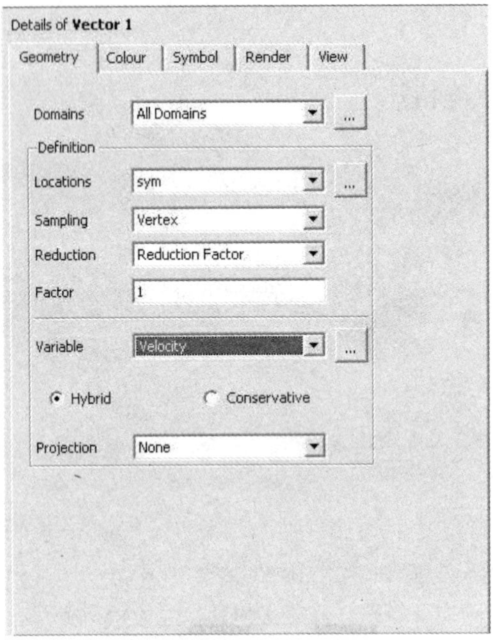

图 4.98　Vector 对话框

单击“Apply”显示速度矢量图,如图 4.99 所示。

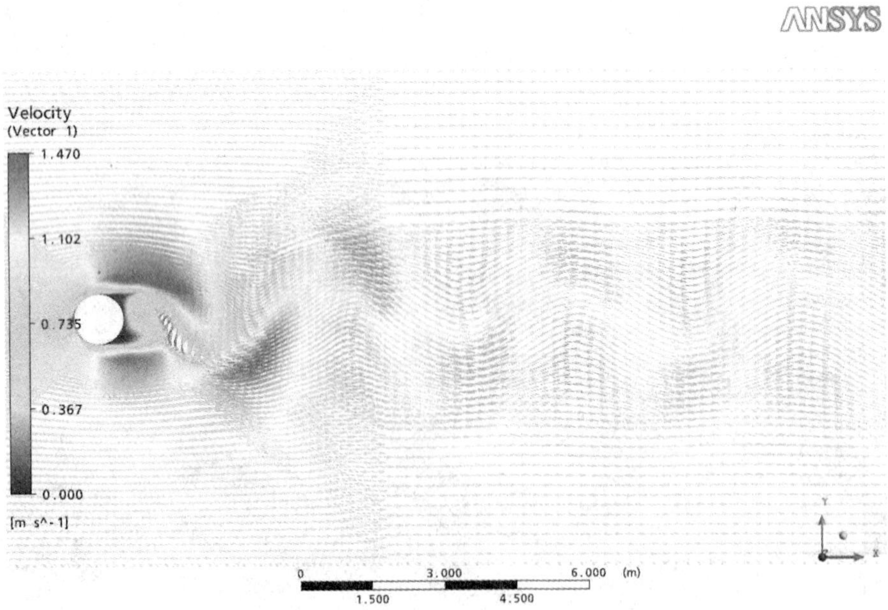

图 4.99　流场速度矢量图

4.2.6　小结

本节阐述了圆柱绕流问题,利用 ICEM 对圆柱体及周围流场进行建模,并利用二维结构化网格对该模型进行网格划分,然后在 CFX - Pre 中设置了相关的计算参数并在 CFX - Solver 中进行了瞬态计算,最后在 CFX - Post 中对计算结果进行了后处理,利用相关功能生成了压力云图和速度矢量图,为解决圆柱绕流类型问题的数值模拟计算提供了参考。

4.3　二维翼型的外部绕流

4.3.1　问题描述

翼主要用来产生升力。通常在船舶领域研究的主要是水中翼,如水翼、舵、桨、鳍、支架、帆船龙骨、潜艇和鱼雷的鳍翼以及喷水推进的旋叶等,甚至水下船体整个部分在研究操纵运动时,也可以当作一短翼。

机翼通常是由圆弧曲线形状的前缘与又尖又细的后缘构成的细长流线型。当流体流过机翼,且来流和翼型弦线成一定夹角时,机翼前方来流分别流经机翼的上下表面,在后缘处形成一条尾迹。由于流经上下表面的流体流动的不对称性,在垂直于流动方向上产生压差,因此机翼会产生升力。不考虑自由液面和压缩性的影响时,无限翼展机翼上的阻力仅有黏性阻力,包括摩擦阻力和形状阻力两部分。

随着机翼攻角的增大,升力系数和阻力系数同时增加。当攻角继续增大,边界层会提前分离,并在分离点后形成一个旋涡区,这时形状阻力迅速增加。当攻角继续增加到某一个临界值时,旋涡区向前扩大接近前缘,此时升力突然减小,阻力急剧增加,这种现象称为失速。

本节将模拟翼型为 NACA0012 的二维机翼在无限宽广水域中的流动情况,改变攻角,观察边界层的分离以及漩涡的产生。

本节涉及以下内容:

(1)二维机翼建模;

(2)结构化网格划分;

(3)非稳态计算;

(4)后处理,包括压力云图、速度矢量图等;

(5)数据保存。

4.3.2　ICEM 建模

1. 导入点数据

打开 ICEM,在工具栏依次打开 File > Import Geometry > Formatted point data,导入机翼点数据的 dat 文件后,点击“Apply”,如图 4.100 所示。点击“Formatted point data”出现对话框如图 4.101 所示。

导入的数据点如图 4.102 所示。

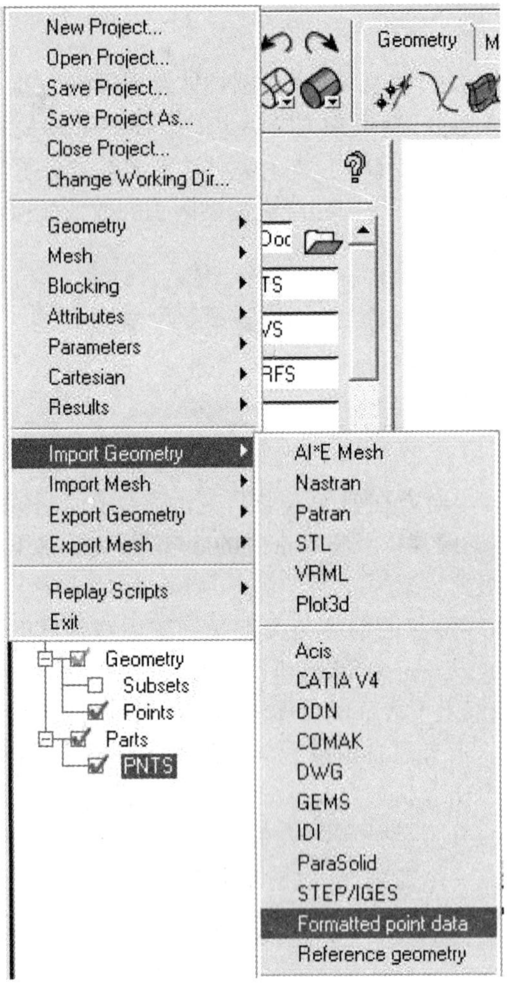

图 4.100　导入结点操作图

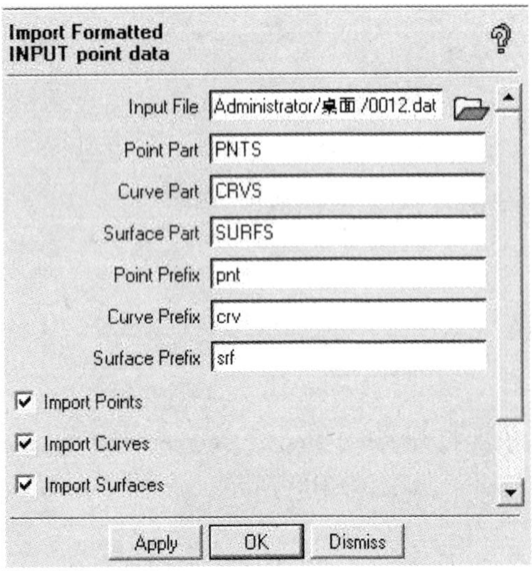

图 4.101　导入机翼型值点对话框

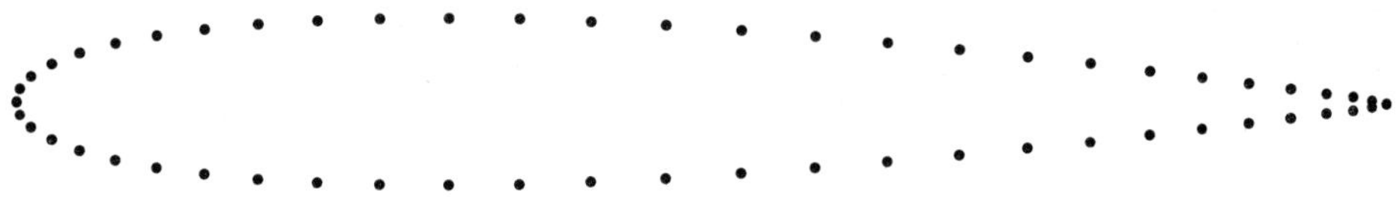

图 4.102　机翼型值点

2. 由点创建线

选择 Geometry — — ，在 Part 栏中输入“Curve”，然后单击 ，鼠标左键依次点击各坐标点后，单击“Apply”或单击鼠标滚轮确定。得到的图形如图 4.103 所示。

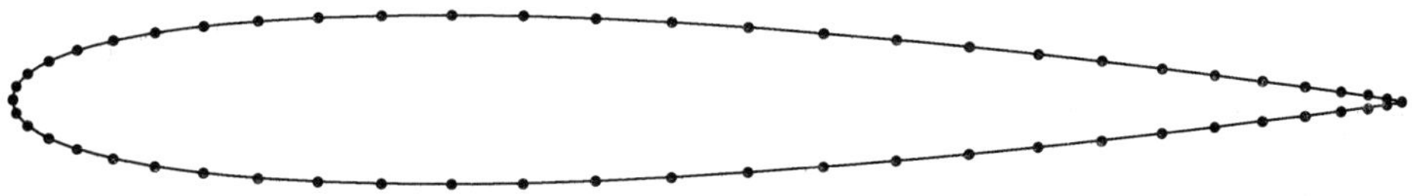

图 4.103　机翼边线图

3. 添加机翼攻角

初始生成的机翼是零攻角的，需要选择机翼一定角度，以机翼攻角 10°为例。

选择 Geometry — ，如图 4.104 所示。

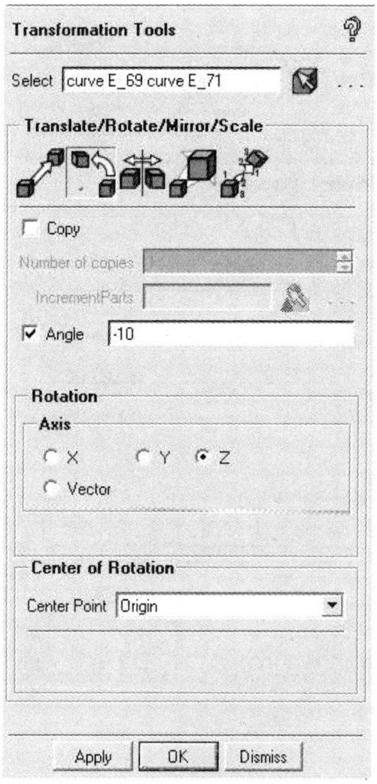

图 4.104　添加机翼攻角设置对话框

单击 ，选中整个机翼边线，单击鼠标滚轮确定。

勾选中“Angle”，输入偏转角度“-10”，选择旋转轴为 Z 轴，单击“Apply”，生成图如图 4.105 所示。

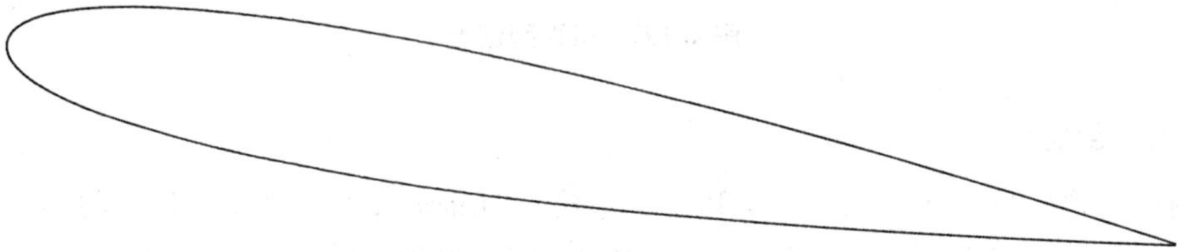

图 4.105　机翼攻角为 10°

4. 创建计算域

(1)创建点

选择 Geometry — — ，出现对话框如图 4.106 所示。

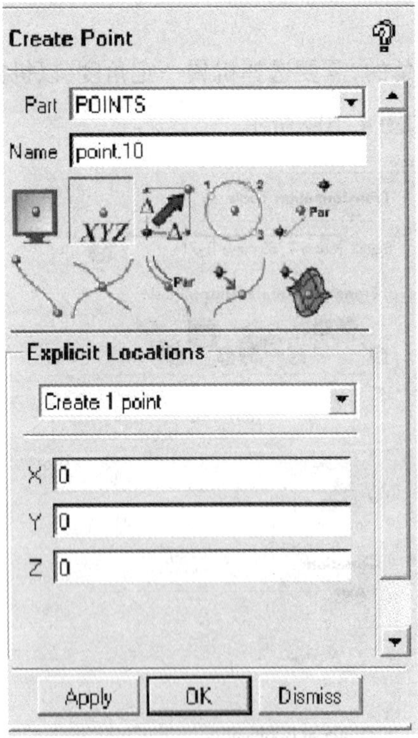

图 4.106　创建点对话框

在其中依次输入点的坐标(-3,2,0),(-3,-2,0),(10,2,0),(10,-2,0),完成后如图 4.107 所示。

(2)由点建线

选择 Geometry — — ，Part 栏中选择“Curve”，将边界点依次连成线，生成图如图 4.108 所示。

图 4.107　计算域边界点

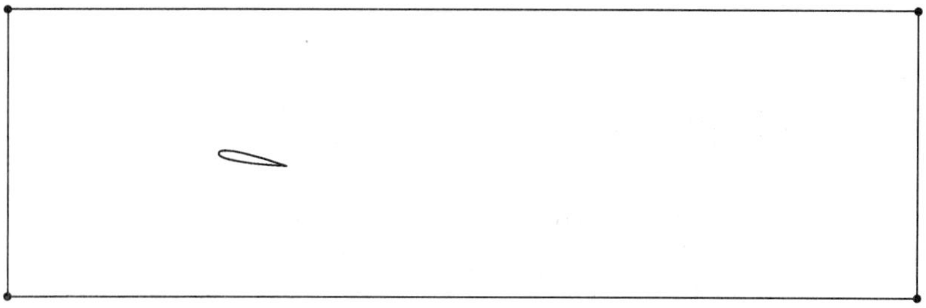

图 4.108　机翼及计算域边线

(3)由线建面

选择 Geometry — — ,如图 4.109 所示。

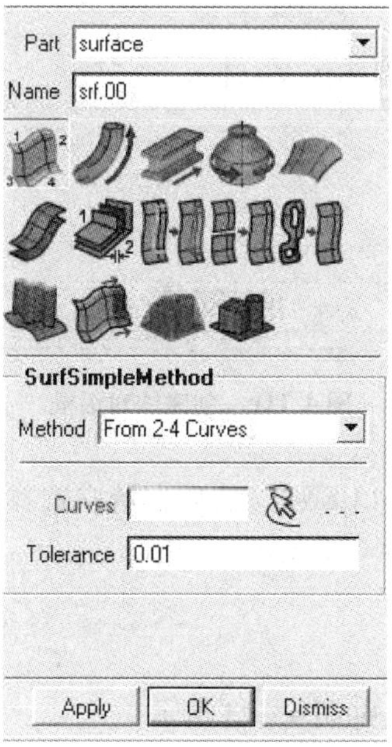

图 4.109　创建面对话框

在 Part 栏中输入"surface",鼠标左键依次选中外围的 4 条曲线,点击"Apply"生成面,如图 4.110 所示。

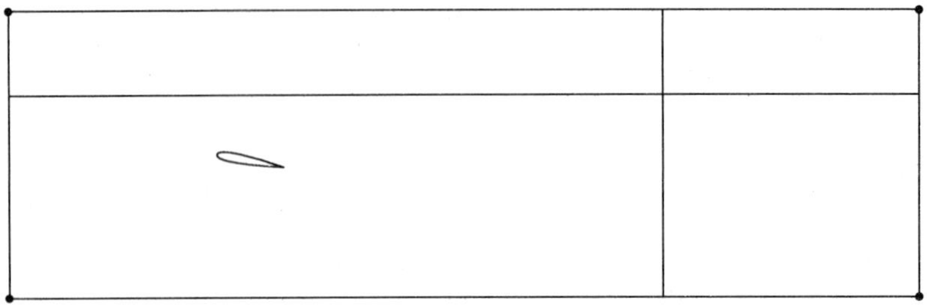

图 4.110　创建计算域面

5. 创建体

选择 Geometry — ,如图 4.111 所示。

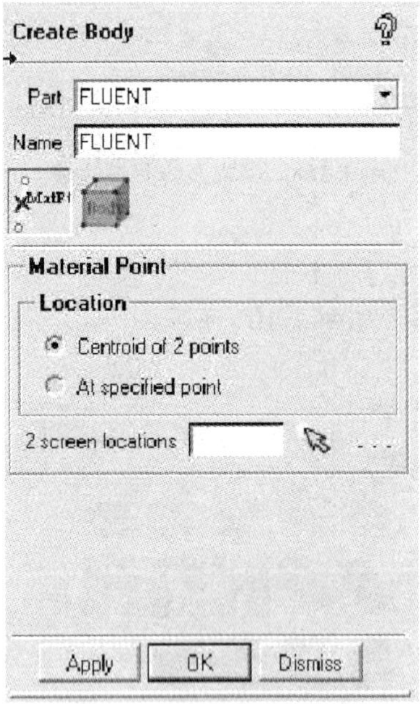

图 4.111　创建体对话框

在 Part 和 Name 栏中输入"FLUENT",然后在域中选择任意两点,一般选择对角点,然后在控制树显示"BODY",如图 4.112 所示。

6. 划分结构化网格

(1)创建块

选择 Blocking — — ,如图 4.113 所示。

选择 Part 为"FLUID",并设置 Initialize Blocks Type 为"2D Planar",然后点击"Apply"。

(2)域的划分

选择 Blocking — — ,如图 4.114 所示。

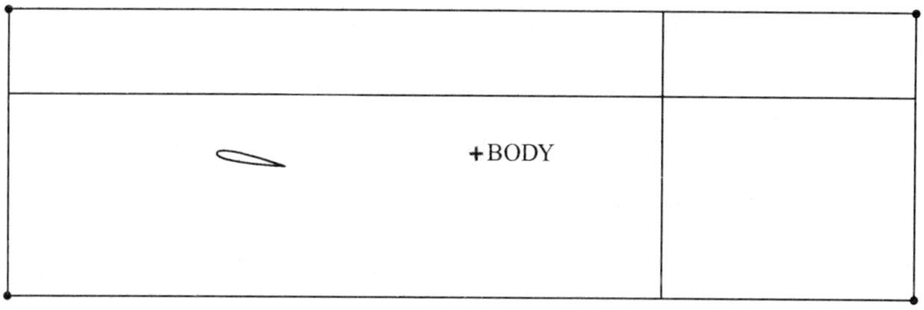

图 4.112　创建体

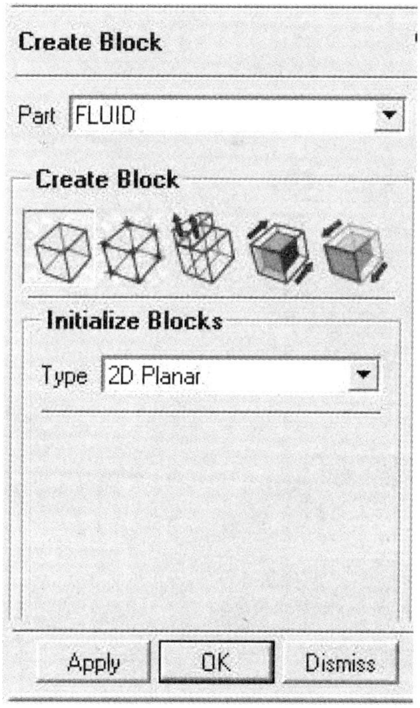

图 4.113　创建块对话框

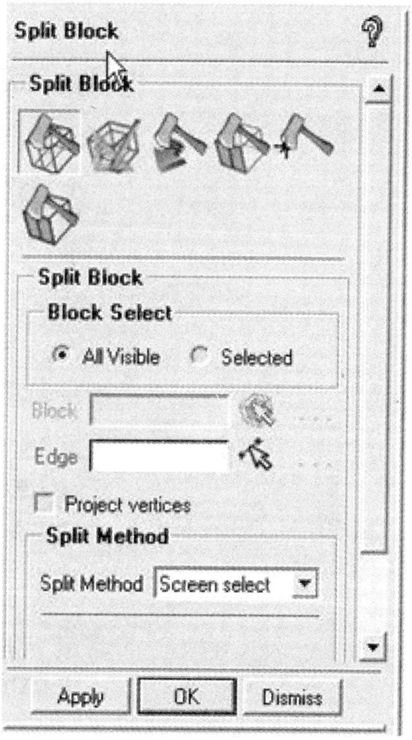

图 4.114　切割块对话框

对计算域进行划分,如图 4. 115 所示。

选择“Merge Vertices” 合并结点,如图 4. 116 所示。

将点 33,44 合并到点 13;点 37,41 合并到点 11;合并点 49,48 和点 34,38,如图 4. 117 所示。

选择 Blocking — — ,如图 4. 118 所示。

勾选上 Project Vertices,选择切割边界线(Edge)和机翼曲线(Curve),进行关联。创建边界层域,便于对机翼表面边界层加密,如图 4. 119 所示。

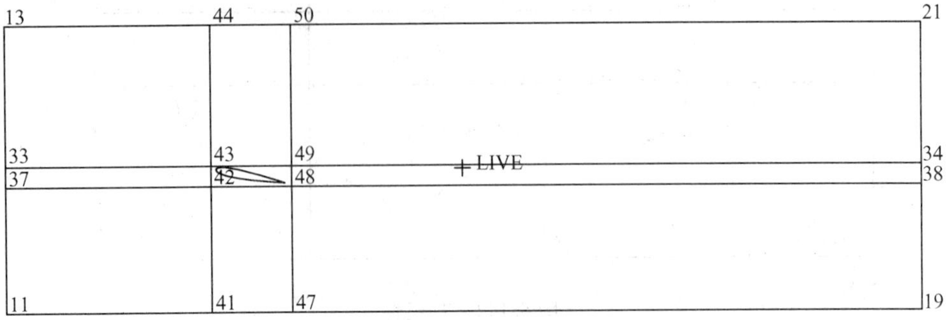

图 4.115　机翼及计算域的划分

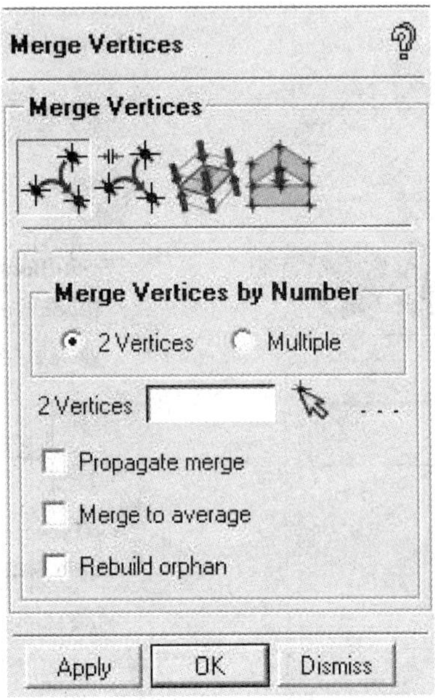

图 4.116　合并结点对话框

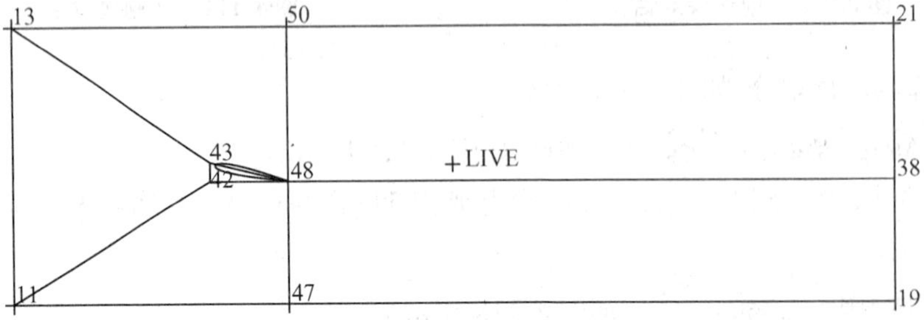

图 4.117　合并结点

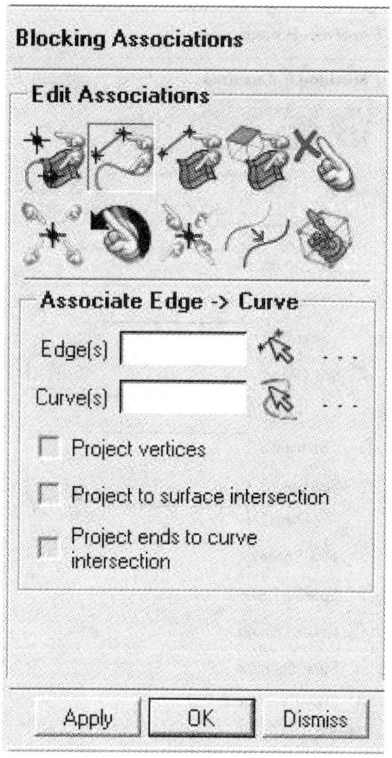

图 4.118　线关联对话框

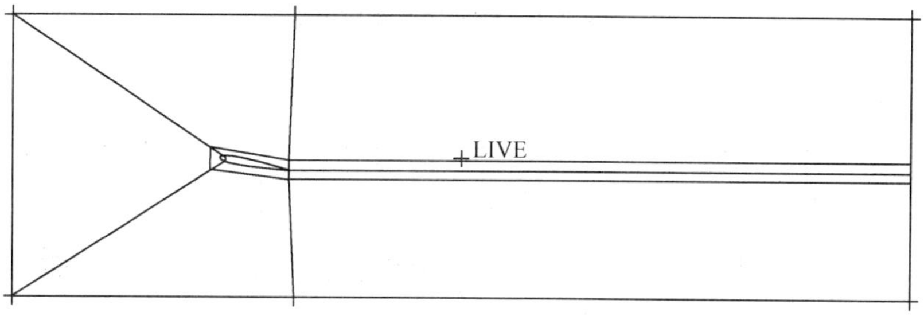

图 4.119　几何体关联

(3)设置网格结点

单击 Blocking — — ,如图 4.120 所示。

初始对话框如图 4.120 所示,结点数设为“60”,spacing2 设为“0.005”,ratio 设为“1.1”;入口处边界网格结点数设为“50”,壁面网格数设为“70”。如图 4.121 所示。

机翼边界层斜边网格结点数设为“50”,spacing1 设为“0.01”,ratio 设为“2”,spacing2 设为“0.001”,ratio2 设为“1.1”;尾流域边界网格结点设为“100”,spacing1 设为“0.018”,ratio 设为“1.1”,得到如图 4.122 所示网格结点设置。

结点设置完成后,可以在控制树中单击 Model > Blocking > Pre_Mesh 预览网格划分情况,如图 4.123 所示。

对网格划分满意,则选择 Convert to Unstruct Mesh 生成网格。然后保存模型文件。

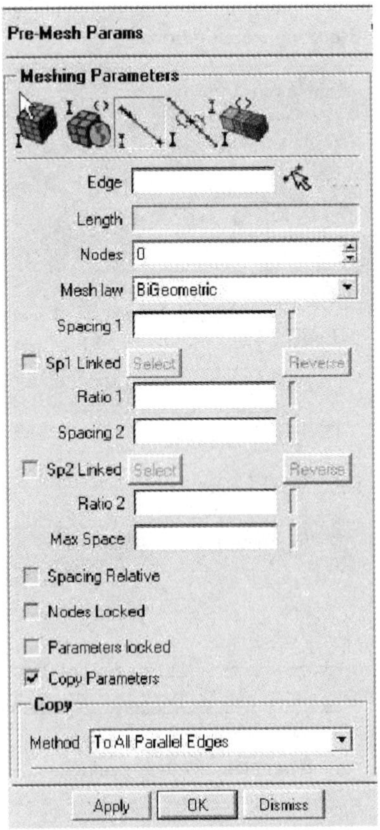

图 4.120　线网格设置对话框

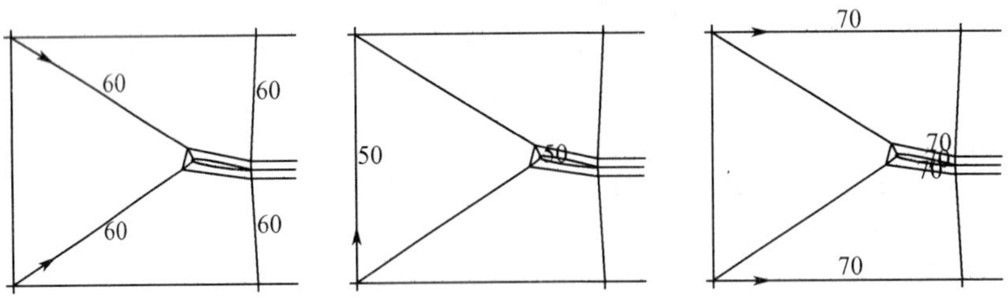

图 4.121　网格结点设置 A

7. 输出计算文件

由于是计算二维机翼的绕流，因此需要将其转化为三维情况。

(1) Extrude Mesh(网格延伸)

选择 Edit Mesh —  ，如图 4. 124 所示。

选择全部模型，在 New volume part name 后输入“Fluid_2d”，在 New side part name 后输入“side”，在 New top part name 后输入“top”，并且设置 Spacing type > spacing 为“0. 001”，然后单击“Apply”。

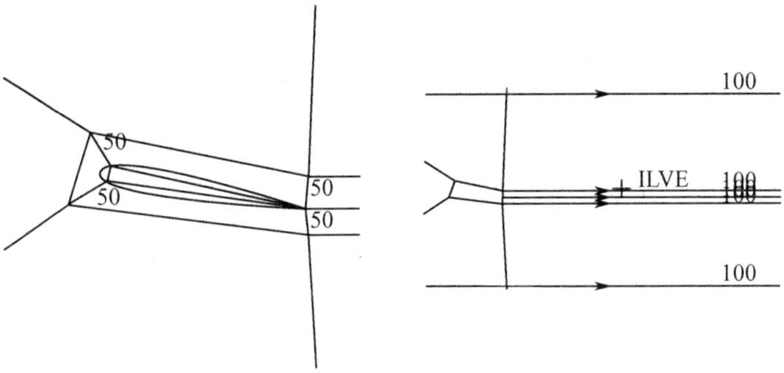

图 4.122　网格结点设置 B

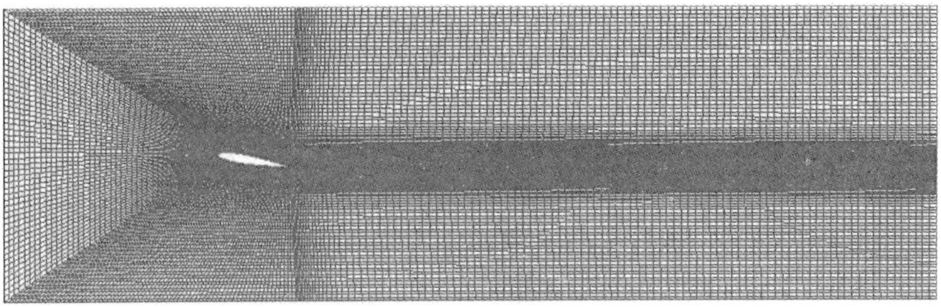

图 4.123　机翼绕流网格预览

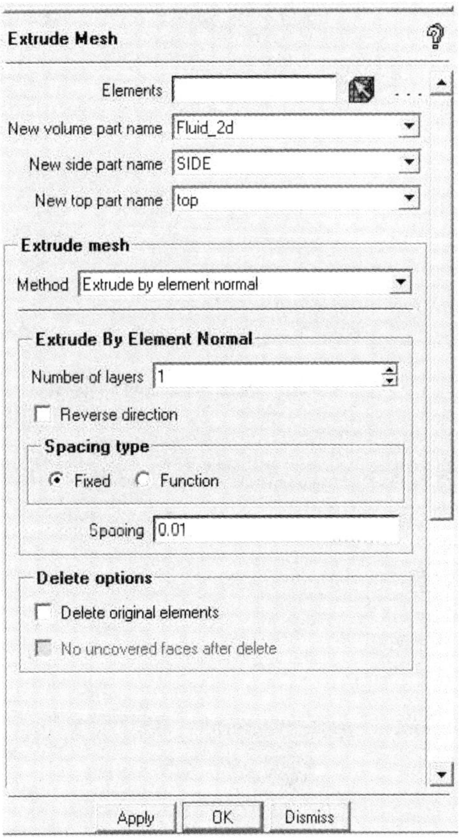

图 4.124　延伸网格对话框

(2)设置边界名称

鼠标右键点击控制数“Parts”,选择“Create Part”,按照图 4.125 所示创建新的边界。

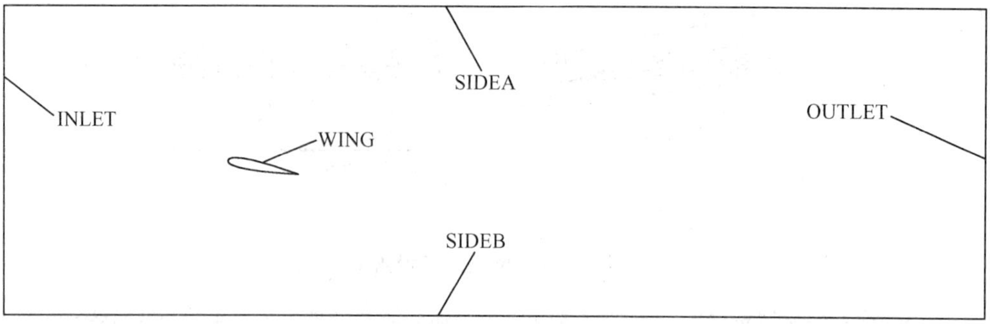

图 4.125 创建边界示意图

(3)输出网格文件

输出网格文件到 CFX 中,单击 Output — ,选择 Output Solver 为“ANSYS CFX”,选择 Common Structural Solver 为“ANSYS”,然后单击“Apply”,如图 4.126 所示。

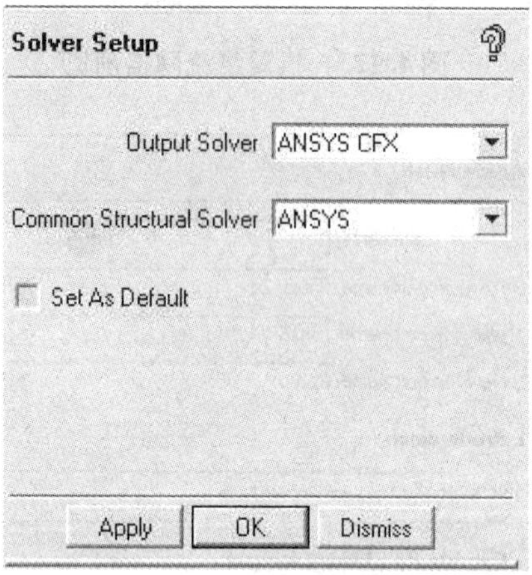

图 4.126 选择求解器对话框

单击 Output — ,保持默认设置,单击“Done”,如图 4.127 所示。

输出的网格文件后缀名为“. cfx5”。

4.3.3 计算参数设置

运行前处理软件 CFX – Pre 11.0。

(1)创建新的仿真

打开 File > New Simulation... ,选择“General”,单击“OK”。

打开 File > Save Simulation As... ,输入文件名为“Wing_2d”,选择适当的保存路径,然后单击“Save”。

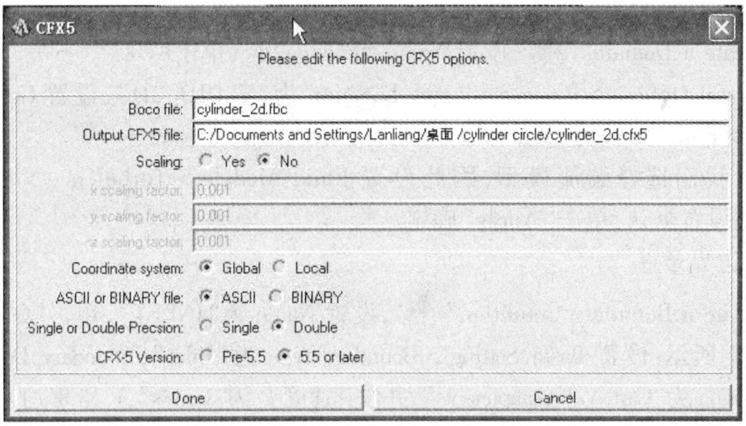

图 4.127　输出网格文件

(2)输入网格文件

在工具栏中选择"Import Mesh" ,在 File type 栏下选择"ICEM CFD(* cfx　*cfx　*msh)",然后选择之前生成的网格文件,单击"Open"。

网格文件导入 CFX－Pre 中,如图 4.128 所示。

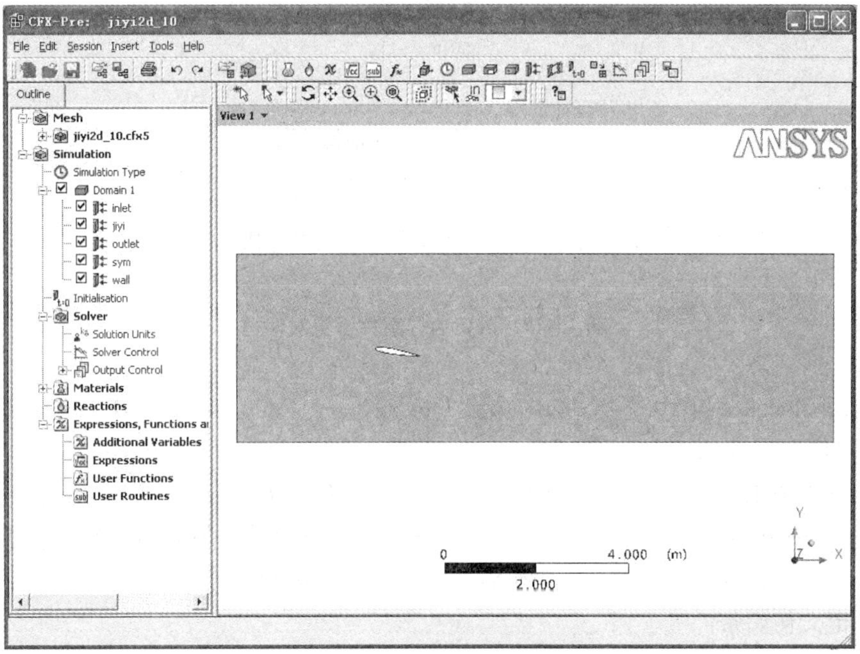

图 4.128　CFX 前处理界面

(3)定义仿真类型

选择"Define the Simulation Type" ,Simulation Type > Option 选择"Transient"。Total Time 设为"4000"s,Timesteps 设为"0.01"s,单击"Apply"确定。

(4)创建域

选择"Create a Domain" ,设置 Name 为"wing2d",单击"OK"。

设置 General Options > Basic Settings > Location 为"FLUID_2D",设置 General Options > Basic Settings > Fluids List 为"Water"。

在本例里我们选择湍流模型,因此设置 Fluid Models > Turbulence > Option 为"K - Epsilon",其他设置默认,单击"Apply"确定。

(5)创建边界条件

选择"Create a Boundary Condition" ,设置 Name 为"INLET",单击"OK"。

如图 4.129 所示,设置 Basic Setting > Boundary type 为"Inlet",Boundary Detail > Mass And Momentum > Option 为"Cart. Vel. Components",并设其速度 U 为"1 m/s",V 和 W 均为"0 m/s"。

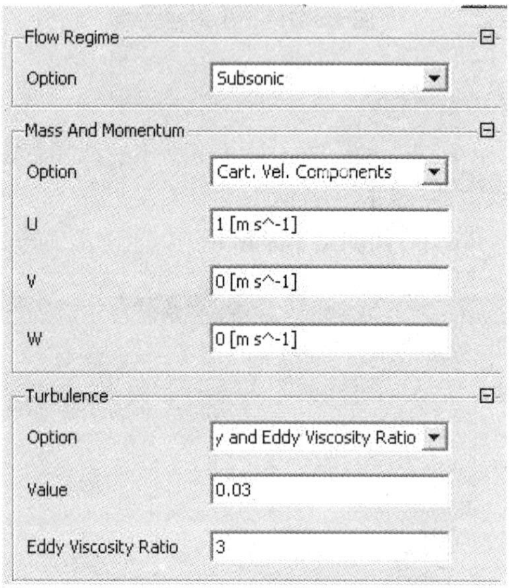

图 4.129　入口边界条件设置对话框

在 Turbulence 一项中选择 Option 为"Intensity and Eddy Viscosity Ratio",设 Value 为"0.03",Eddy Viscosity Ratio 为"3"。

按照上述操作,创建出口边界条件 Outlet,壁面条件 wall,wing,对称面 sym。

其中 outlet 为压力出口,设置压力为"0 Pa";壁面条件 wall 为计算域的上下边界面,壁面影响设置为"自由滑移(Free Slip)";wing 为机翼表面,壁面影响设置为"无滑移(No Slip)"。

(6)定义初始条件

选择"Define the Global Initial Conditions" ,具体设置如图 4.130 所示。

(7)定义求解控制

选择"Define the Solver Control Criteria" ,具体设置如图 4.131 所示。

(8)设置自动保存

选择"Create Output Files and Monitor Points" ,选择"Trn Results",单击 新建一个 Transient Results,如图 4.132 所示。

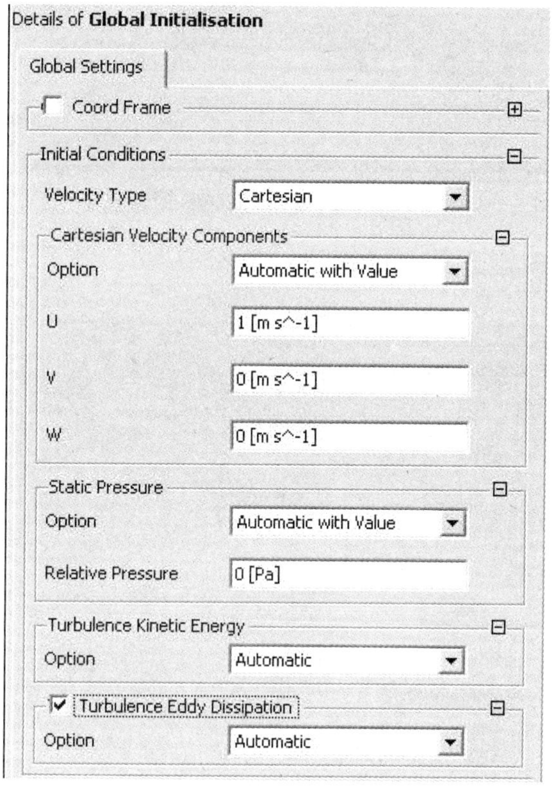

图 4.130　初始条件设置对话框

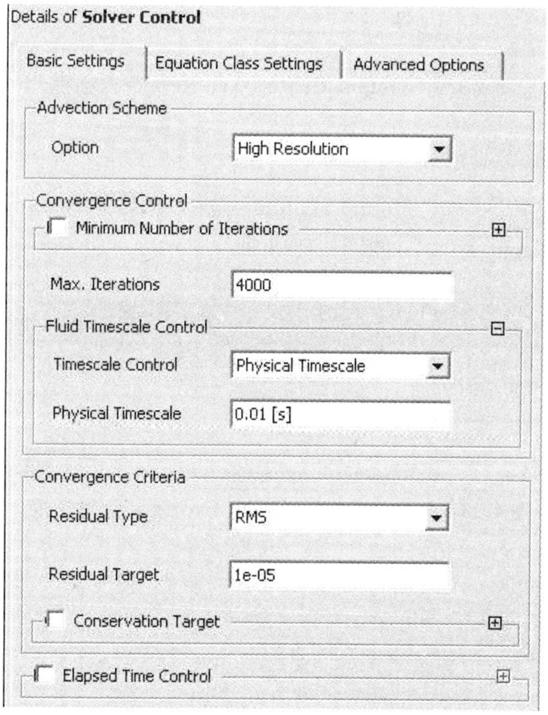

图 4.131　Solver Control 对话框

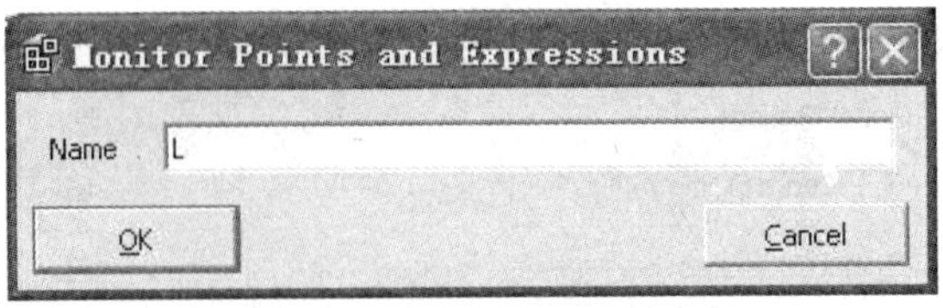

图 4.132　**Transient Results 对话框**

具体设置如图 4.133 所示。

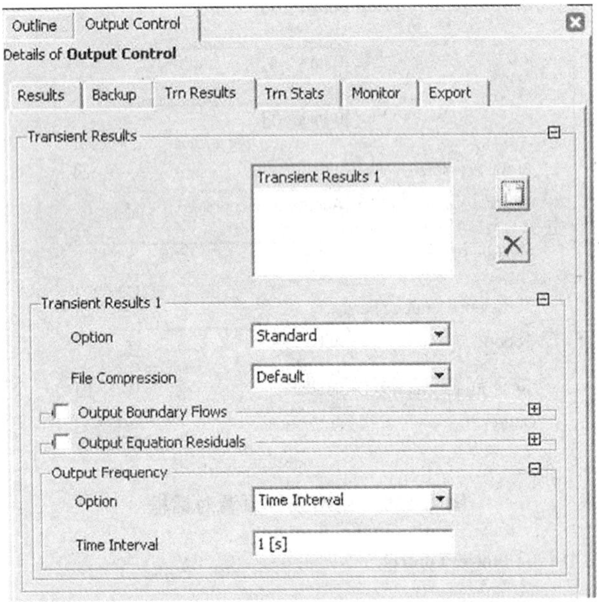

图 4.133　**Output Control Trn Results 对话框**

(9)设置机翼升力阻力监视器

选择"Create Output Files and Monitor Points" ,选择"Monitor",单击 新建一个 Transient Results,设置 Name 为"L",如图 4.134 所示。

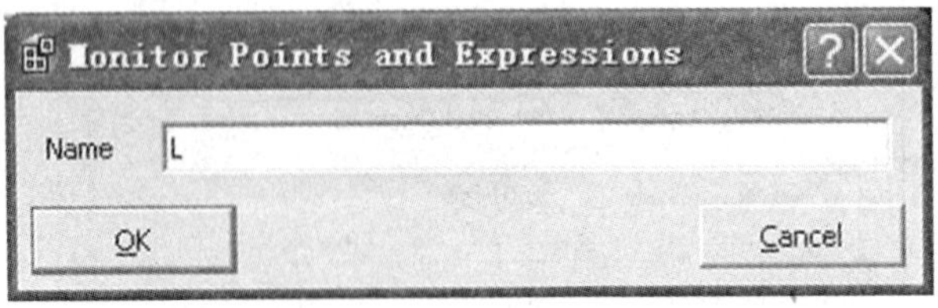

图 4.134　**Monitor Points and Expressions 对话框**

Option 选择"Expression",在 Expression Value 中输入"force_y()@ wing",用来监视机翼上 *Y* 方向上的升力,如图 4.135 所示。

监视机翼阻力即将"force_y()@ wing"改为"force_x()@ wing"即可。

(10)保存文件

选择"Write a Solver File" ,选择相应的路径,单击"Save"。

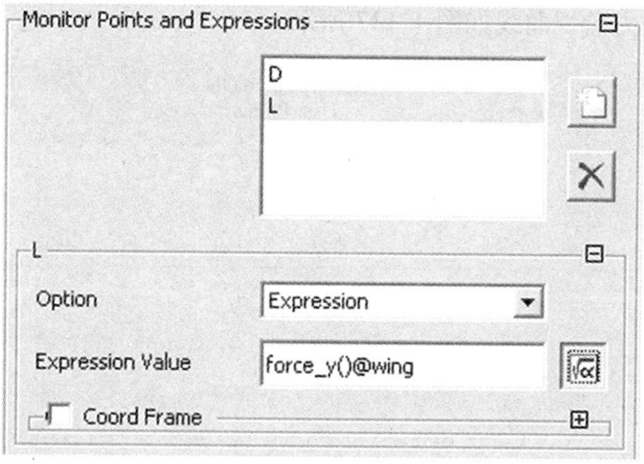

图 4. 135　Monitor Points and Expression 设置对话框

4. 3. 4　求解及监控

单击  运行求解器软件。

打开 Open File > Define Run... ,使用  选择文件名为"Wing_2d. def"的文件,单击 Start Run 开始计算。

图 4. 136 为求解迭代曲线。

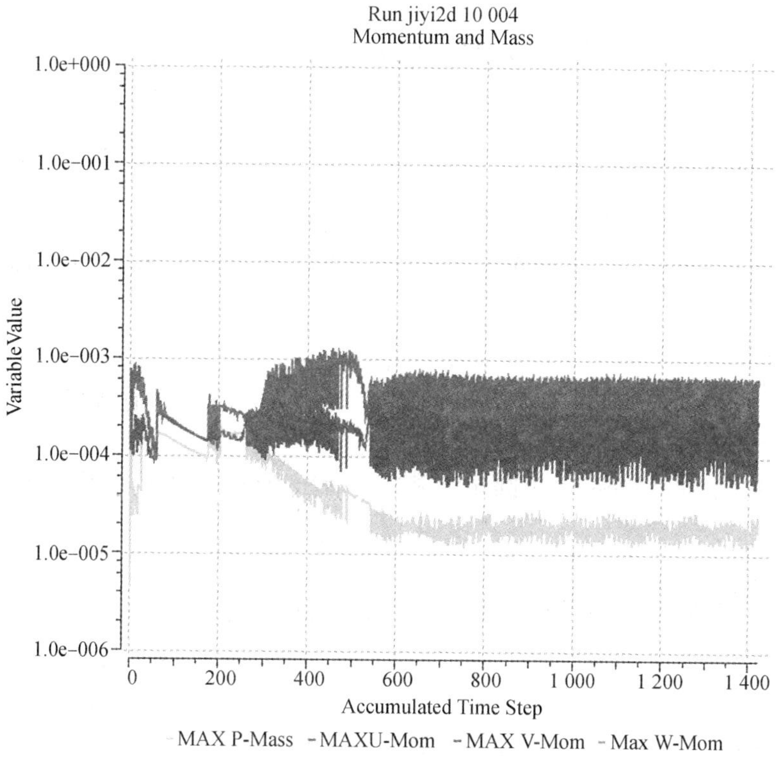

图 4. 136　求解迭代曲线

机翼表面阻力升力监视曲线如图 4. 137 所示。

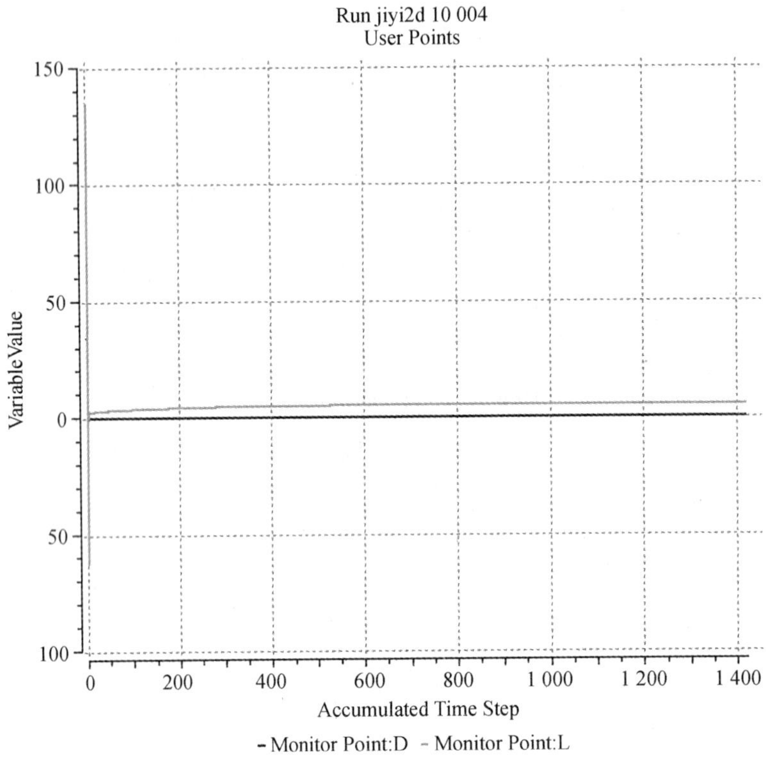

图 4. 137　阻力升力监视曲线

4. 3. 5　后处理

单击 CFX-Post 11.0 运行后处理软件。

打开 File > Load Results... ,打开之前计算所得到的结果文件"Wing_2d. res",则窗口会出现模型图像。

(1)压力云图

选择"Contour" 新建一个云图,可以使用默认名字或为它设定一个名称,单击"OK"。具体设置如图 4. 138 所示。

在 Variable 项选择"Pressure",则显示流场的静压力分布云图,如图 4. 139 和图 4. 140 所示。

(2)速度云图

在 Variable 项选择"Variable",则显示流场的速度分布云图,如图 4. 141 和图 4. 142 所示。

(3)速度矢量图

选择"Vector" 新建矢量图,具体设置如图 4. 143 所示

单击"Apply"显示速度矢量图,如图 4. 144 和图 4. 145 所示。

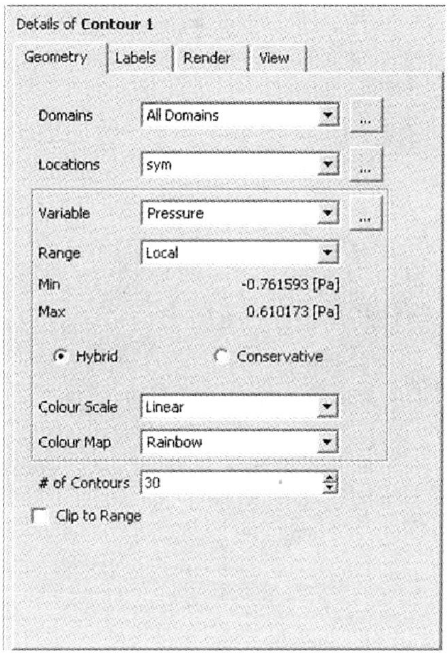

图 4.138　Contour 对话框

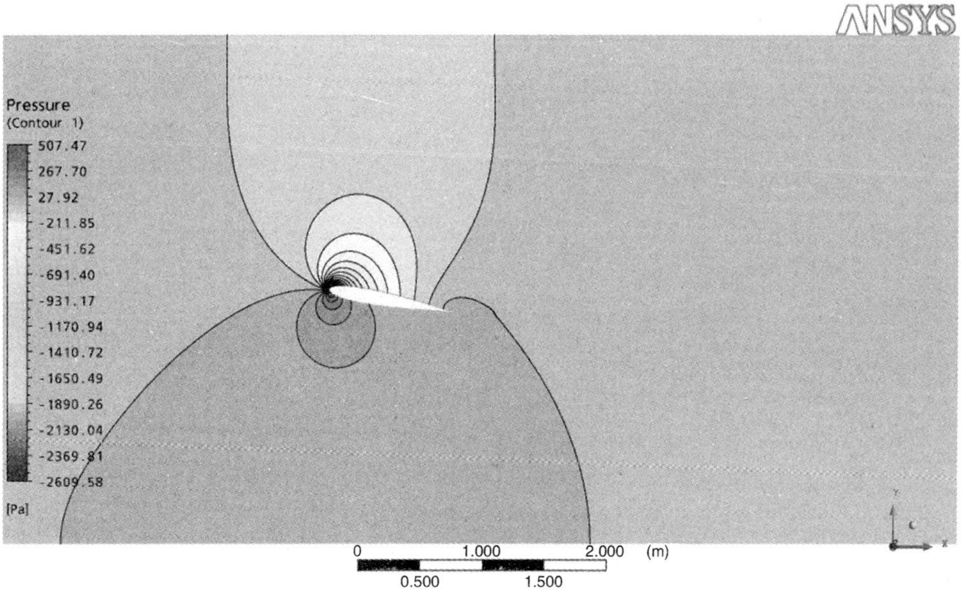

图 4.139　10°攻角时静压力分布云图

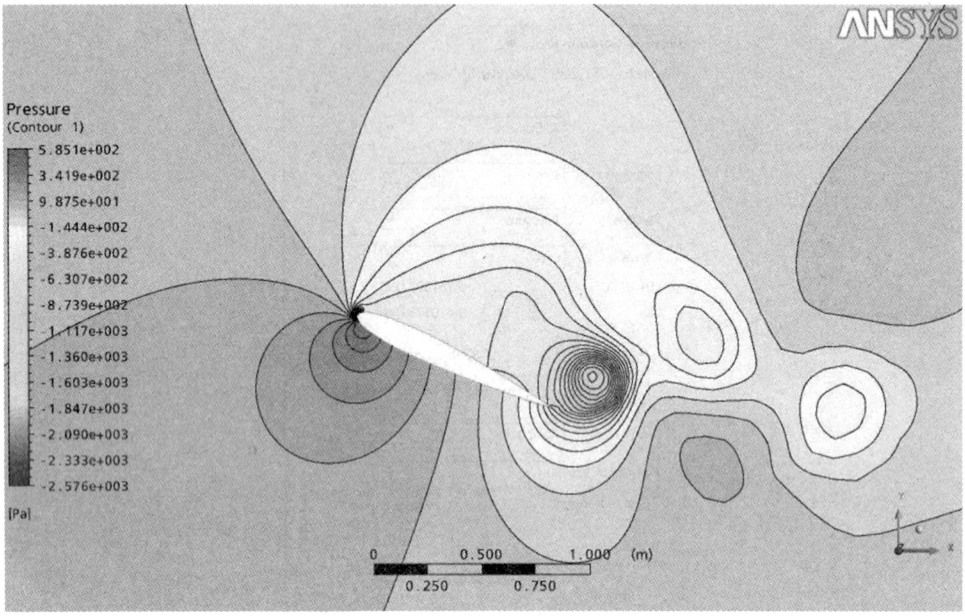

图 4.140　20°攻角时静压力分布云图

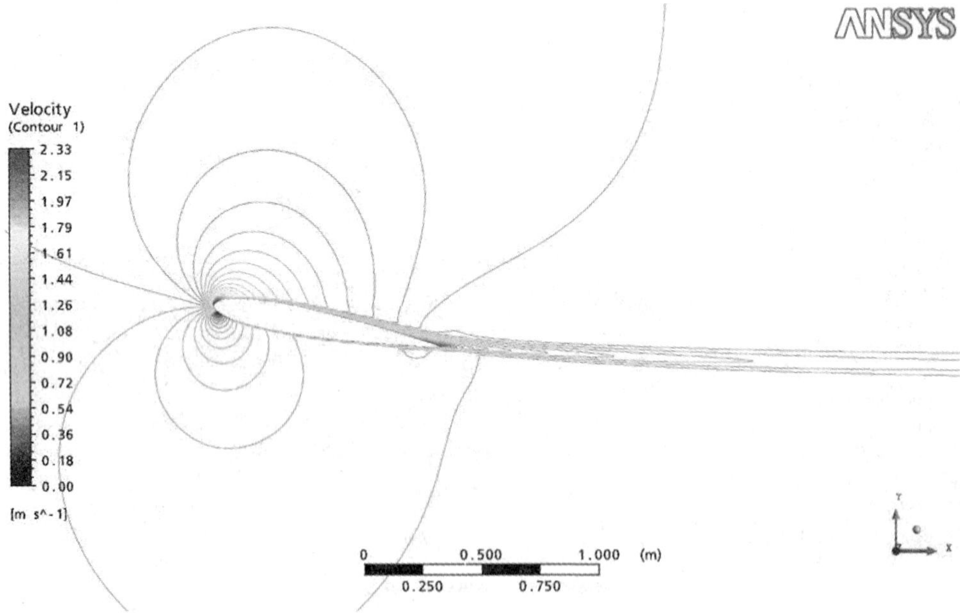

图 4.141　10°攻角时速度分布云图

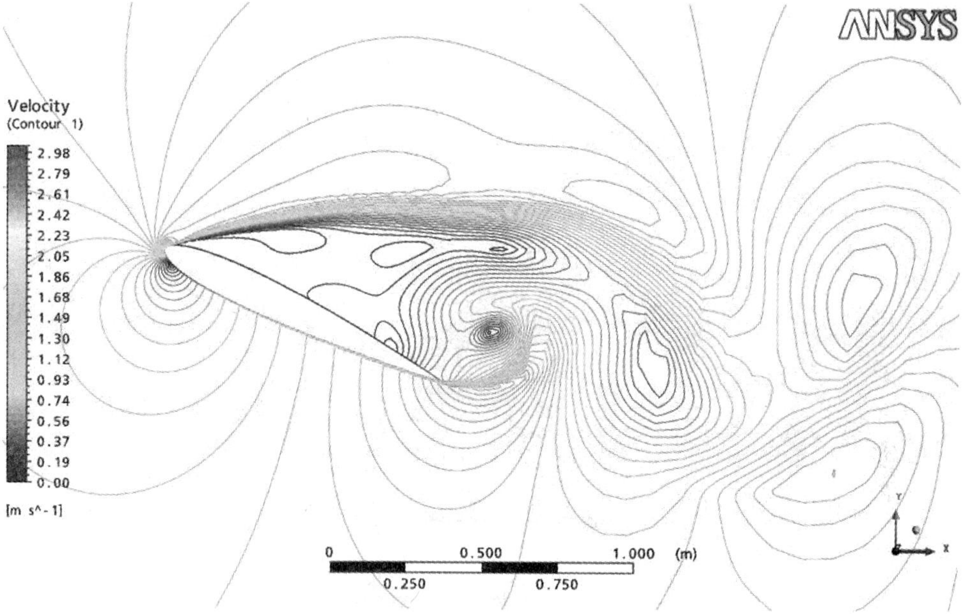

图 4.142　20°攻角时速度分布云图

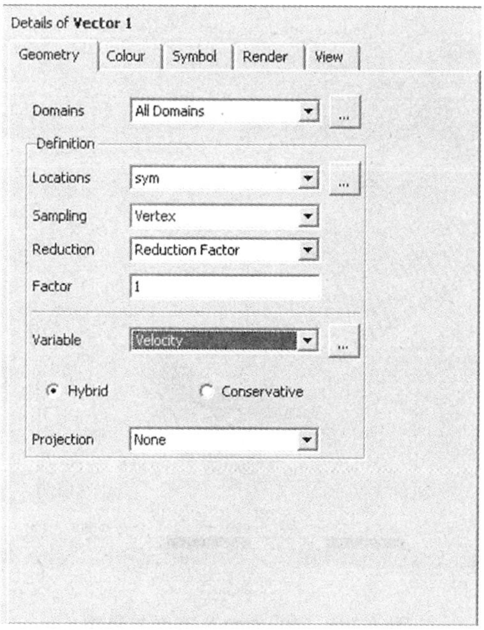

图 4.143　Vector 对话框

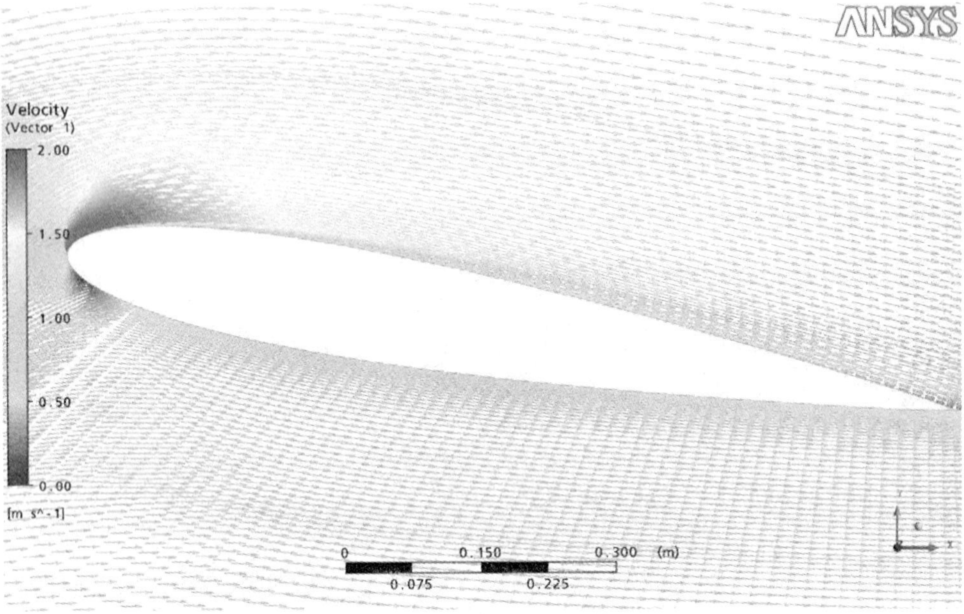

图 4.144　10°攻角时速度矢量图

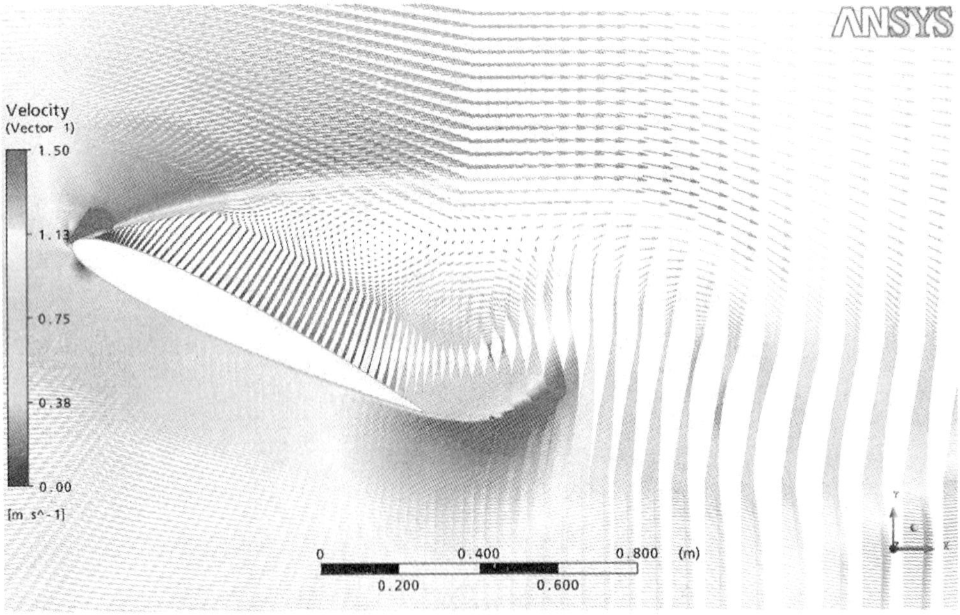

图 4.145　20°攻角时速度矢量图

4.3.6　小结

本节阐述了二维翼型的外部绕流问题，利用 ICEM 对二维机翼及周围流场进行建模，并利用结构化网格对该模型进行网格划分，然后在 CFX - Pre 中设置了相关的计算参数并在 CFX - Solver 中进行了非稳态计算，最后在 CFX - Post 中对计算结果进行后处理，利用相关功能生成了压力云图和速度矢量图，为解决二维翼型的外部绕流问题的数值模拟计算提供了参考。

4.4　空泡流计算

4.4.1　问题描述

随着速度的增加，当液体压力等于水蒸气压力时，液体便由水相变化为气相，形成水蒸气产生空泡。空泡会使水流发生畸变，从而损失水泵、涡轮水翼或推进器的使用效率，还可能导致强冲击波的出现。空化流动的研究需要建立合理的空化模型和湍流模型，并且需要利用水蒸气的质量分数为输运方程中汽化、冷凝项的质量传递建立方程。

本节选用实验常用的 NACA66mod 二维机翼作为案例，分析了在无限流域中，翼型产生空泡现象的过程。计算分为两个步骤，首先计算无空泡时的温度流场和压力场，其次引入 Singhal 全空化模型，分析空泡的产生和演变过程直至稳定状态。

本节涉及以下内容：

(1)二维机翼建模；

(2)结构化网格划分；

(3)稳态计算，空化计算；

(4)后处理，包括压力云图、速度矢量图等；

(5)数据保存。

4.4.2　ICEM 建模

1. 导入点数据

首先导入 NACA66mod 翼型的数据点。并由点创建线，得到翼型图形。通过 Z 轴旋转角度 $-4°$，得到攻角为 $4°$的机翼图形，如图 4.146 所示。

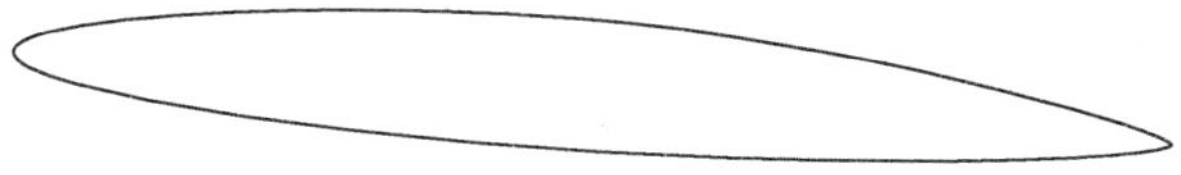

图 4.146　机翼攻角为 4°的 NACA66mod

2. 建立计算域

空泡流场稳定性极为重要。计算域要比较大，一般来流边界设置在翼型前端 5 倍弦长处，出口则在翼型尾部 9 倍弦长处，上下边界分布距离为翼型 5 倍弦长，并分别命名上下左右四个边界为“upper”“lower”“inlet”“outlet”，如图 4.147 所示。

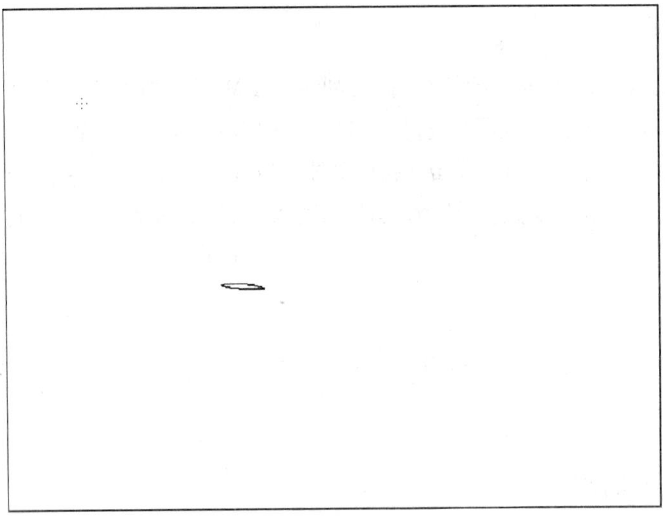

图 4.147　计算域

3. 划分结构化网格

对计算域进行划分，如图 4.148 所示。

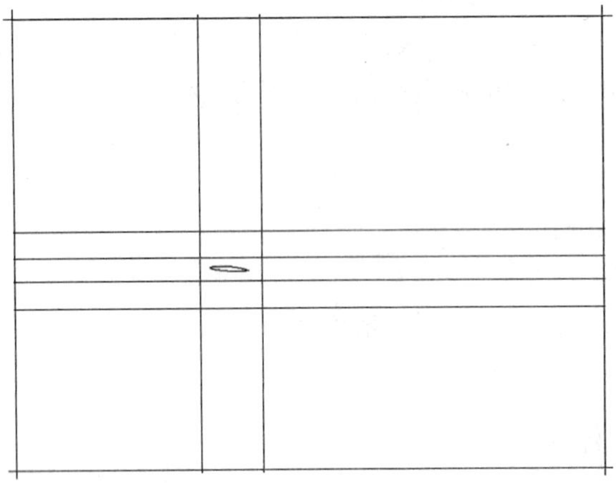

图 4.148　划分块

选择"O - grid Block"，如图 4.149 所示。

单击"Select Block(s)"，在出现的对话框中选择圆柱所在块，单击"Apply"生成 O 型网格，如图 4.150 所示。

将块的边界线关联到几何体上。

单击 Blocking — — ，如图 4.151 所示。

勾选"Project Vertices"，选择边界线(Edge)和翼型曲线(Curve)，然后单击鼠标滚轮确定，生成图如图 4.152 所示。

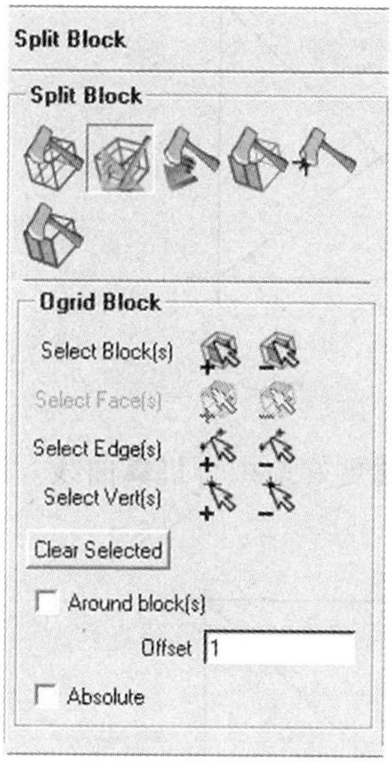

图 4.149　O－grid Block 对话框

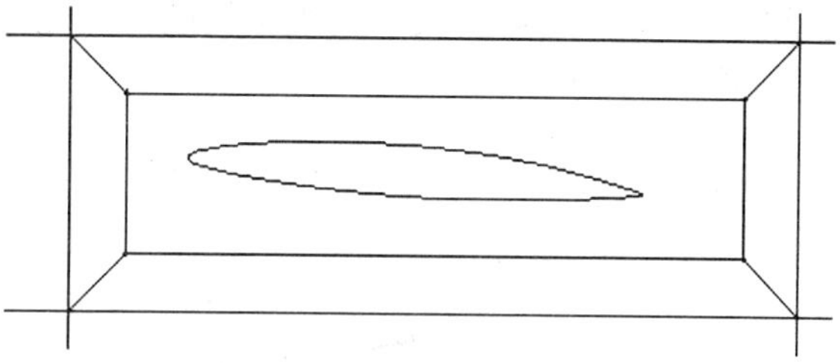

图 4.150　创建 O－grid

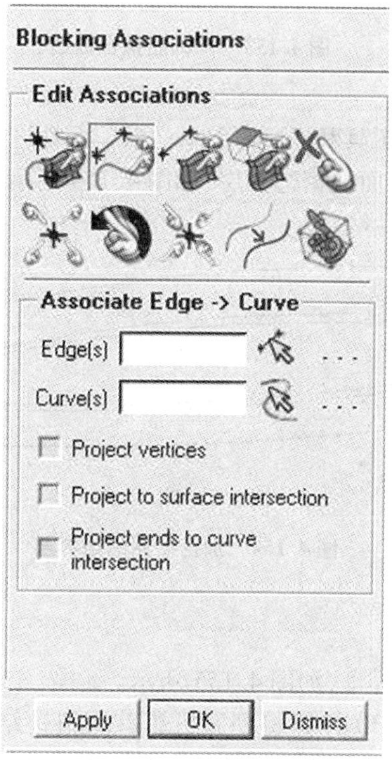

图 4.151　线关联对话框

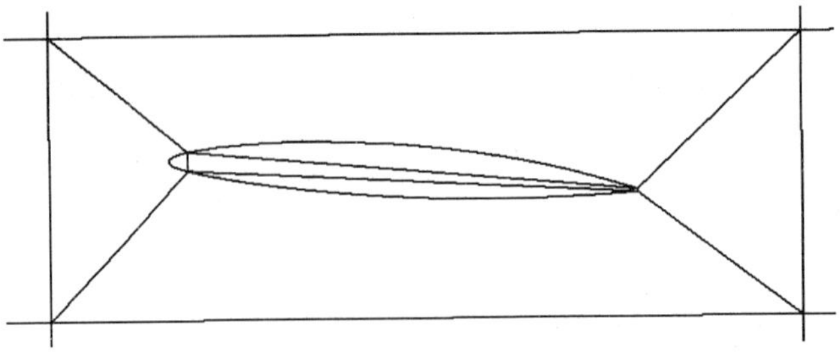

图 4.152　关联边界和机翼表面

选择“Split Edge”对关联的边界线进一步修饰，以便更好地拟合机翼曲线。修饰后拟合曲线如图 4.153 所示。

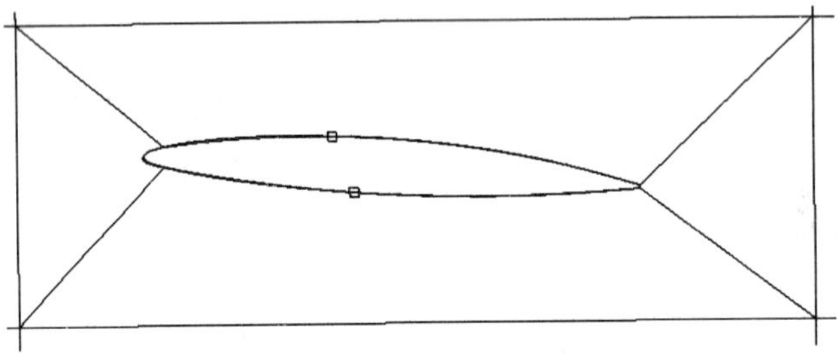

图 4.153　修饰后拟合曲线

通过“Move Vertex”工具和“Link Edge”工具进一步对 block 的结点和边界线进行调整，得到合适的机翼表面加密边界层，如图 4.154 所示。

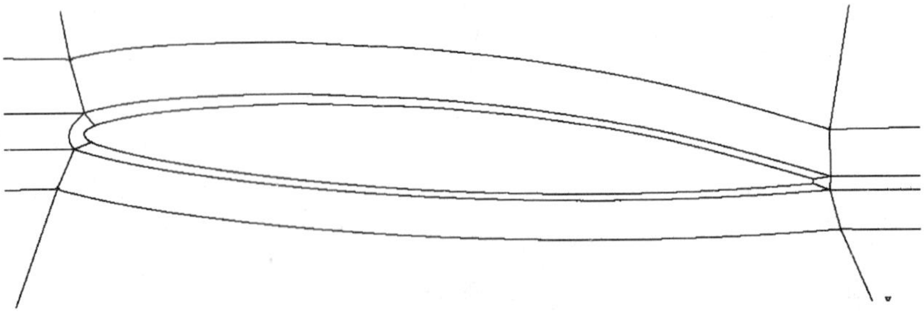

图 4.154　加密所用的边界层

4. 设置网格结点

单击 Blocking — — ，如图 4.155 所示。

翼型表面网格通过 $y^+ = 30$ 计算得到。机翼首尾斜边结点数为 30，间距为平均分配。上下斜边结点数为 400，Spacing1 设为“0.015”，Ratio1 设为“1.2”，Spacing2 设为“0.015”，Ratio2 设为“1.2”。

第一层 O 型加密网格的结点数设为“40”，Spacing2 设为“0.001”，Ratio2 设为“1.05”。上下方向的第二次加密网格结点数设为“50”，上表面 Spacing1 设为“0.015”，Ratio1 设为“1.1”，下表面 Spacing2 设为“0.015”，Ratio2 设为“1.1”，网格结点设置如图 4.157 所示。

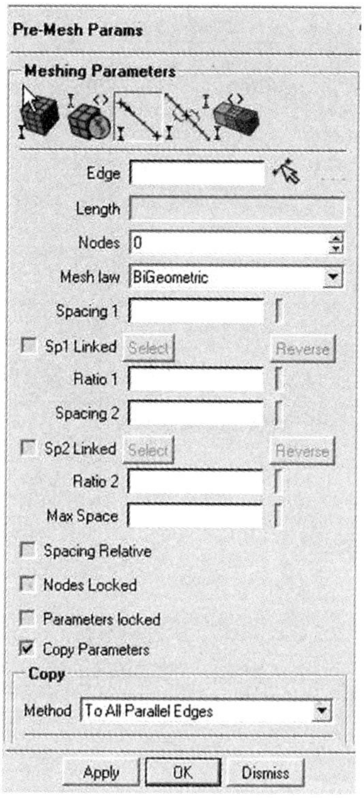

图 4.155　线网格设置对话框

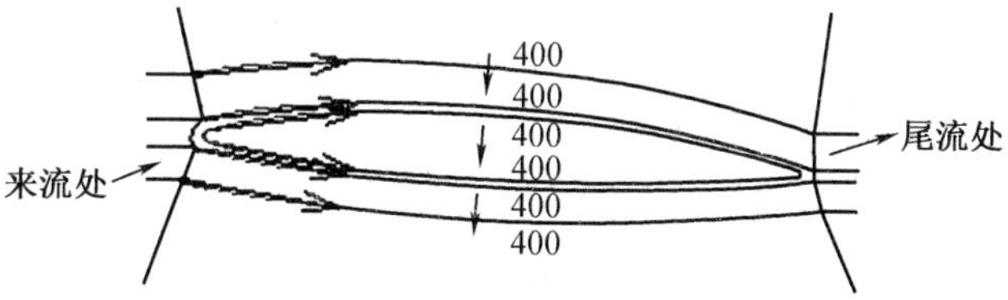

图 4.156　网格结点设置 A

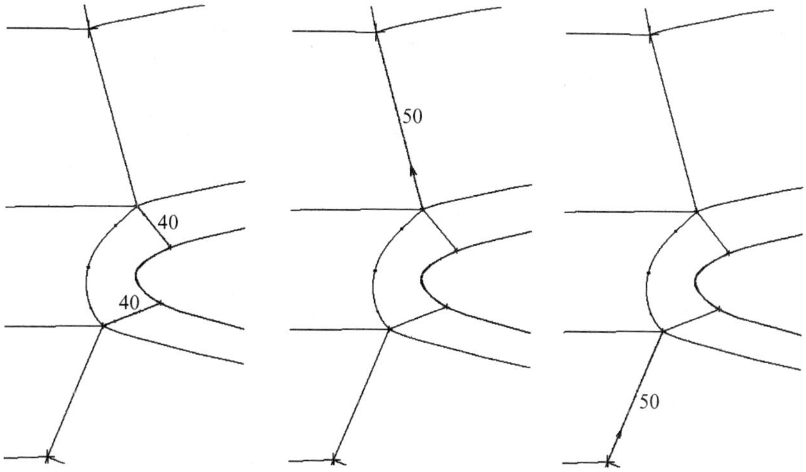

图 4.157　网格结点设置 B

来流处网格结点数为"80",Spacing2 设为"0.015",Ratio 为"1.02"。尾流处网格结点数为"200",Spacing1 为"0.015",Ratio 为"1.02",自上而下网格结点分别为"20",Spacing1 设为"1.2",Ratio1 设为"35",Spacing1 设为"0.03",Ratio1 设为"30",Spacing2 设为"0.02",Ratio2 设为"30",Spacing2 设为"0.6",Ratio2 设为"1.2",网格结点设置如图 4.158 所示。

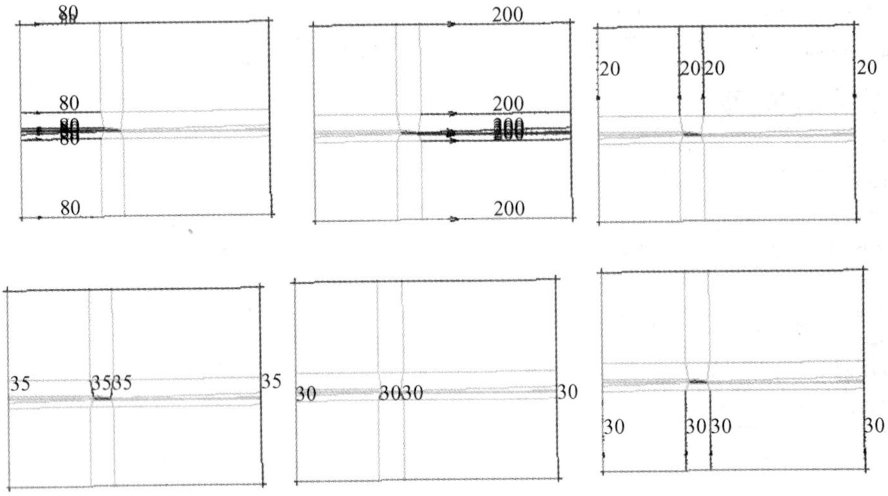

图 4.158　网格结点设置 C

结点设置完成后，通过在控制树中单击 Model > Blocking > Pre_Mesh 预览网格划分情况。应当通过调整结点位置，使网格细节处质量较高，如图 4.159 所示。

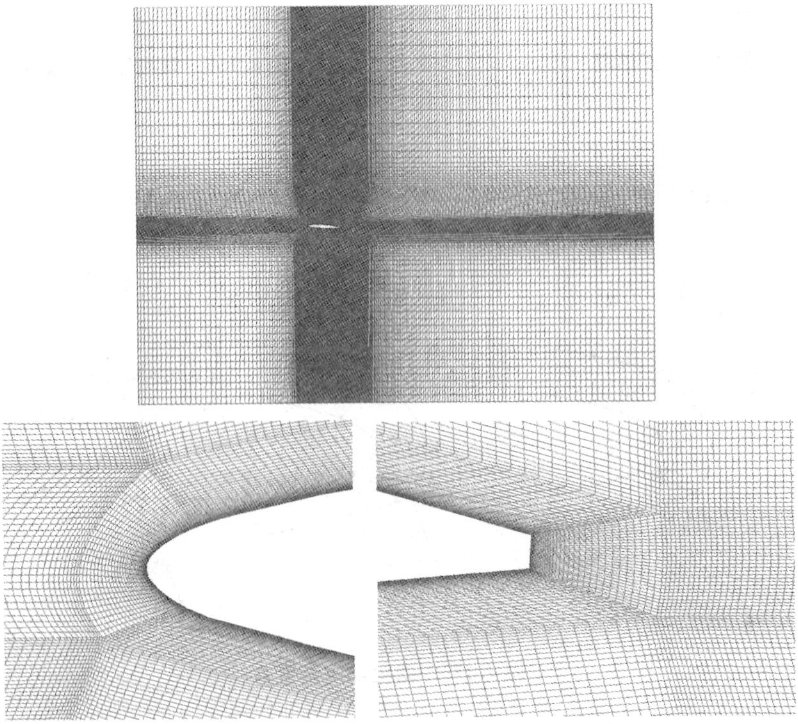

图 4.159　网格和细节

如果对网格划分满意，则可以通过 File > Mesh > Load form Blocking 选项生成网格。

5. 输出计算文件

由于需要在 Fluent 中进行空泡计算，所以需要转换成 fluent 需要的 mesh 文件。单击 Output —，设置 Output Solver 为“ANSYS fluent”，设置 Common Structural Solver 为“ANSYS”，然后单击“Apply”，如图 4.160 所示。

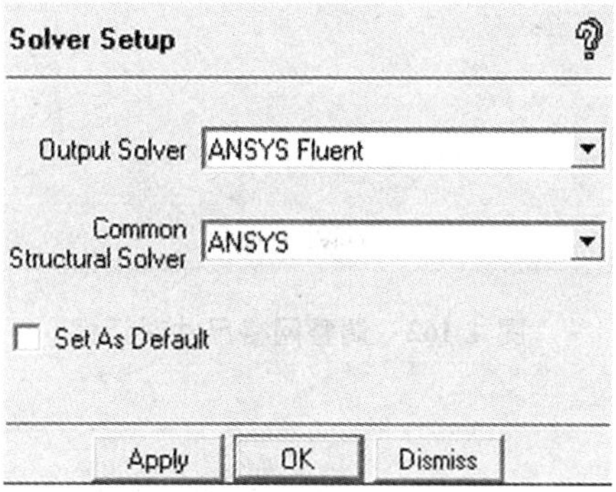

图 4.160　选择输出求解器对话框

单击 Output —，将 Grid dimension 改为“2D”，其他保持默认设置，单击“Done”，如图 4.161 所示。

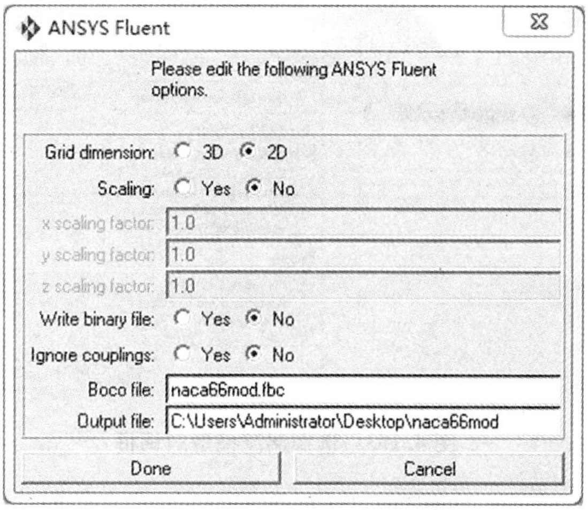

图 4.161　设置保存地址对话框

文件将以后缀为“. msh”的形式存在于相应的文件夹中。

4.4.3　计算参数设置

导入之前保存的网格文件，使用 Mesh 下的 Check 功能检查网格质量，必须保证最小网格体积为正。通过 Scale Mesh 调整模型尺寸，如图 4.162 所示。

在 Models 下的 Multiphase Model - Mixture 模型，在湍流模型中选择 RNG “k - Epsilon” 模型，如图 4.163 所示，右侧模型参数保持默认。

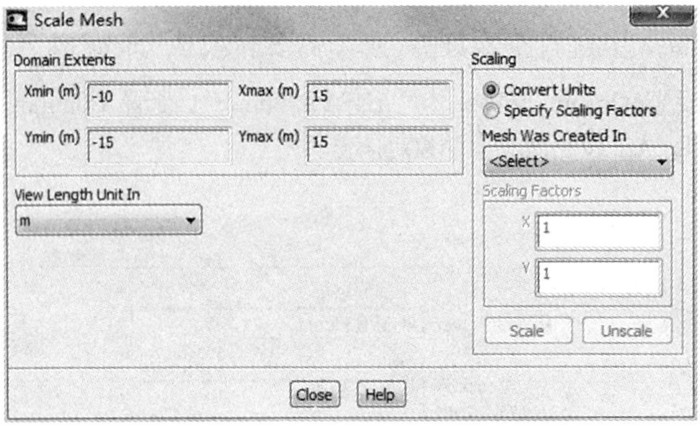

图 4.162　调整网格尺寸对话框

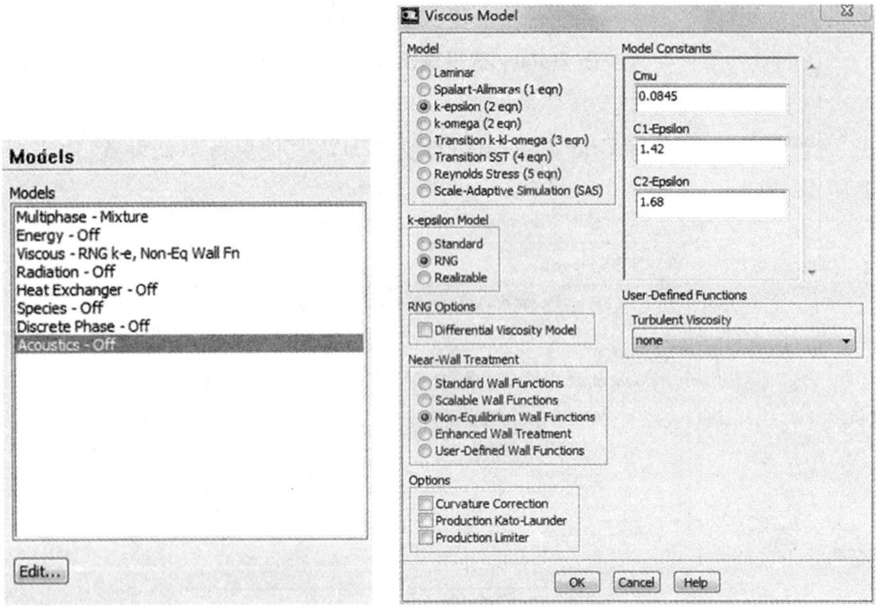

图 4.163　选择湍流模型对话框

在 Materials 选项中，选择“Create/Edit”添加新介质，在 Fluent Database 中找到 Water – liquid(h2o < l >)单击“Copy”添加。再找到 water – vapor(h2o)，同样单击“Copy”添加后，将水蒸气的密度调整为“0.025 58 kg/m^3”，如图 4.164 所示。

在 Phases 选项中，将 phase – 1 Primary Phase 的介质改为“water – liquid”，将 phase – 1 Secondary Phase 介质改为“water – vapor”。

在边界条件的设定中，设置入口边界条件为“velocity – inlet”，来流速度为“X – Velocity 20 m/s”。湍流强度采用 intensity and length scale 计算，Turbulent Intensity 2% ，Turbulent Length Scale 10 cm。出口选择压力出口“pressure – outlet”，设置表压 Gauge Pressure 为“171 540 Pa”，湍流强度与入口一致。其他边界选用无滑移壁面边界条件，参数保持默认，如图 4.165 所示。

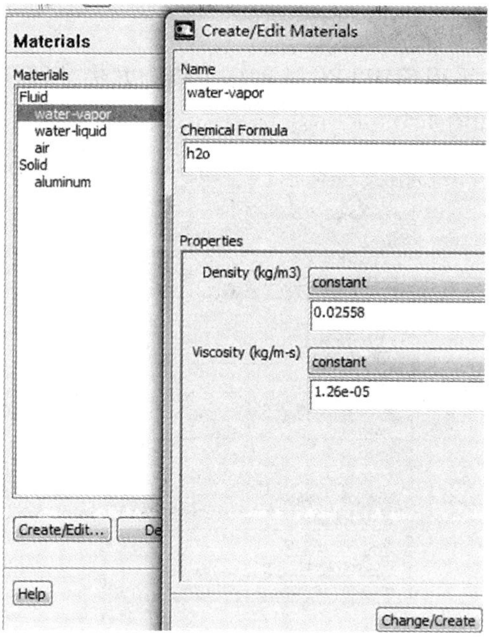

图 4.164　添加材料

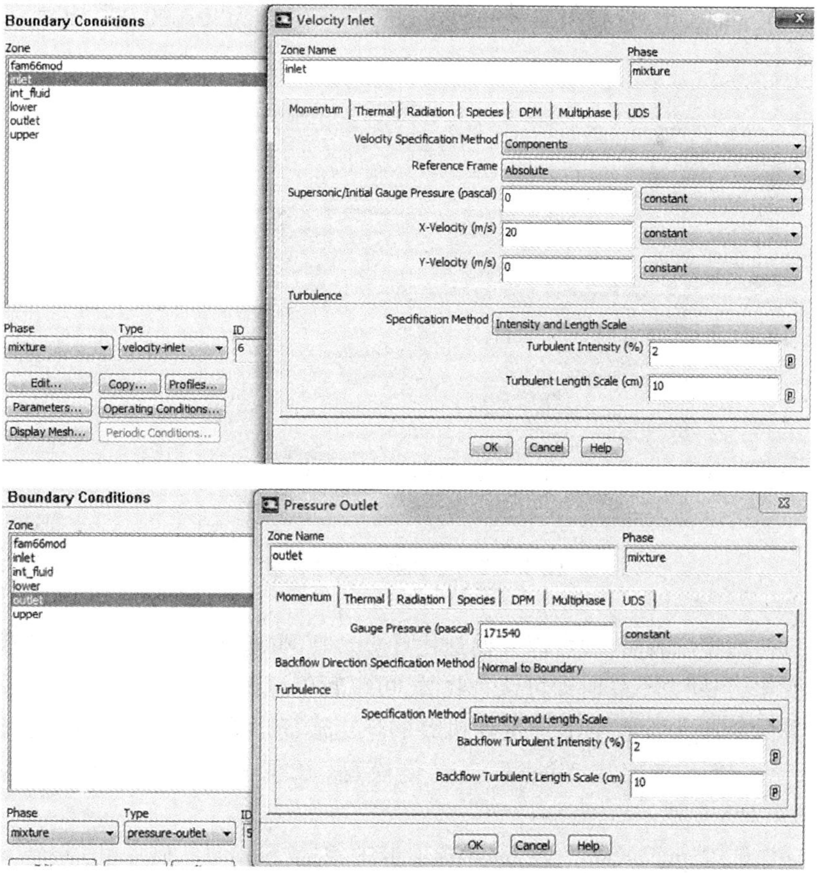

图 4.165　设置边界条件对话框

4.4.4 求解及监控

在 Solution Methods 中采用 SIMPLEC 速度压力耦合方法，压力项采用二阶格式，其他都采用一阶格式进行迭代，如图 4.166 所示。

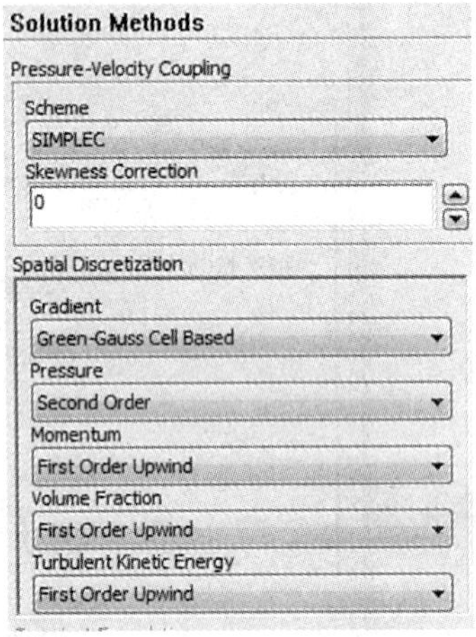

图 4.166 设置迭代方式对话框

在监视器 Monitors 中，选择"Residuals"将 continuty 设定为"0.000 000 01"。如图 4.167 所示。

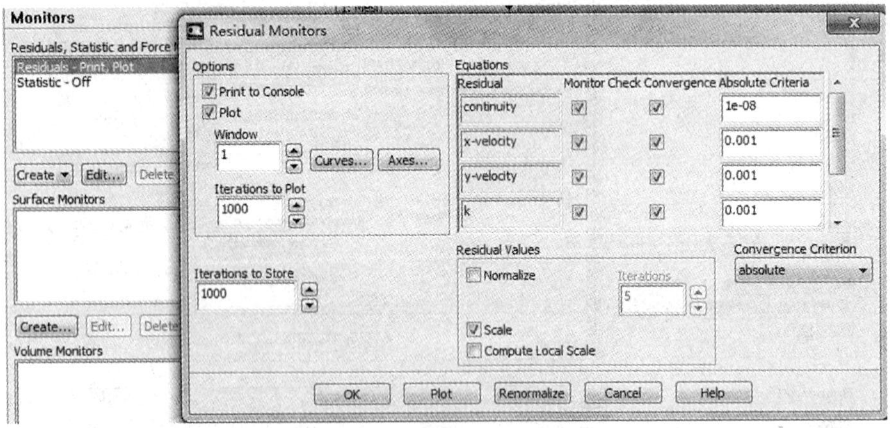

图 4.167 监视器设置对话框

通过入口初始化流域后，即可以开始迭代计算。在 Monitors 中打开 Drag 监视器监视机翼阻力系数变化，当助力不变时即可认为收敛，可以暂停运算。

此时计算的结果为没有空泡产生时机翼的稳定流场形态，流场中没有水蒸气产生，也不存在混合流。接下来启用 Singhal 全空化模型，在 Fluent 右下角输入"/solve/set > expert"，如图 4.168 所示。

在 phases 中选择"interaction"，在 Mass 选项卡中勾选"Singhal – Et – Al Cavitation Model"。设定饱和蒸汽压为"3 540 Pa"，表面张力系数"0.071 7"，非凝结气核数为"3e –05"。

然后选择继续计算，当阻力系数再次稳定时，可以结束计算。

```
/solve/set> expert
Linearized Mass Transfer UDF? [yes] yes
use Singhal-et-al cavitation model? [no] yes
Save cell residuals for post-processing? [no]
Keep temporary solver memory from being freed? [no]
Allow selection of all applicable discretization schemes? [no]
```

图 4.168　启用 Singhal 全空化模型

4.4.5　后处理

计算收敛以后，将计算的 case 和 data 保存。可以通过 Fluent 自带的各类检测和分析工具对空泡效应进行观察计算。如图 4.169 所示，选择 Graphics and Animations > Contours 可以显示空泡形态和翼型周围流场的压力、密度和速度云图，如图 4.170 和图 4.171 所示。

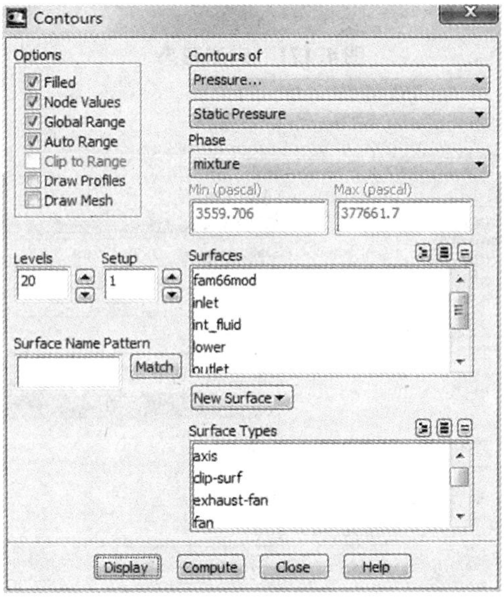

图 4.169　Contours 对话框

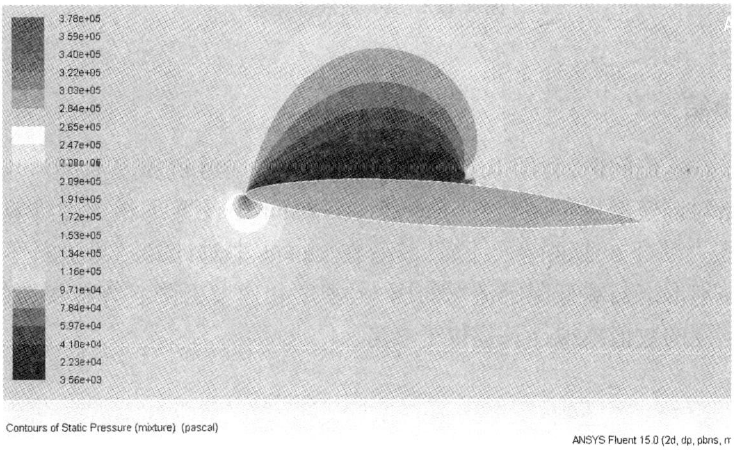

图 4.170　压力云图

选择 Plots > XY Plot 可以导出机翼上下表面的压力分布，如图 4.172 所示。

图 4.171　空泡形态

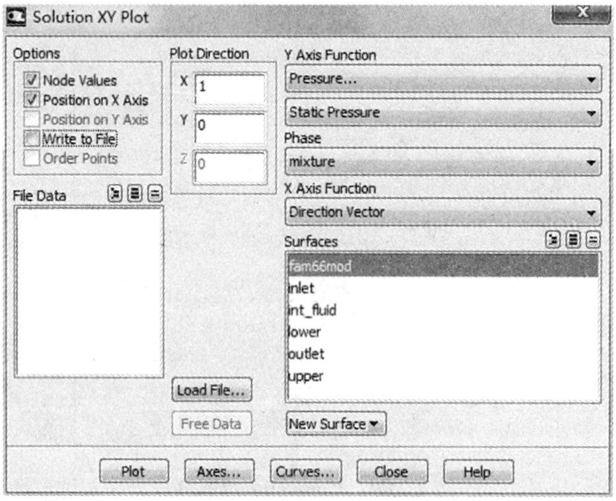

图 4.172　*XY* 曲线对话框

4.4.6　小结

本节阐述了空泡流问题，利用 ICEM 对 NACA66mod 二维机翼及周围流场进行建模，并利用结构化网格对该模型进行网格划分，然后在 Fluent 中设置了相关的计算参数，并采用 SIMPLEC 速度压力耦合方法进行了计算，最后在 Fluent 中对计算结果进行了后处理，利用相关功能显示空泡形态与翼型周围流场的压力、密度和速度云图。为解决二维翼型所产生的空泡流类型问题的数值模拟计算提供了参考。

第 5 章　三维流动的数值计算

5.1　圆管里的湍流流动

5.1.1　问题描述

圆管中的流体流动是日常生活中非常常见的流体运动形式之一，如石油管道、城市的供水和供气系统、飞行器的液压系统等。对该问题进行研究不仅可以促进对众多湍流基本现象和湍流发展机理的了解，也可以优化其在工程领域中的应用。而对于湍流的实验研究来说，圆管内充分发展的轴对称湍流是一种最简单、最具有重复性的实验室条件下的湍流运动，由于其计算的可能性，流经等径直圆管的流动已越来越为湍流研究者所重视。流体运动和物体接触的情况中，机械工程方面涉及最多的就是流体在管路中流动。圆管流动分为层流和湍流两种。本节通过一个变管径的细小圆管内流体流动模拟在求解简单三维模型流场时的操作步骤。

本节涉及如下内容：

(1)三维管道模型建立和结构化网络的划分；

(2)计算域边界条件设置；

(3)模型的瞬态计算；

(4)后处理，通过切平面观察流场状态。

5.1.2　ICEM 建模

1. 几何建模

(1)创建点

点击 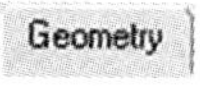 —  — ，如图 5.1 所示。在 X,Y,Z 上分别输入流体域的边界点的值。在这里取 X 的最小值为 0，最大值为 1.1，Y 的最小值为 -0.02，最大值为 0.02，Z 的最小值为 -0.02，最大值为 0.02。

对于三维圆管创建需要输入圆心 1 坐标(0,0,0)和不在同一条直线上的两个坐标点坐标值(0,0.01,0)和(0,0,0.01)，圆心 2 坐标(0.1,0,0)和另外两点坐标(0.1,0.02,0)和(0.1,0,0.02)创建完成后如图 5.2 所示。

一个控制树将会显示在软件左侧，如图 5.3 所示。

(2)由点建线

点击 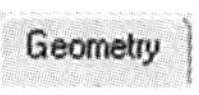 —  — ，如图 5.4 所示。

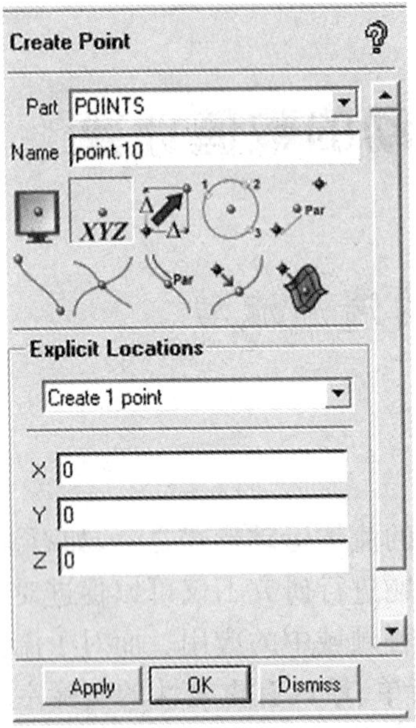

图 5.1 ICEM CFD 创建点工具栏

图 5.2 点创建完成

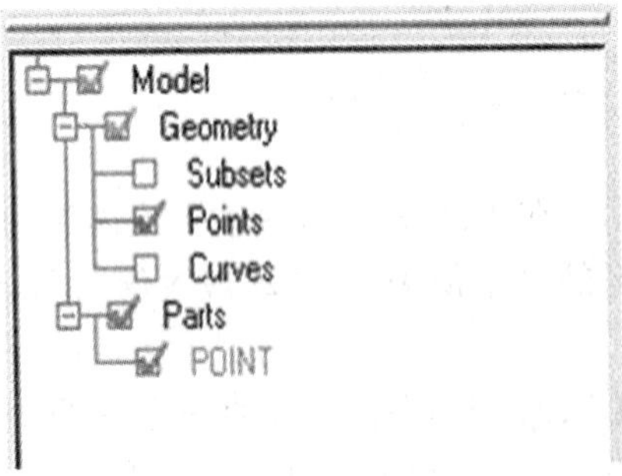

图 5.3 控制树

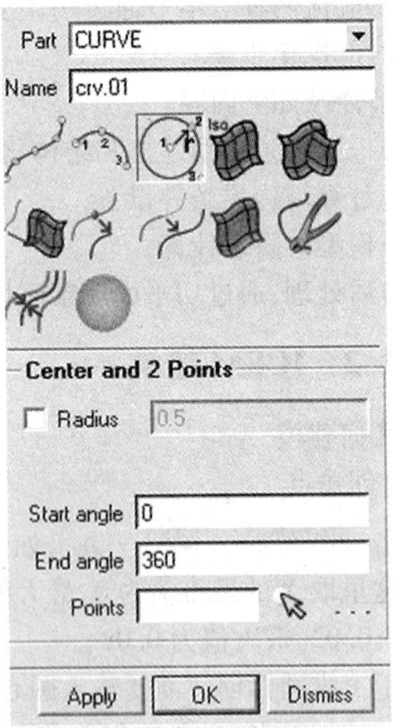

图 5.4 创建圆对话框

按照提示选择圆心点和圆周上的两个点，点击“Apply”，如图 5.5 所示。

单击 ，用左键选中点，单击鼠标滚轮为确定，单击鼠标右键为取消，按上述步骤依次将外围各点连接成直线，单击图标 调整合适的显示窗口，显示如图 5.6 所示。

(3) 由线建面

点击 Geometry — — ，如图 5.7 所示。

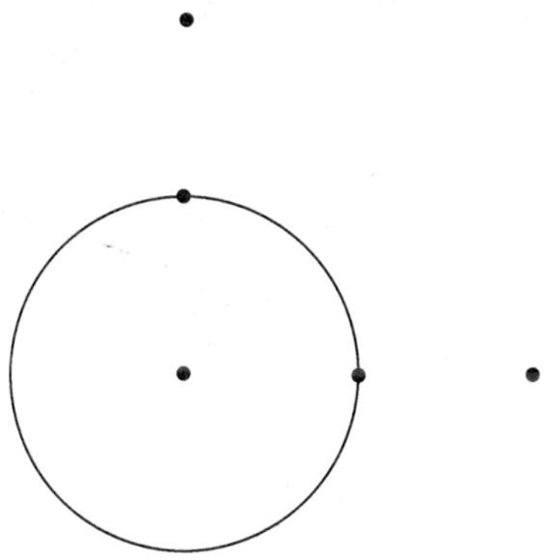

图 5.5　创建圆

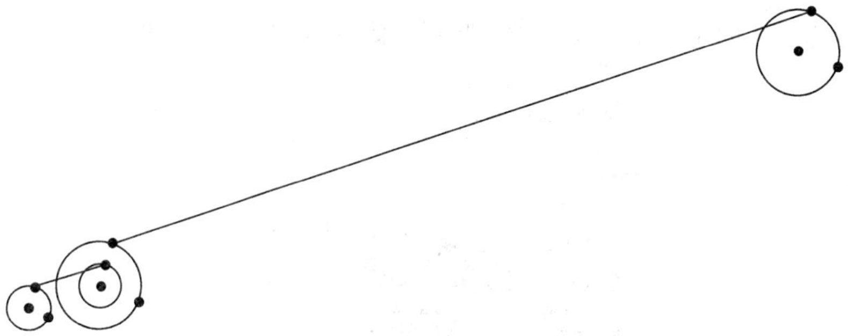

图 5.6　创建线

图 5.7　创建面对话框

分别选择 crv. 00，crv. 03 和 crv. 01 与 crv. 02，点击“Apply”生成面，如图 5.8 所示。

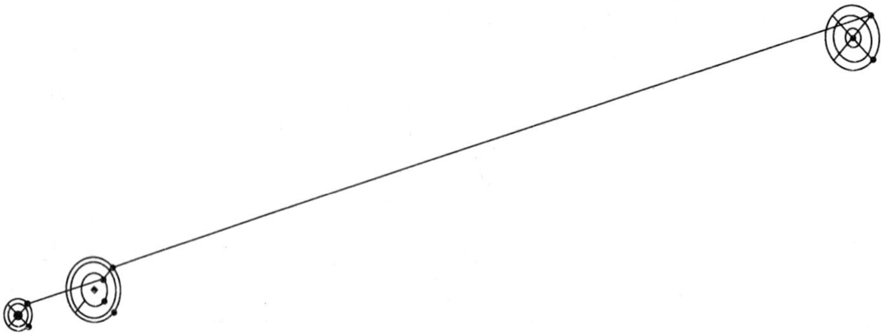

图 5.8　创建面

通过拉伸面命令创建管面，点击 Geometry — — ，如图 5.9 所示。

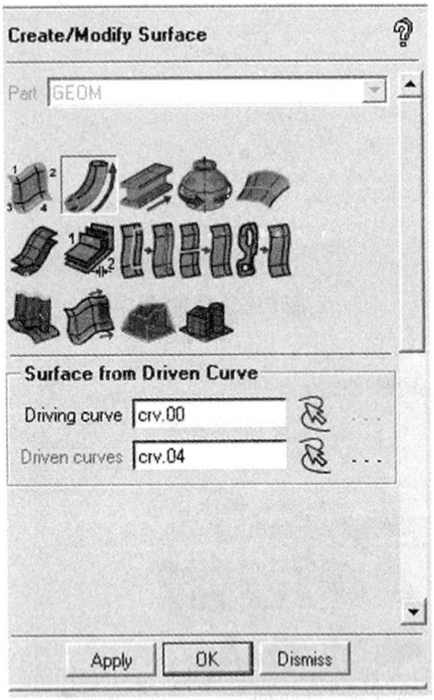

图 5.9　创建面对话框

选择 crv. 00 和 crv. 04，点击鼠标中键确定，同样，选择 crv. 03 和 crv. 05。

(4) 创建体

点击 Geometry — ，出现对话框如图 5.11 所示。

在 Part 和 Name 栏中输入“FLUENT”，然后在域中选择任意两点，一般选择对角点，然后单击“Apply”生成体，如图 5.12 所示。

点击 File > Geometry > Save Geometry As... ，输入“twopipe”，点击保存，将几何体保存。

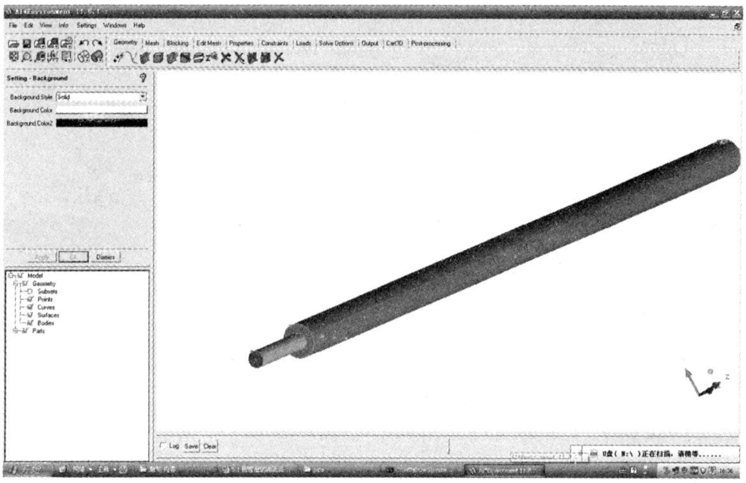

图 5.10　变直径管模型

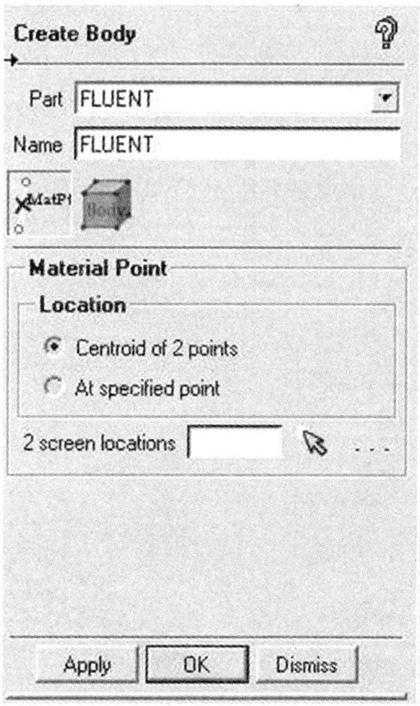

图 5.11　创建体对话框

2. 划分网格

(1)创建块

操作:点击 Blocking — — ,如图 5.13 所示。

选择 Part 为 FLUID,并设置 Initialize Blocks type 为 3D Bounding Box,点击"apply"生成块。

(2)创建 O 型网格(O - grid)

选择 Split block—— — 。选择圆管的端面,点击 apply,第一次生成 O 型网格,如图 5.14 所示。

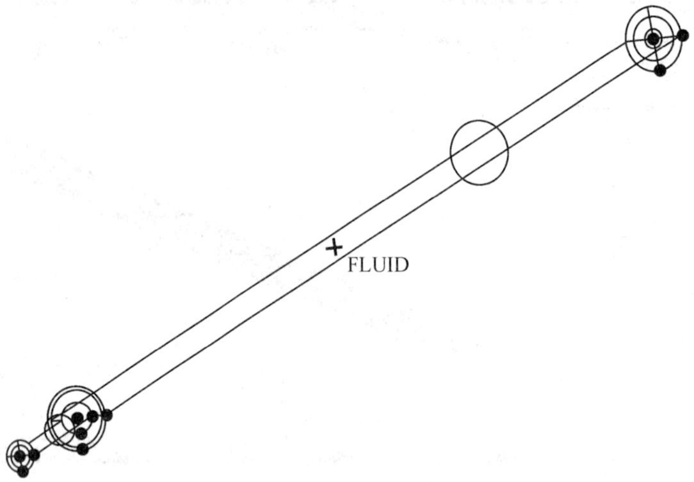

图 5.12　创建体

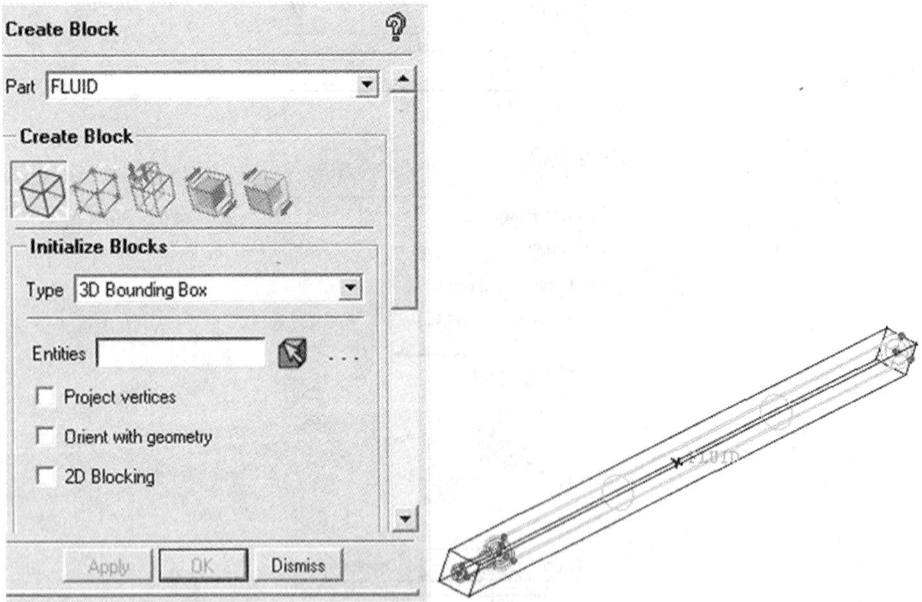

图 5.13　创建块

(3)划分块

选择 Split block—— — 来划分块,在两个圆管的连接处将它们分为两个块,如图 5.15 所示。

(4)再次生成 O－grid 网格

按照上面的步骤(2),选择圆管端面,再生成一次 O 型网格,如图 5.16 所示。

(5)删除多余的块

选择 Blocking — ,将不需要的块删除,显示如图 5.17 所示。

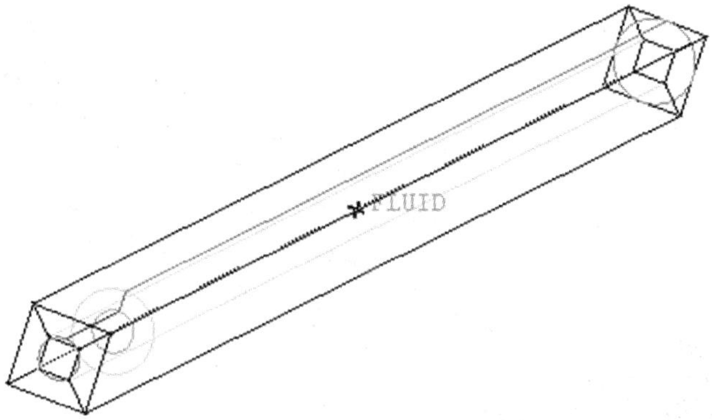

图 5.14　O 型网格(O - grid)

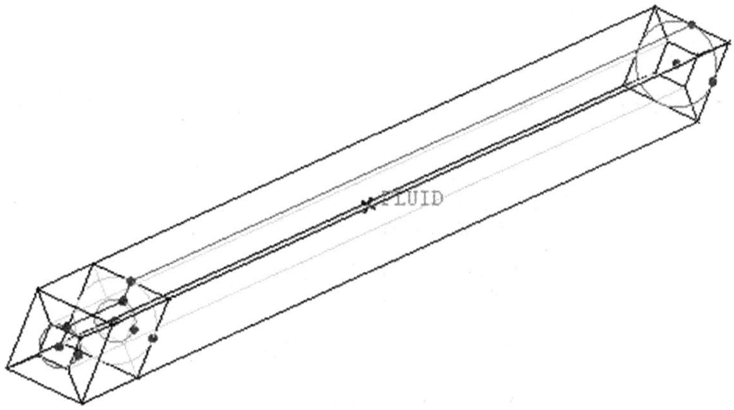

图 5.15　划分块

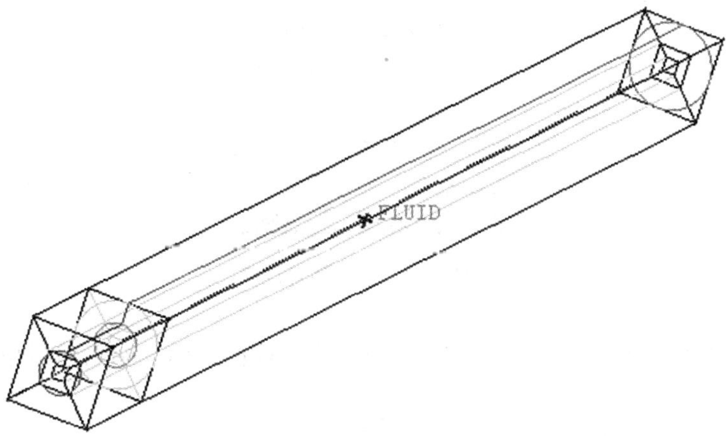

图 5.16　再次创建 O 型网格

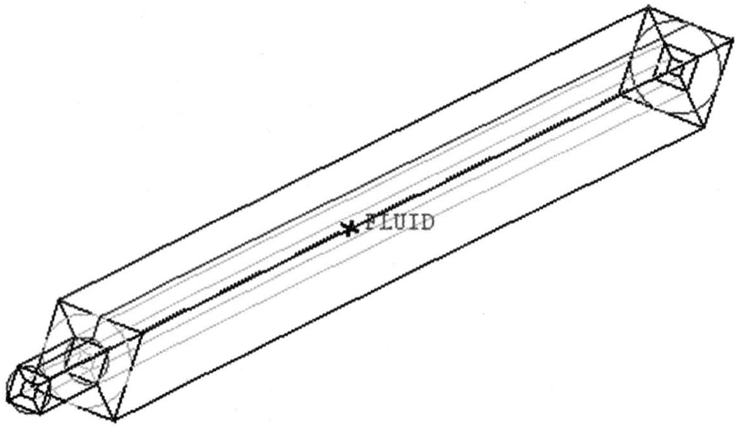

图 5.17　删除多余的块

(6)几何体关联

将块的边界线关联到几何体上。单击  —  —  ,如图 5.18 所示。

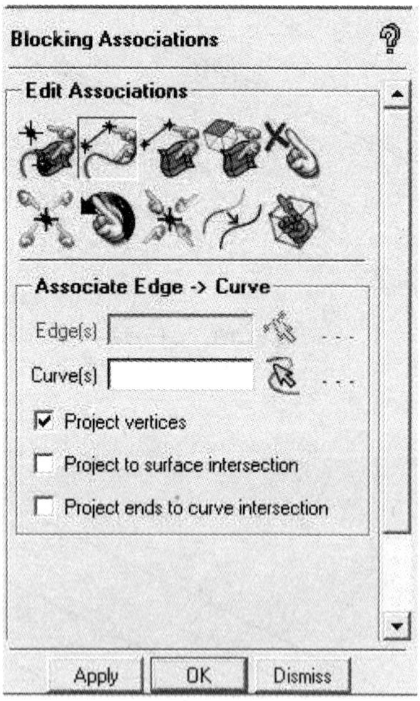

图 5.18　线关联对话框

勾选上 Project Vertices,选择边界线(Edge)和圆柱曲线(Curve),然后单击鼠标滚轮确定,如图 5.19 所示。

选择 blocking 中的  —  ,Vertex Select 选项中选择 All Visible,点击“Apply”。

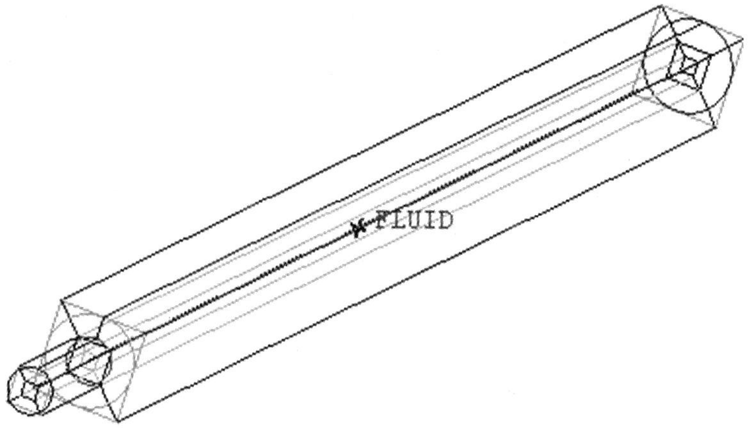

图 5.19　几何体关联

(7)设定网格尺寸

单击 Blocking ——,如图 5.20 所示。

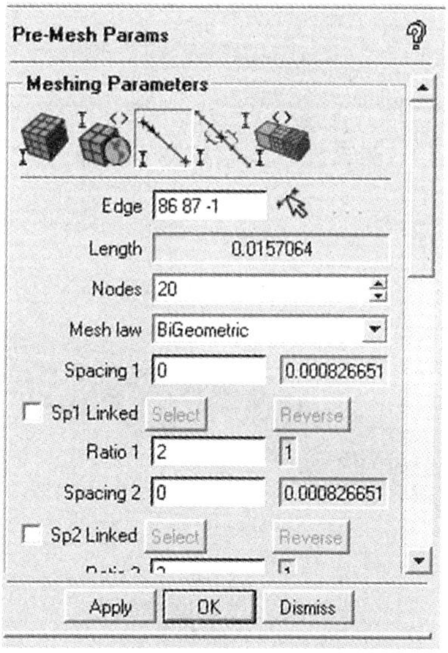

图 5.20　划分线网格对话框

选中 Copy Parameters,下面的 Method 选择 To All Parallel Edges 选项。这样当选择一条边界线时,计算机会自动为你选中其他与该边界线平行的所有边界线。

选中圆切向的边,结点数定位 20;再选择圆管的径向的边,Ratio 设为 1. 1,结点数定为 20。显示如图 5. 21 所示。

圆管 1 长度方向的边,spacing2 设为 0. 001,ratio 设为 1. 2,网格数设为 30 个;圆管 2 长度方向的边,spacing1 设为 0. 001,ratio 设为 1. 2,网格数设为 200 个,以划分结构化网格。

预览网格的划分情况,可以在控制树中鼠标左键依次单击选择:Model > Blocking > Pre_ Mesh,这样会弹出一个对话框,选择 Yes,选择如图 5. 22 所示。然后我们可以预览到整个模型的网格划分,如图 5. 23 所示。

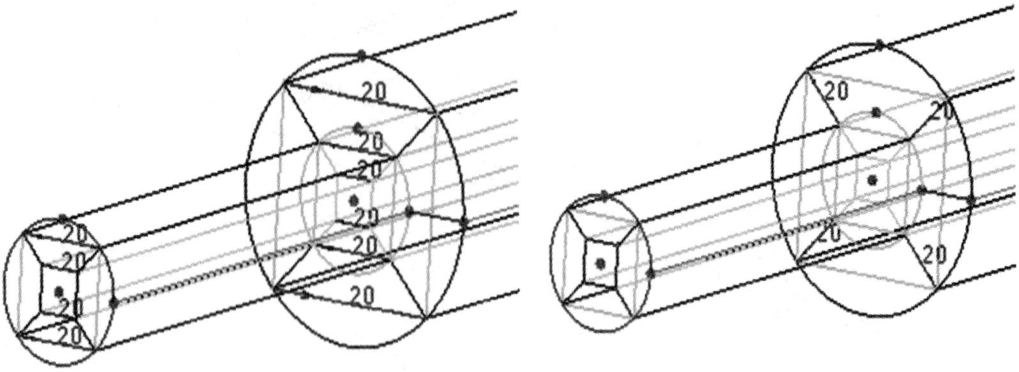

图 5. 21　设定网格尺寸

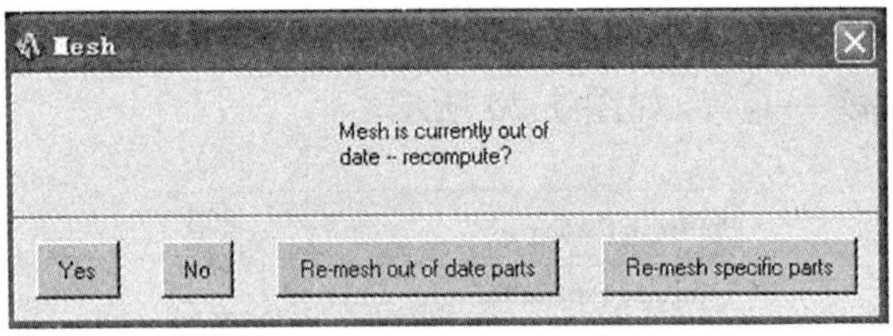

图 5. 22　网格预览对话框

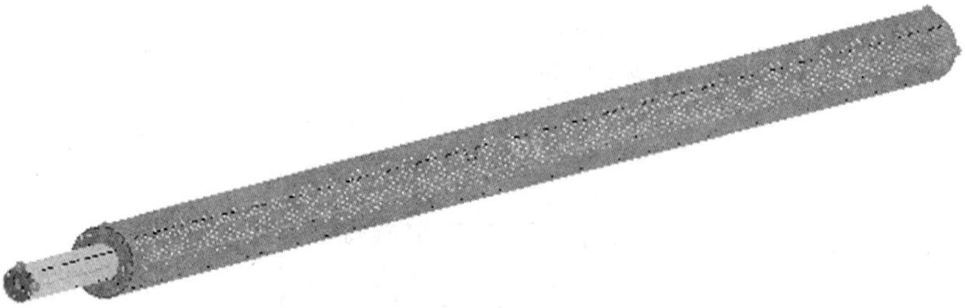

图 5. 23　模型网格预览

(8)检查网格质量

选择 Blocking —  ,检查网格质量。

(9)创建新的 part

右击控制树中的 part,选择 creat part,分别建立 inlet,outlet,wall 等 part。

如果网格划分没有问题,则可以用坐标左键单击 Pre Mesh,选择 Convert to Unstruct Mesh 生成网格。

3. 文件保存

(1)打开 File > Save Project As... 保存整个模型,令其文件名为“twopipe”。其中后缀为“. blk”的文件为块文件,后缀为“. tin”的文件为几何模型文件,后缀为. uns 的文件为网格文件。

(2)输出网格文件

输出网格文件到 CFX 中,单击  —  ,选择 Output Solver 为 ANSYS CFX,选择 Common Structural Solver 为 ANSYS,然后单击“Apply”,如图 5.24 所示。

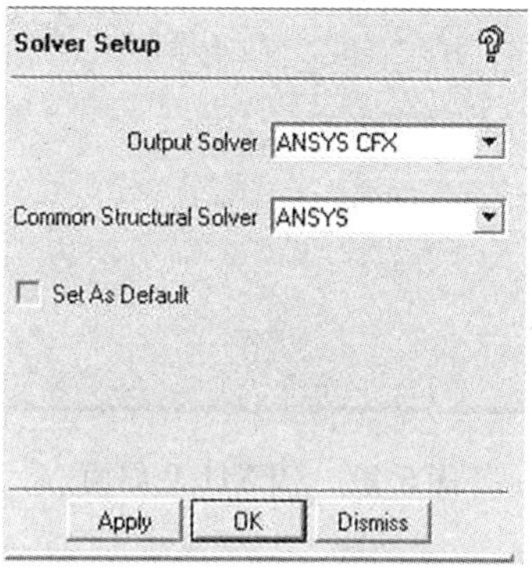

图 5.24　选择求解器

单击  —  ,按照图 5.25 提示保存文件,保持默认设置,单击“Done”如图 5.26 所示。

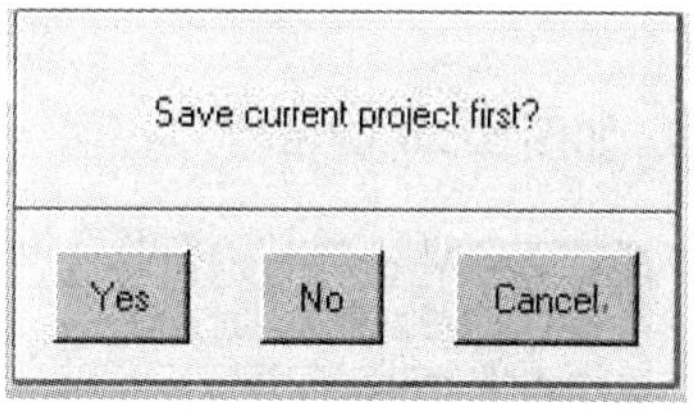

图 5.25　文件保存对话框

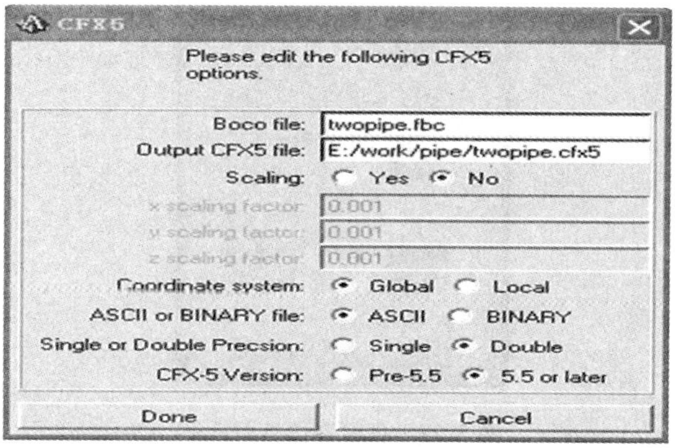

图 5.26　输出网格文件

现在,我们将可以在相应文件夹中找到输出的网格文件,该文件的后缀名为“. cfx5”。

4. 计算参数设置

打开 CFX 软件,我们可以看到 CFX－11.0 软件的界面,如图 5.27 所示。

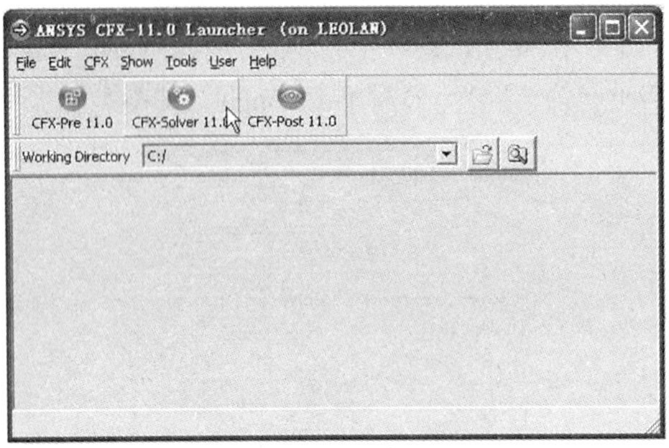

图 5.27　CFX11.0 界面

这里有 3 种不同的功能：

①CFX – Pre 11.0，前处理，设置相关的参数；

②CFX – Solver 11.0，求解器，使用确定的物理模型进行求解；

③CFX – Post 11.0，后处理，获得我们所需要的数据和图形。

单击  运行前处理软件。

(1)创建新的仿真

打开 File > New Simulation... ，如图 5.28 所示。

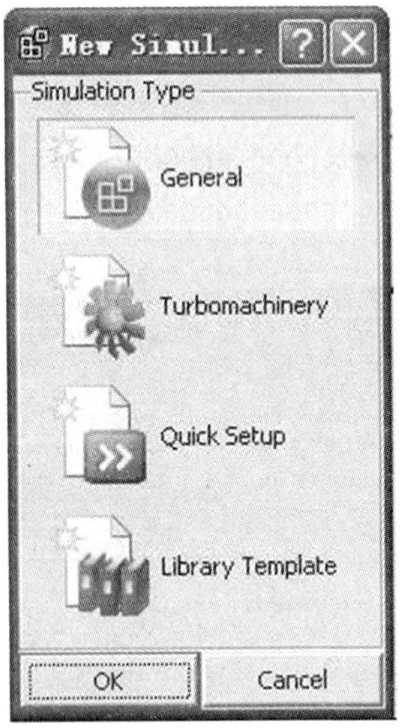

图 5.28　创建新仿真对话框

选择 General，单击“OK”。

打开 File > Save Simulation As... ，输入文件名为“twopipe”，选择适当的保存路径，然后单击“Save”。

(2)输入网格文件

在工具栏中选择 Import Mesh ，在 File type 栏下选择 ICEM CFD(* cfx * cfx * msh)，然后选择之前生成的网格文件，单击“Open”，如图 5.29 所示。

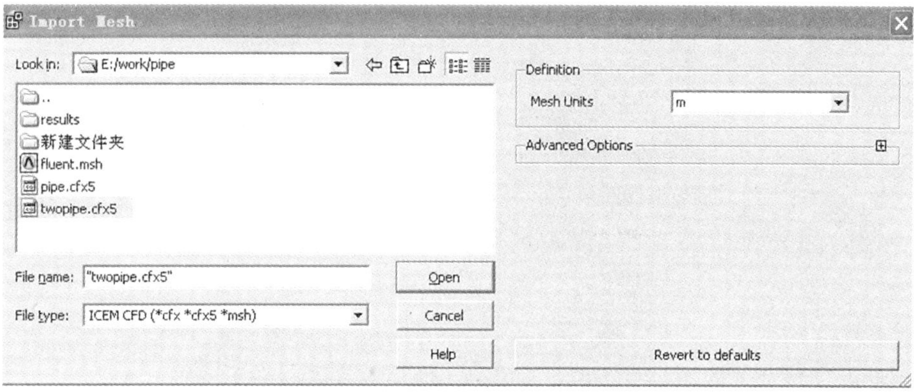

图 5.29　导入网格文件对话框

这样网格文件就被导入自 CFX－Pre 中，如图 5.30 所示。

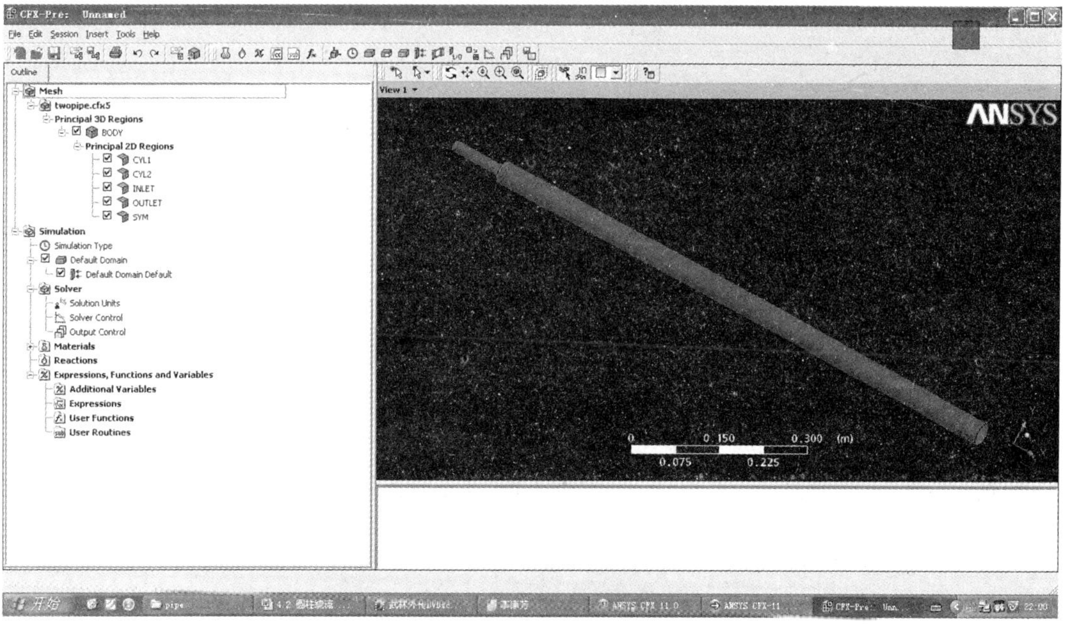

图 5.30　CFX 前处理界面

5. 定义仿真类型

选择 Define the Simulation Type ，Simulation Type > Option 选择 Transient。这里有两种模型分别是定常模型(Steady State)和非定常(Transient)，由于涡脱落为瞬态的现象，所以选择非定常模型。其他的设定如图 5.31 所示，单击“Apply”和“OK”确定。

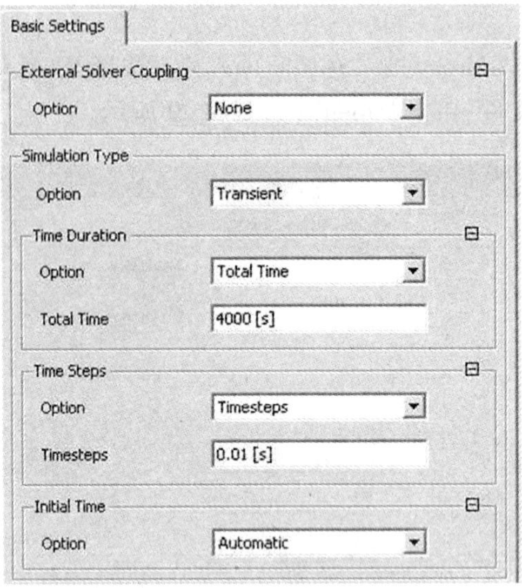

图 5.31　定义仿真类型对话框

6. 创建域

选择 Create a Domain ,弹出如图 5.32 所示对话框,在 Name 栏输入"twopipe",单击"OK"。

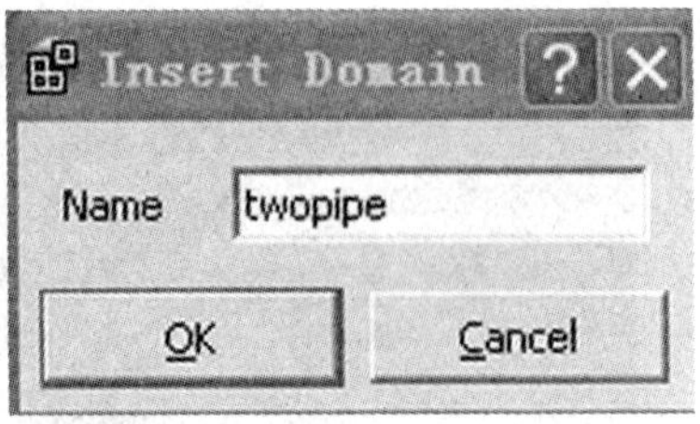

图 5.32　Insert Domain 对话框

选择 General Options > Basic Settings > Location 为 BODY,选择 General Options > Basic Settings > Fluids List 为 Water,如图 5.33 所示。

在本例里我们选择层流模型,因此选择 Fluid Models > Turbulence > Option 为 None(Laminar)。

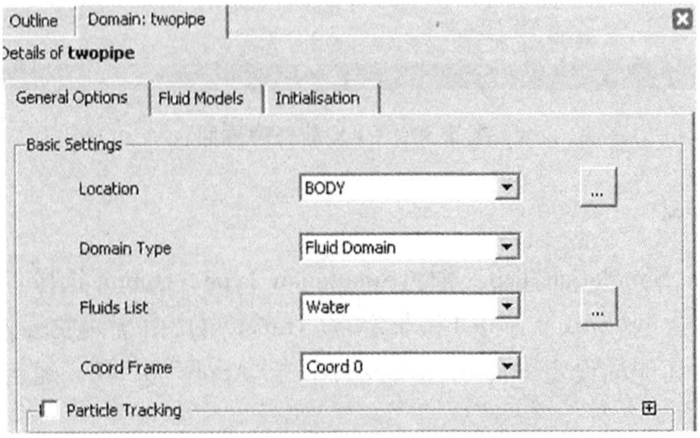

图 5.33　计算域设置对话框

7. 创建边界条件

(1)入口边界条件

选择 Create a Boundary Condition ，设置 Name 为 inlet，单击“OK”，如图 5.34。

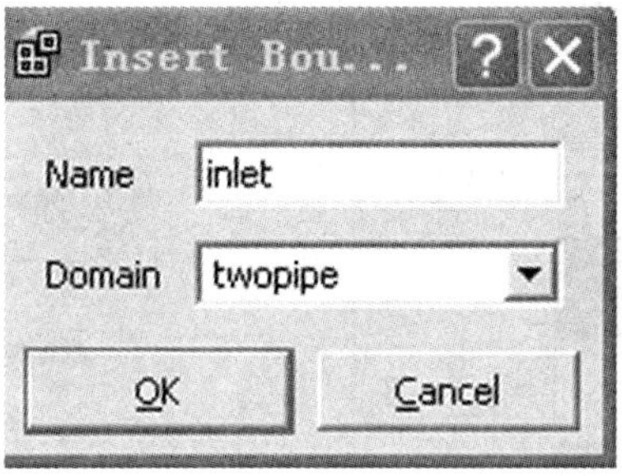

图 5.34　Insert Boundary 对话框

如图 5.35 所示，设置 Basic Setting > Boundary type 为 Inlet，Boundary Details > Mass And Momentum > Option 为“Cart. Vel. Components”，并设其速度为 1 m/s。

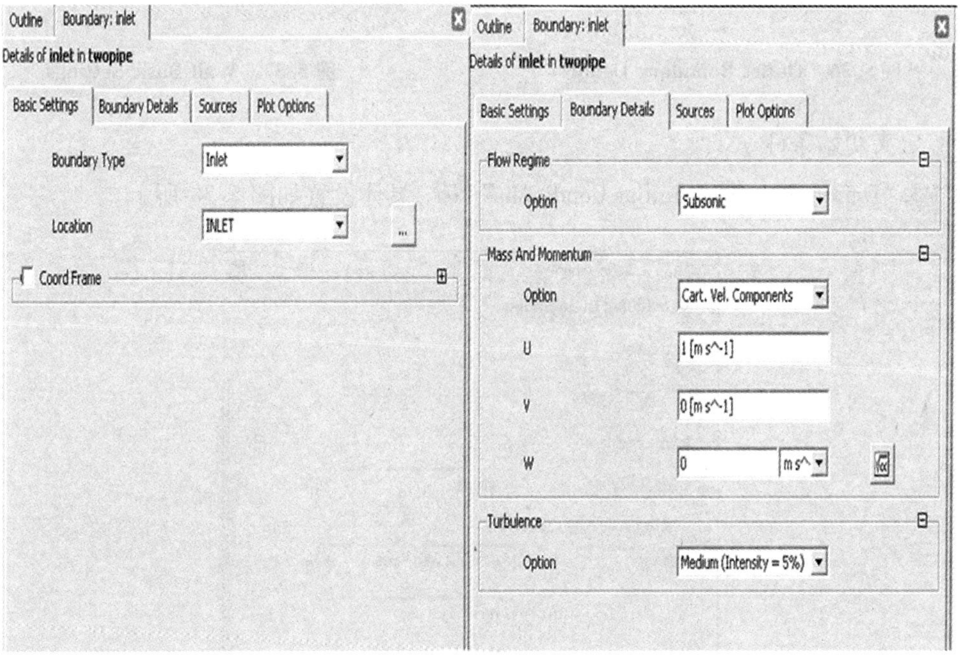

图 5.35　Detail of INLET

(2)出口边界条件

设置 Name 为 OUTLET，单击“OK”。设置 Basic Setting > Boundary type 为 Outlet，Boundary Detail 设置如图 5.36 和图 5.37 所示，单击“OK”确定。

(3)壁面条件

设置 Name 为 wall，单击“OK”。设置 Basic Setting > Boundary type 为 Wall，设置 Boundary Details > Wall Influence On Flow > Option 设为 No Slip。

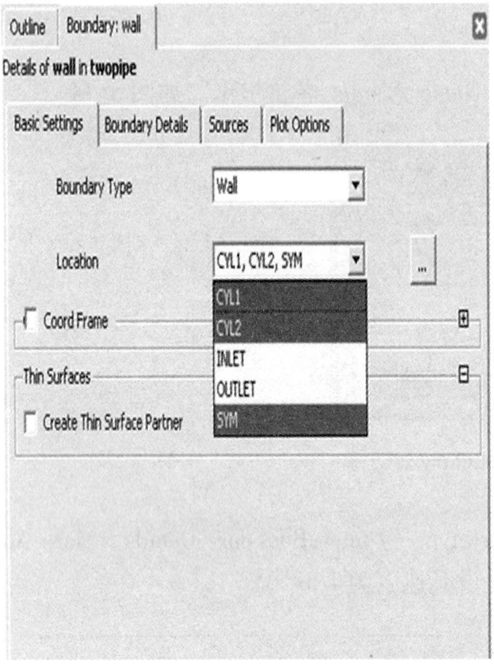

图 5.36　**Outlet Boundary Detail**

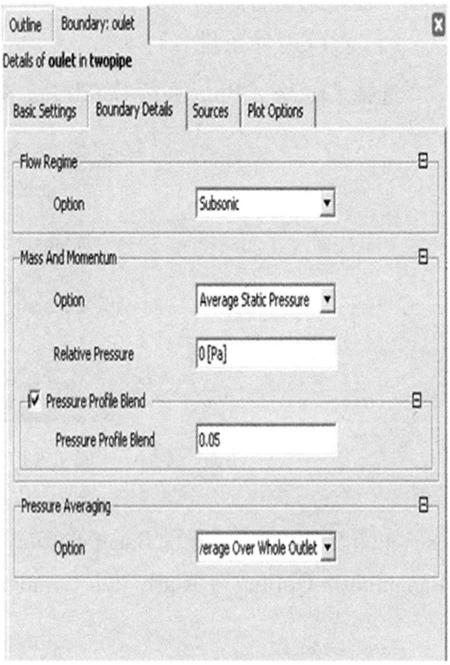

图 5.37　**Wall Basic Settings**

8. 定义初始条件

选择“Define the Global Initial Conditions” ,具体设置如图 5.38 所示。

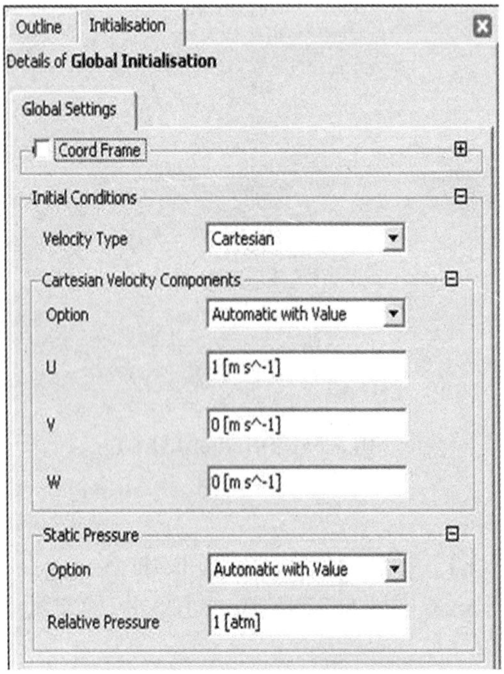

图 5.38　初始条件设置对话框

9. 定义求解器控制

选择“Define the Solver Control Criteria” ，具体设置如图 5.39 所示。

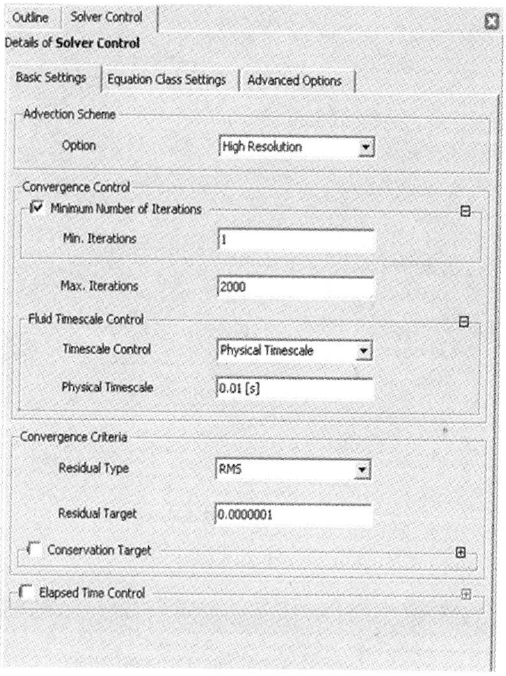

图 5.39　Solver Control 对话框

10. 设置自动保存

选择“Create Output Files and Monitor Points” ，选择“Trn Results”，单击 新建一个“Transient Results 1”，如图 5.40 所示。

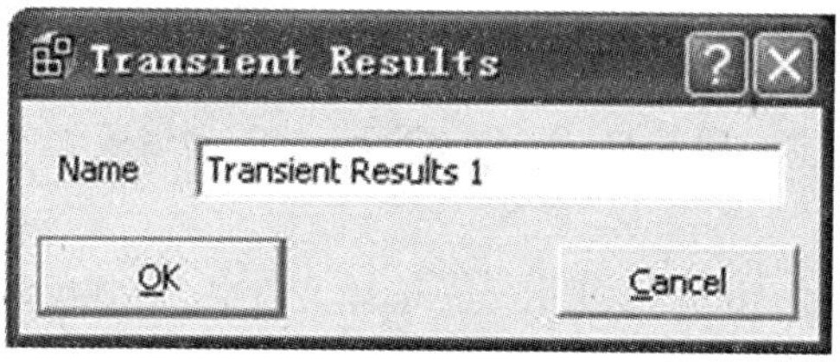

图 5.40　Transient Results 对话框

具体设置如图 5.41 所示。

11. 保存文件

选择“Write a Solver File” ，选择相应的路径，单击“Save”，如图 5.42 所示。

5.1.3　求解及监控

单击 CFX-Solver 11.0 运行求解器软件。

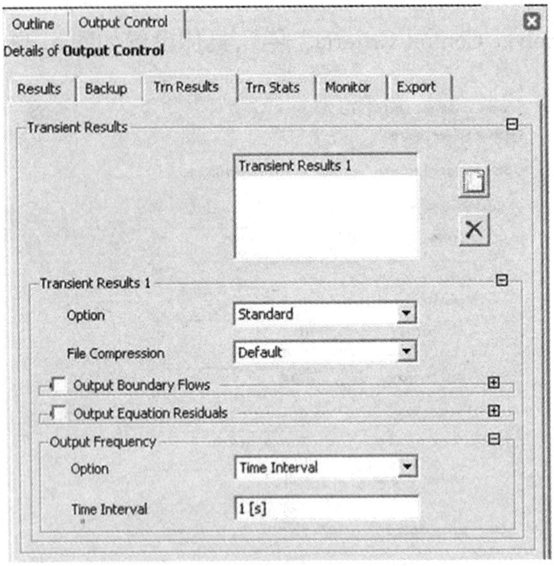

图 5.41　**Output Control**

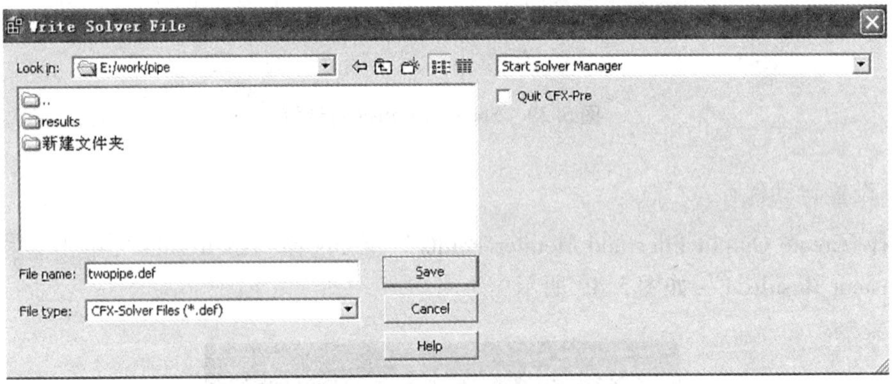

图 5.42　**Write a Solver File 对话框**

打开 Open File > Define Run... ,使用 选择文件名为"twopipe. def"的文件,单击"Start Run"开始计算,如图 5.43 所示。

我们可以单击 来停止求解,如果我们想要继续进行求解,单击 。时域中的迭代收敛结果如图 5.44 所示。

5.1.4　后处理

单击 运行后处理软件。

打开 File > Load Results... 打开之前计算所得到的结果文件"twopipe. res",则窗口会出现模型图像,如图 5.45 所示。

1. 新建一个平面

选择 Location > plane,建立一个平面,如图 5.46 所示。

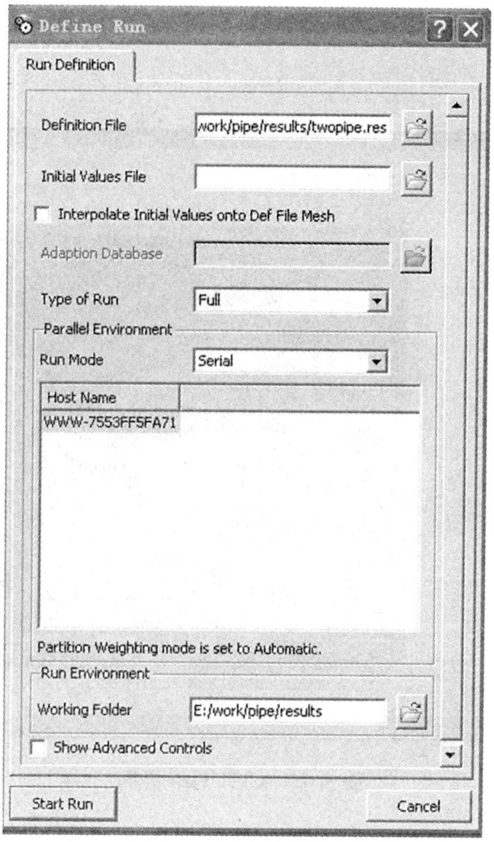

图 5.43　**Define Run** 对话框

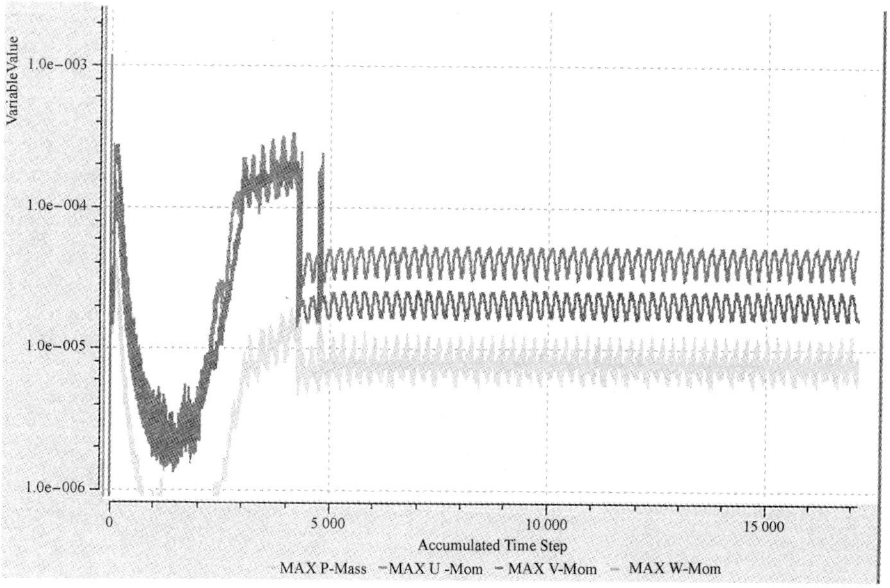

图 5.44　求解迭代曲线

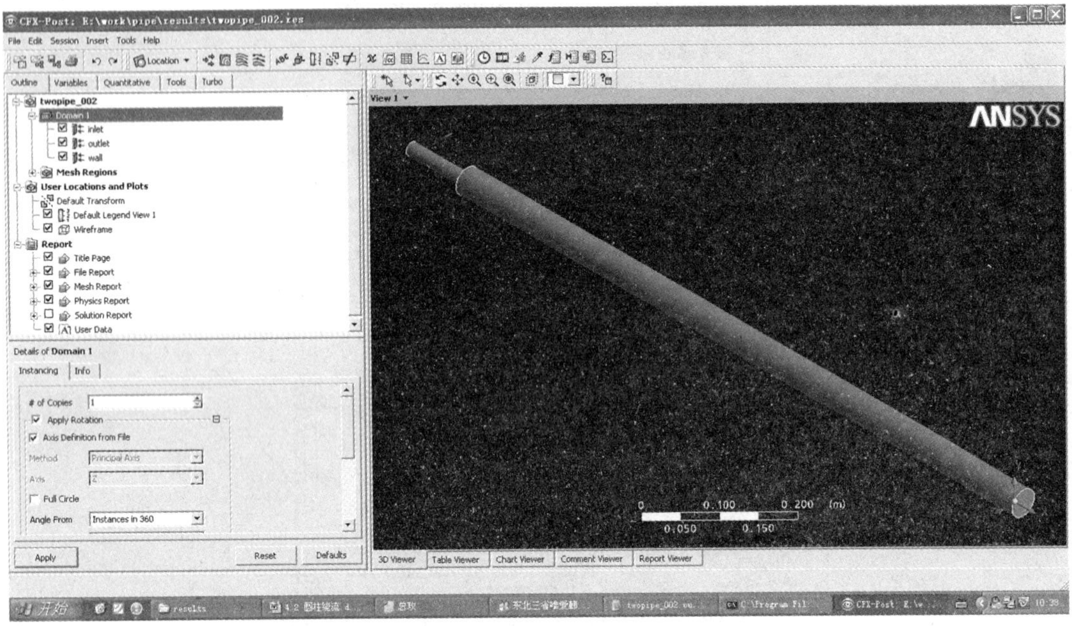

图 5.45　CFX Post 界面

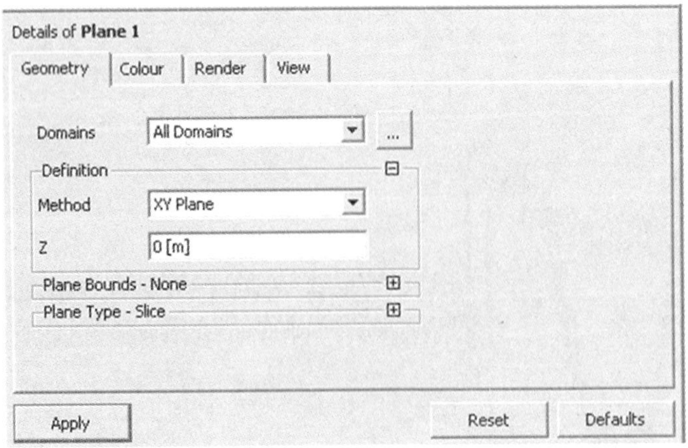

图 5.46　创建面

2. 速度矢量图

选择“Velocity” 新建一个矢量图，你可以使用默认名字或为它设定一个名称，单击“OK”。

具体设置如图 5.47 所示。

在 Variable 项选择 Velocity，则弹出整个流场的速度矢量图，如图 5.48 ~ 图 5.50 所示。

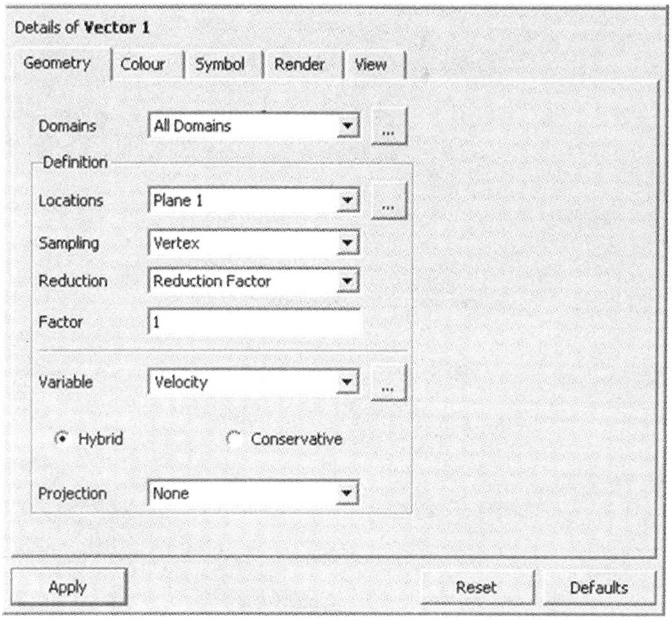

图 5.47　Contour 对话框

图 5.48　速度矢量线图 A

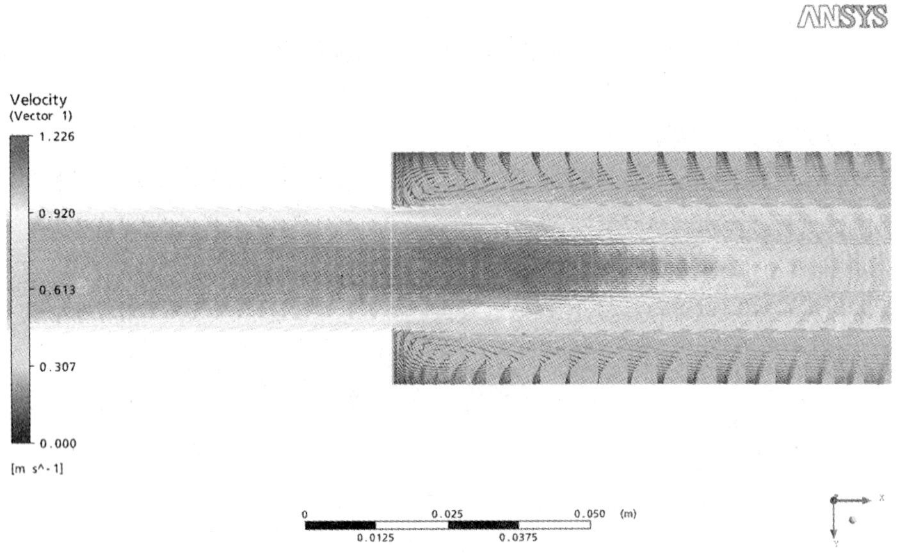

图 5.49　速度矢量线图 B

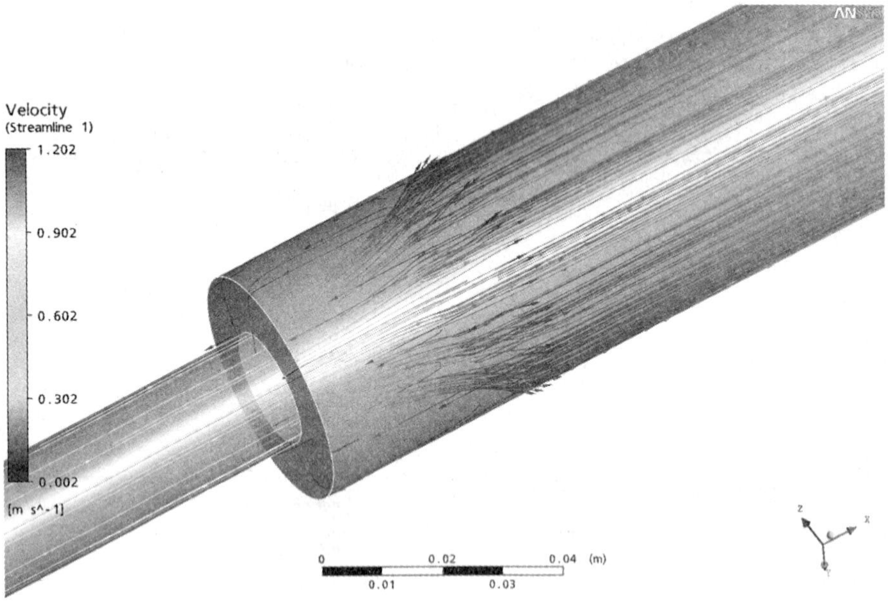

图 5.50　管内流线

5.1.5　小结

本节阐述了圆管里的湍流流动问题，利用 ICEM 对圆柱体及周围流场进行建模，并利用二维结构化网格对该模型进行网格划分，然后在 CFX - Pre 中设置了相关的计算参数并在 CFX - Solver 中进行了瞬态计算，最后在 CFX - Post 中对计算结果进行了后处理，利用相关功能生成了压力云图和速度矢量图，为解决圆管里湍流流动类型问题的数值模拟计算提供了参考。

5.2　潜艇的运动模拟

5.2.1　问题描述

潜艇是一类特殊的水下运载器，其周围的绕流特征对其各项水动力性能具有决定性影响。潜艇的航行状态较多,既包括无界绕流航行状态(远离海面和海底),又包括近水面、水面航行状态,以及近海底航行状态。所以潜艇的绕流特性极为复杂,不但有主附体结合部和流水孔处各种形式涡的产生与演化,而且在近水面和水面状态还有自由液面兴波的产生与传播。因而潜艇绕流是水动力学所要研究的基础性问题之一,一直受到人们的普遍关注。研究潜艇绕流特征,对于理解各种流动机理和进一步提高潜艇水动力及噪声性能都大有裨益。

潜艇水下航行时阻力的计算与水面航行时不同,不需要考虑空气阻力和兴波阻力,主要包含摩擦阻力、旋涡阻力和附体阻力。因此,水下航行时潜艇的阻力计算不属于多相流的问题。

本节以全附体 SUBOFF 潜艇为例进行潜艇水下航行时的水动力计算。该艇是由轴对称体和指挥台围壳,尾翼等附体组合而成。表 5.1 为模型相关尺寸。

表 5.1　SUBOFF 的全附体模型相关尺寸

艇长 /m	前体长 /m	平行中体长 /m	后体长 /m	最大直径 /m	桨盘面位置 /m	指挥台长 /m	尾鳍剖面形状
14.3	3.033	7.917	3.35	1.667	14.5	1.210	NACA0020

本节涉及以下内容:

(1)三维结构化网格的划分;

(2)计算域边界条件设置;

(3)模型的稳态计算;

(4)后处理,包括压力云图、速度流线图。

5.2.2　ICEM CFD 建模

1. 导入几何模型

在安装目录 v110/docu/Tutorials/CFD_Tutorial_Files > submarine 下复制“submarine”文件夹到工作目录下。如图 5.51 所示,File > Geometry > Open Geometry 选择“submarine”文件夹下的“geometry”文件导入几何模型,并保存“project”,导入后结果如图 5.52 所示。

2. 创建 Body

选择 Geometry > Create Body > Material Point 选择  ,在几何体上任意选择两点,一般选择对角两点。

3. 创建 Block

选择 Blocking > Create Block > Initialize Blocks 创建 block,具体如图 5.53 所示。

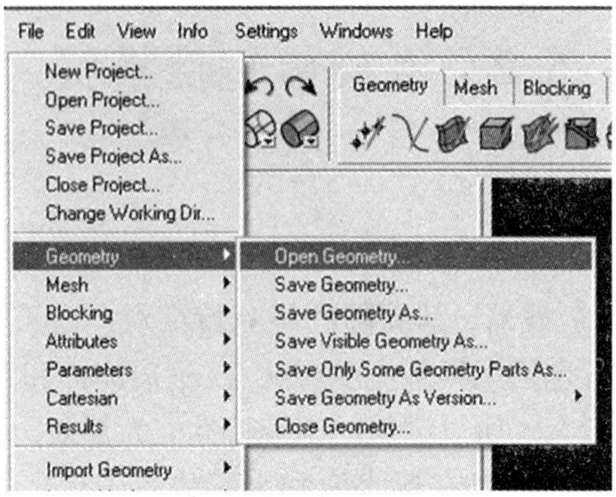

图 5.51　导入几何模型

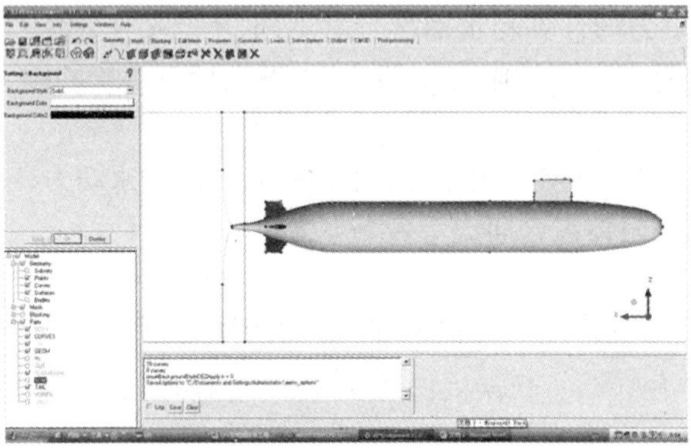

图 5.52　潜艇模型

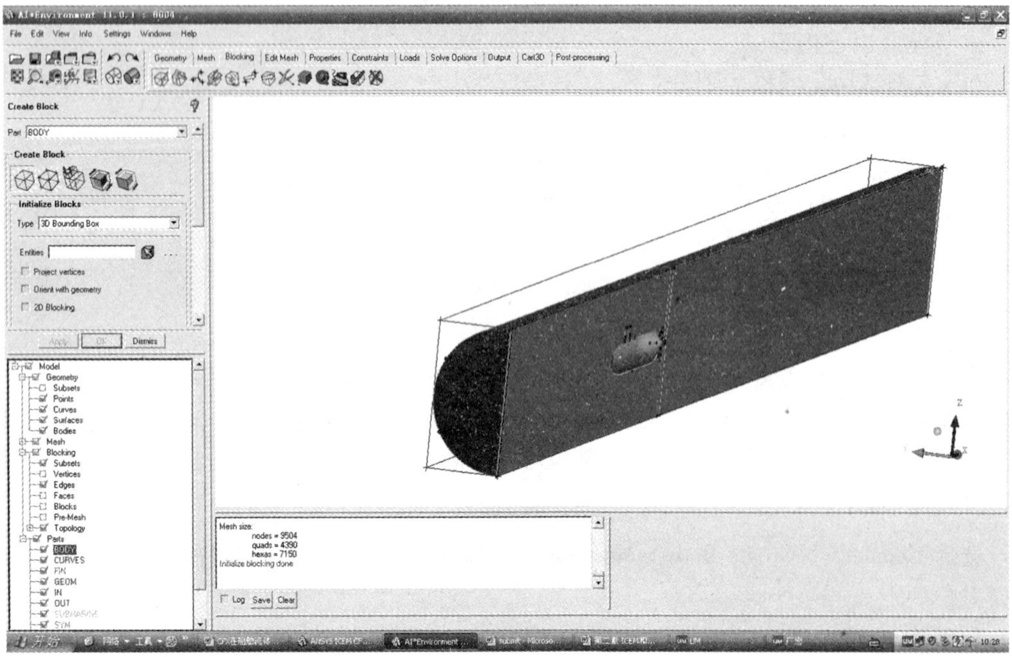

图 5.53　Block 示意图

4. 网格划分

(1)Block 块策略

选择 Blocking > split block > O - grid Block 进行 O 型网格的划分。具体划分情况如图 5. 54 所示。

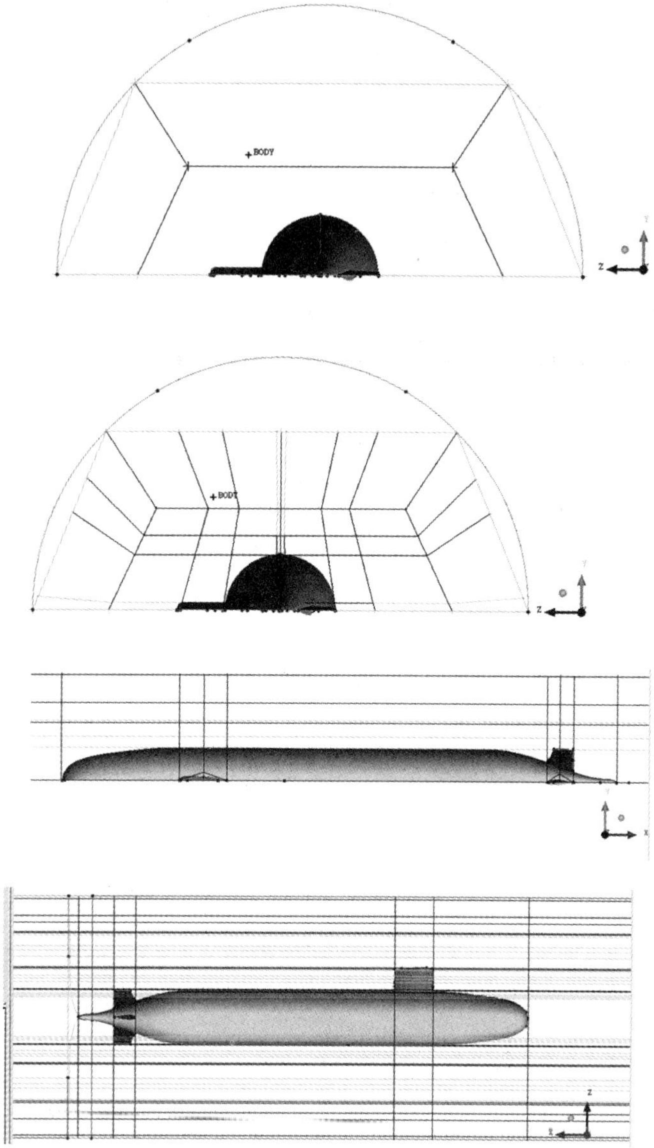

图 5. 54　Block 块策略示意图

(2)关联几何体

选择 Bloking > Associate 进行点线的关联,局部关联如图 5. 55 所示。

(3)设置网格密度

选择 Blocking > Pre - Mesh Params > Edge Params,进行网格密度的设定,模型结构复杂部分应加大网格密度,远离模型部分的网格密度可适当小些,具体设定如图 5. 56 所示。网格密度设置完毕后,效果图如图 5. 56 所示。

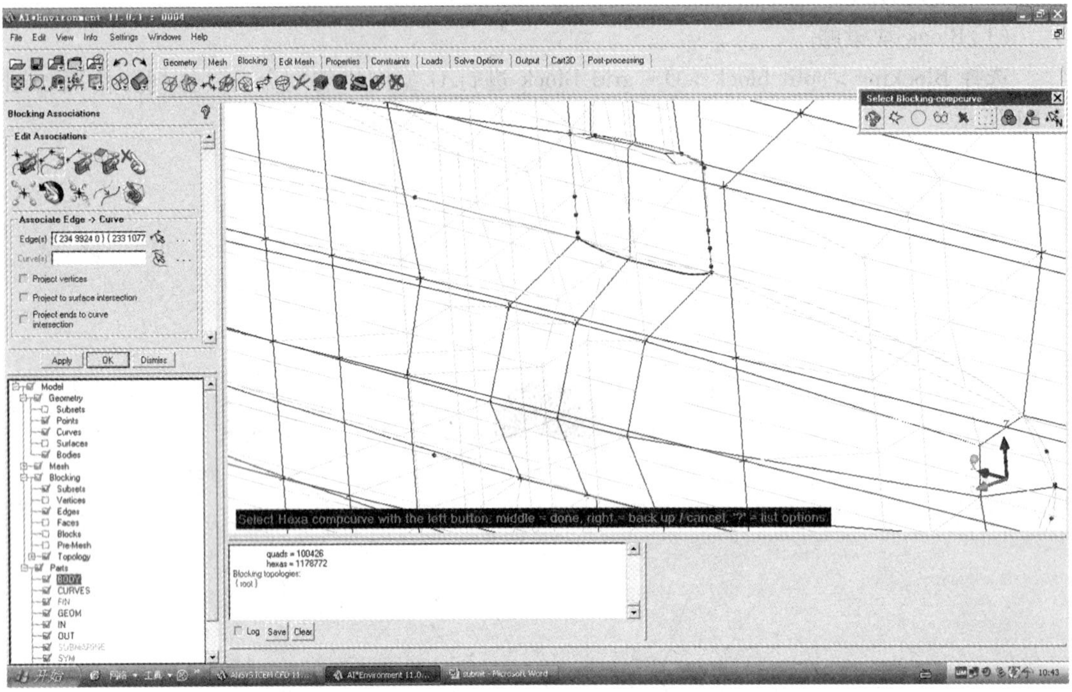

图 5.55　块与几何体关联示意图

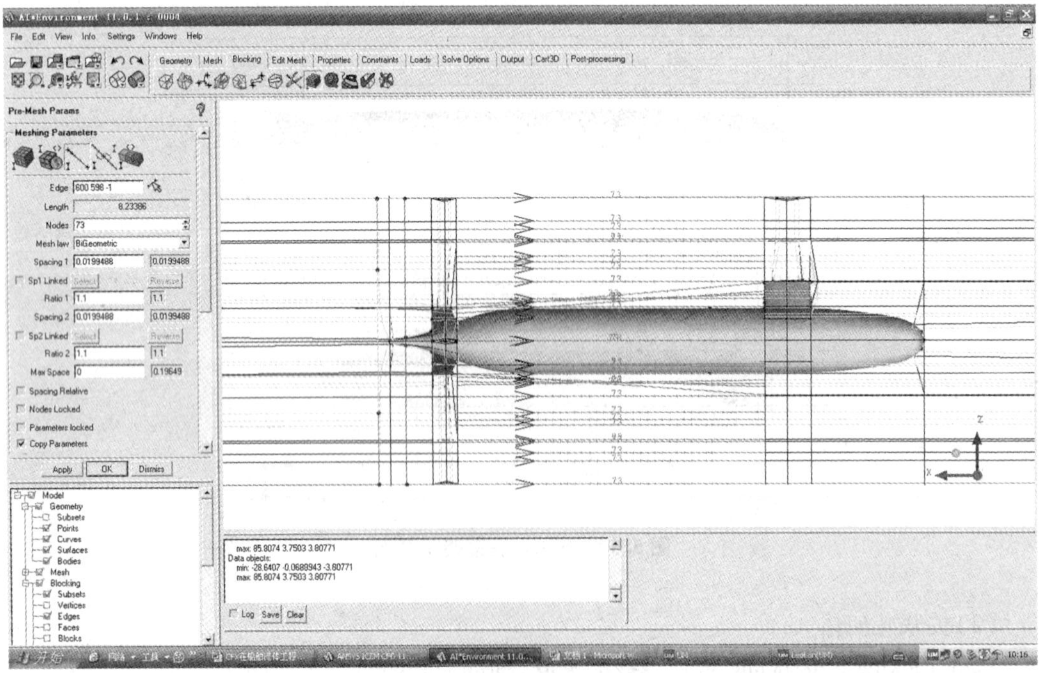

图 5.56　网格密度设置示意图

(4)计算预网格

在“Pre – Mesh”处单击右键,并且选择“Project edges”在模型树中让“Pre – Mesh”可见,当提示计算网格时,选择“Yes”。在“Pre – Mesh”处单击右键,并且选择“Solid & Wire”。艇体表面网格分布如图 5.57 所示。

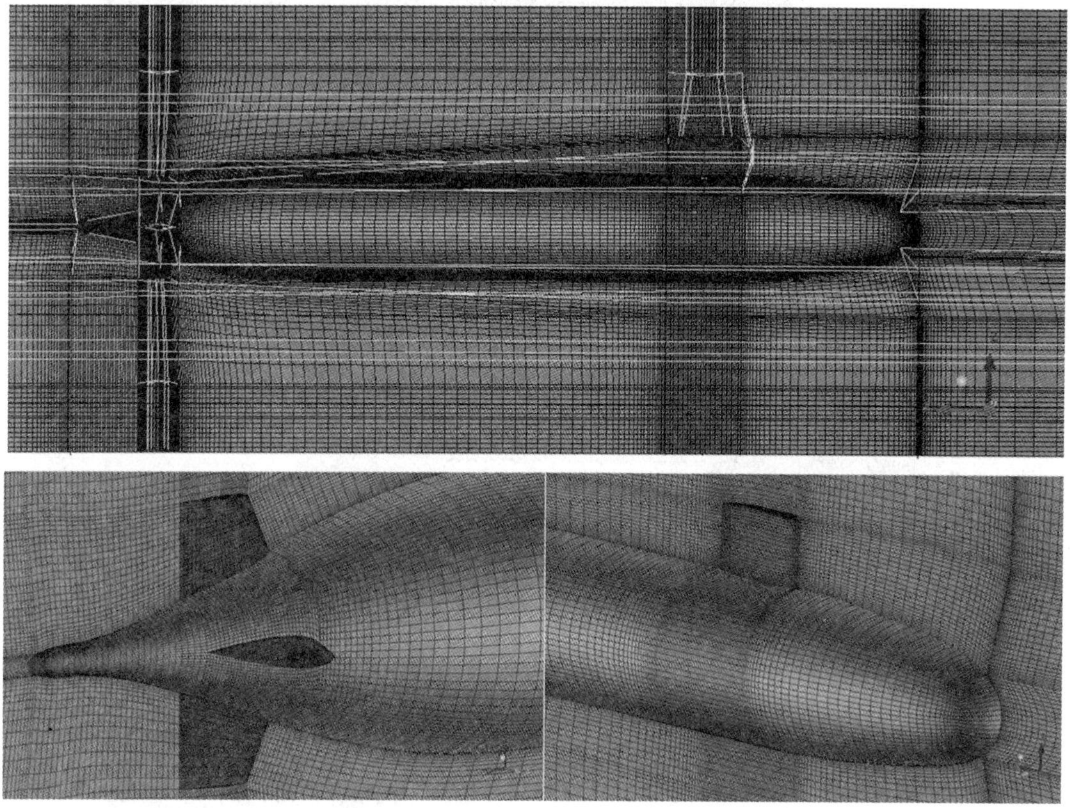

图 5.57　艇体表面网格分布示意图

5. 检查网格质量

选择 Blocking > Pre – Mesh Quality Histograms 检查网格质量,在“Criterion”下拉菜单中分别选择“Angle”和“Determinant 2 ×2 ×2”,找出质量较差的网格,通过调节内部 block 形状进行局部网格质量调整,直至满足要求为止,网格质量如图 5.58 所示。

6. 生成网格文件及导出

右键控制树中“Pre – Mesh”选择“Convert to Unstruct Mesh”,生成网格文件,选择 Output > Select solver,在“Output Solver”中选择“ANSYS CFX”,在“Common Structural Solver”中选择“ANSYS”,设置“ANSYS”求解器,选择 Output > Write input 导出网格计算文件。部分步骤如图 5.59 所示。

5.2.3　计算参数设置

单击 运行前处理软件。

1. 创建新的仿真

打开 File > New Simulation... ,如图 5.60 所示。

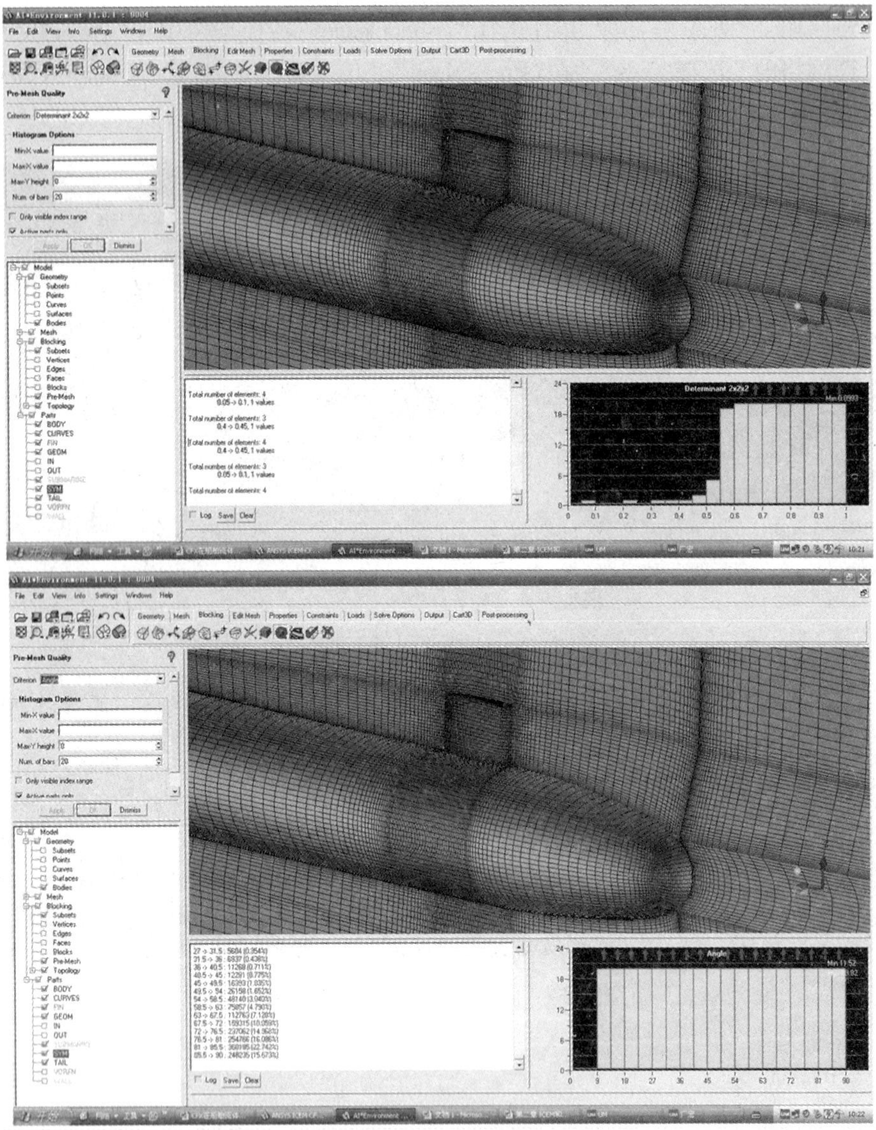

图 5.58　网格质量检查

选择 General，单击“OK”。

打开 File > Save Simulation As...，输入文件名为“submarine. cfx5”，选择适当的保存路径，然后单击 Save。

2. 输入网格文件

在工具栏中选择“Import Mesh”，在“File type”栏下选择“ICEM CFD(* cfx * cfx * msh)”，然后选择之前生成的网格文件，单击“Open”。这样网格文件就被导入 CFX - Pre 中，如图 5.61 所示。

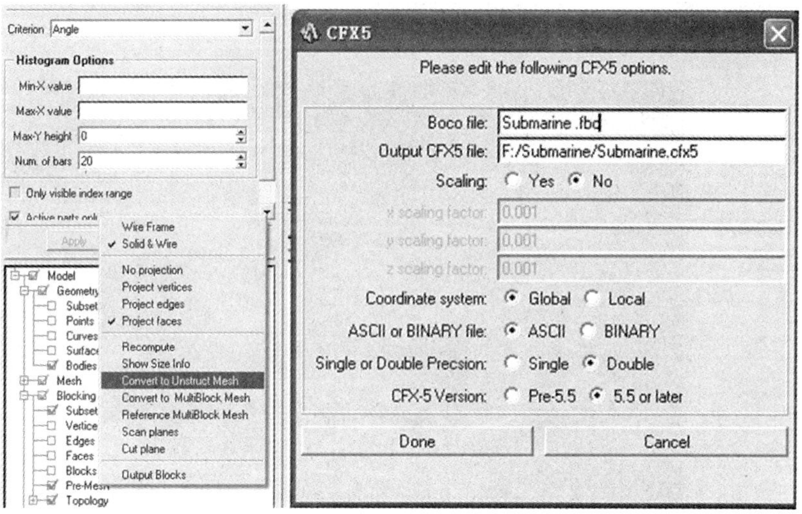

图 5.59　导出网格计算文件对话框

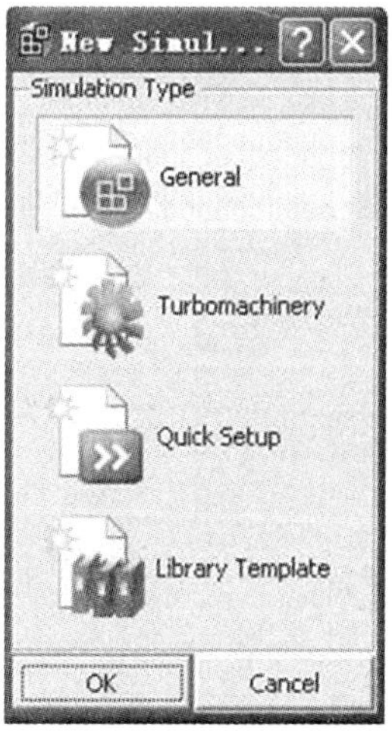

图 5.60　建新仿真对话框

3. 定义边界条件

(1)定义模拟类型

选择“Define the Simulation Type”，Simulation Type > Option 选择“Steady state”。这里有两种模型分别是定常模型(Steady State)和非定常模型(Transient)，由于给定速度和运动状态可以看成稳定状态，所以选择定常模型。其他的设定如图 5.62 所示，单击“Apply”和“OK”确定。

(2)入口边界条件

选择“Create a Boundary Condition”，设置 Name 为“in”，单击“OK”，如图 5.63 所示。

如图 5.64 设置 Basic Setting > Boundary type 为“Inlet”，Boundary Detail > Mass And Momentum > Option 为“Normal Speed”，并设其速度为 4.5 m/s。

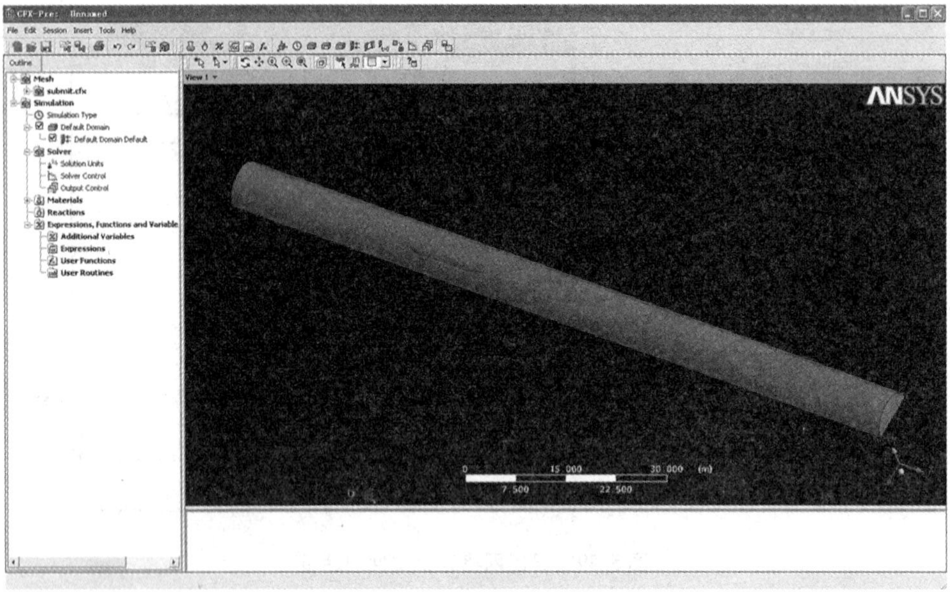

图 5.61　导入计算模型

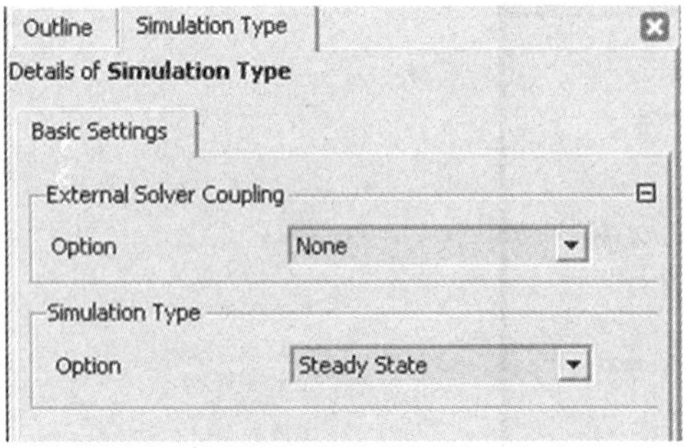

图 5.62　定义模拟类型对话框

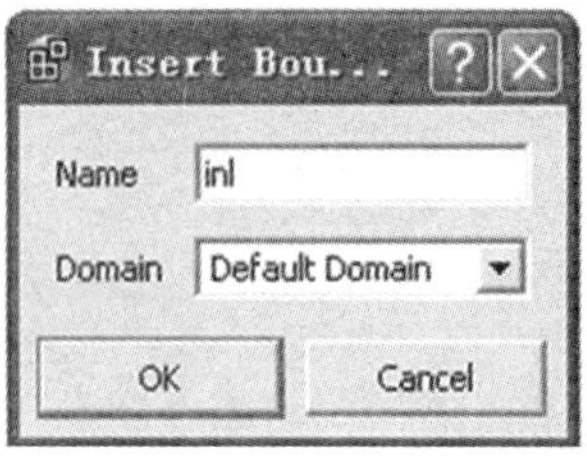

图 5.63　Insert Boundary 对话框

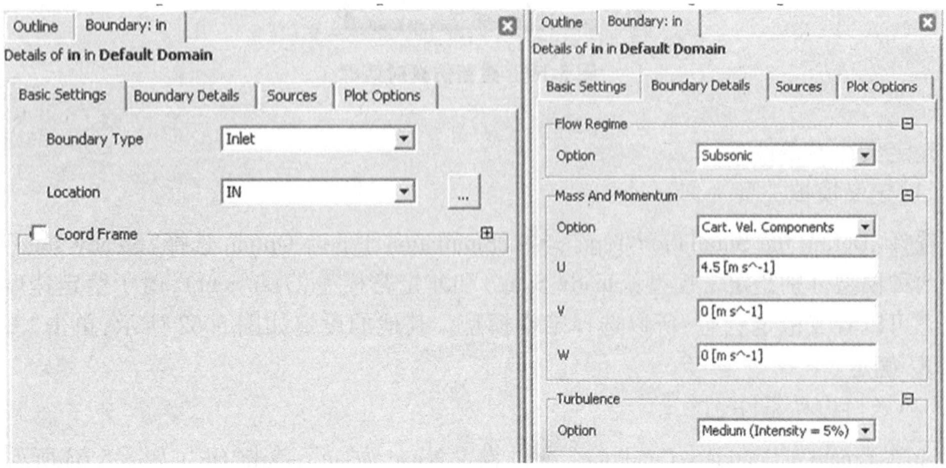

图 5.64　Detail of IN 对话框

(3)出口边界条件

设置 Name 为“out”,单击“OK”。设置 Basic Setting > Boundary type 为“Opening”,“Boundary Details”设置如图 5.65 所示,单击“OK”确定。

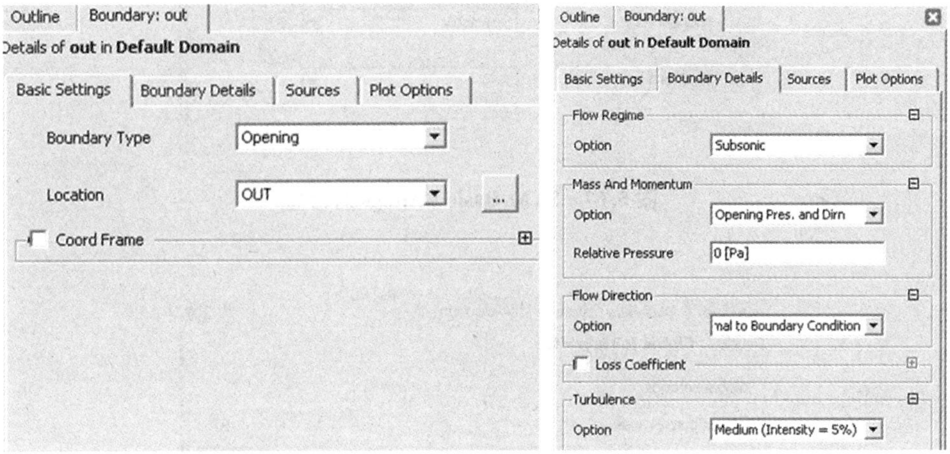

图 5.65　Out Boundary Details 对话框

(4)壁面条件

设置 Name 为“wall”,单击“OK”。设置 Basic Settings > Boundary type 为“wall”,设置 Basic Settings > Location 为“TAIL, FIN, SUBMARINE”, Boundary Details > Wall Influence On Flow > Option 设为“Free Slip”。

此外,艇体表面也设为“Wall”,如图 5.66 所示。Boundary Details > Wall Influence On Flow > Option 设为“Free Slip”。

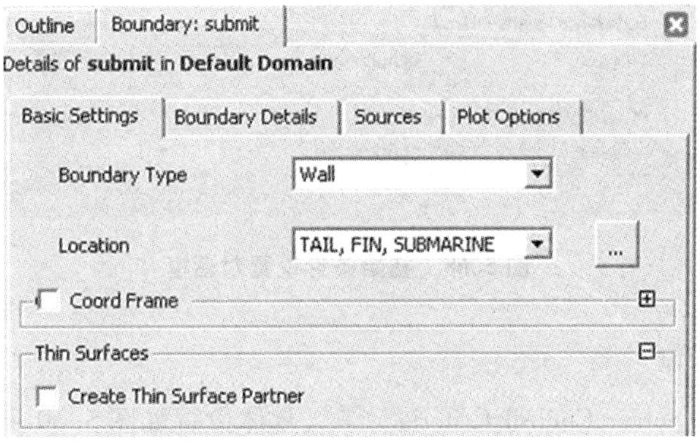

图 5.66　Basic Settings 对话框

(5)对称面

设置 Name 为“SYM”,单击“OK”。设置 Basic Settings > Boundary type 为 Symmetry, Basic Settings > Location 为“SYM”,如图 5.67 所示。

4. 定义初始条件

选择“Define the Global Initial Conditions”  ,具体设置如图 5.68 所示。

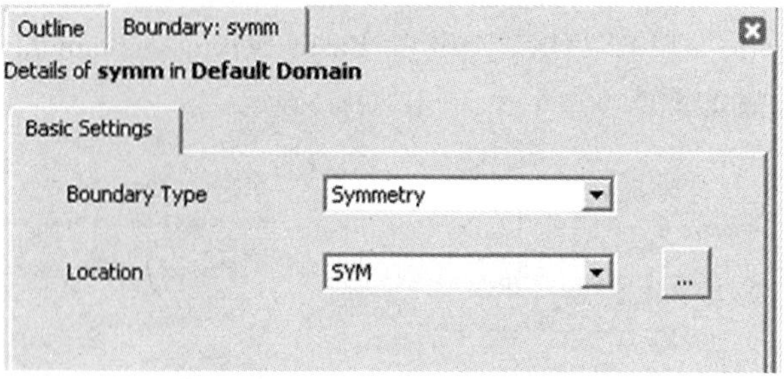

图 5.67 SYM Basic Settings 对话框

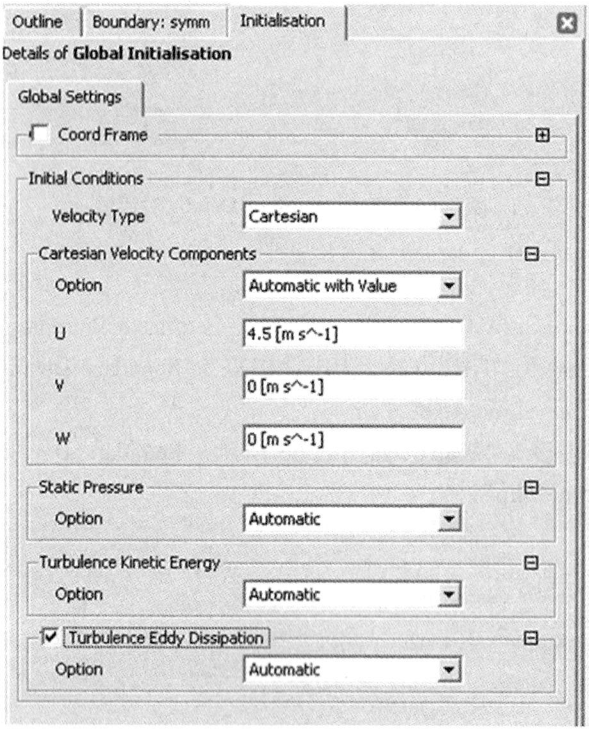

图 5.68 初始条件设置对话框

5. 定义求解器控制

选择“Define the Solver Control Criteria”，具体设置如图 5.69 所示。

6. 设置自动保存

选择“Create Output Files and Monitor Points”，选择“Trn Results”，单击新建一个 Transient Results，如图 5.70 所示。

具体设置如图 5.71 所示。

7. 保存文件

选择“Write a Solver File”，选择相应的路径，单击“Save”，如图 5.72 所示。

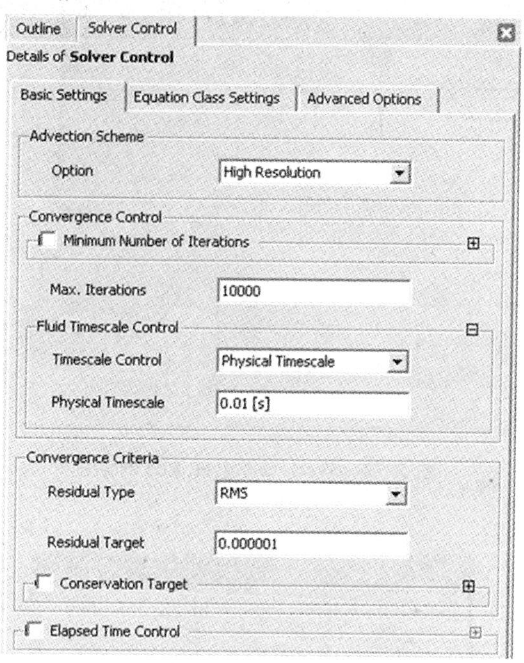

图 5.69　**Solver Control** 对话框

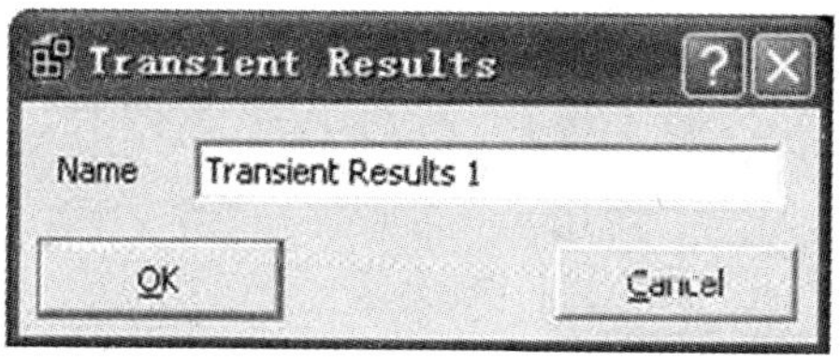

图 5.70　**Transient Results** 对话框

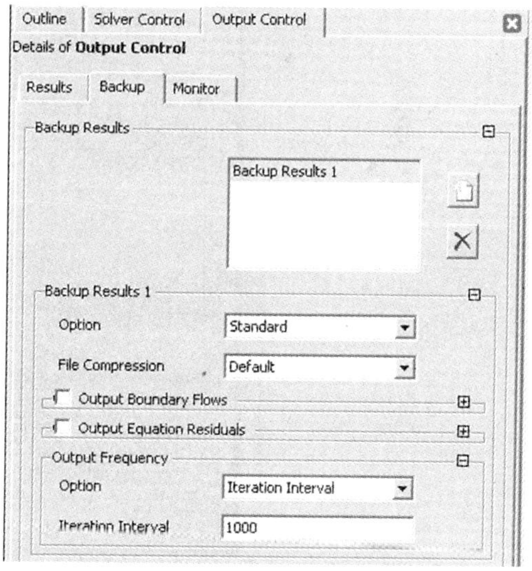

图 5.71　**Output Control** 对话框

5.2.4　求解及监控

单击  运行求解器软件。

打开 Open File > Define Run... ,使用  选择文件名为“submarine. def”的文件,单击“Start Run”开始计算,如图 5.73 所示。

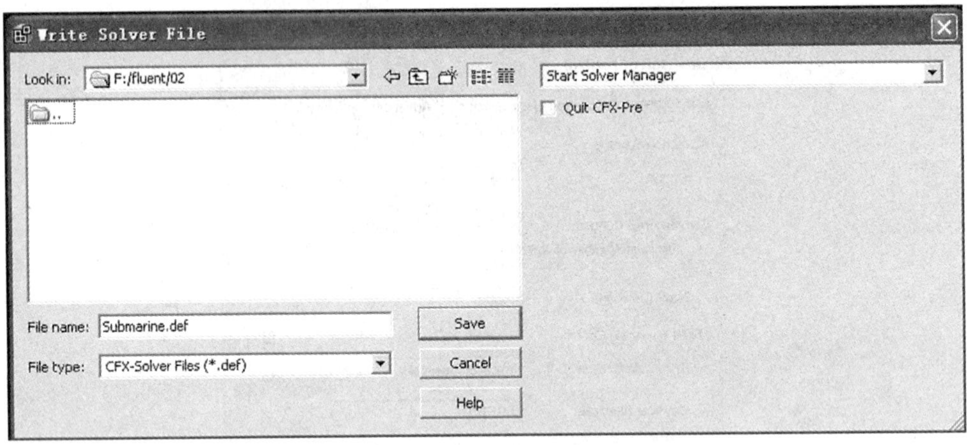

图 5.72　**Write a Solver File** 对话框

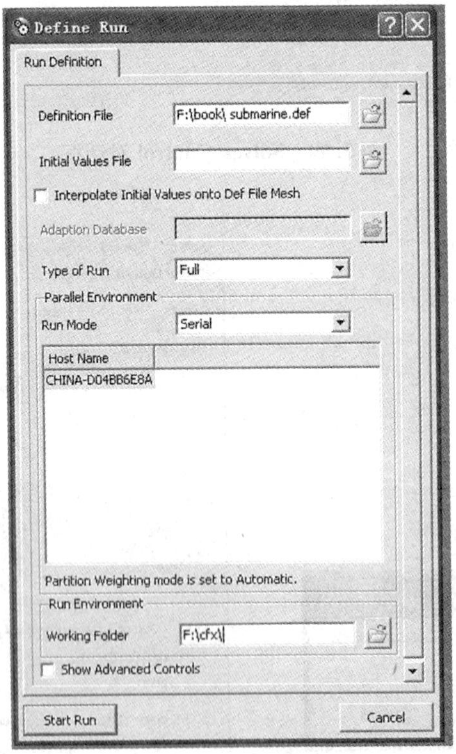

图 5.73　**Define Run** 对话框

待计算达到所要求的残差以内,用户观测曲线收敛,停止计算,具体情况如图 5.74、图 5.75 所示。

5.2.5　后处理

单击 

运行后处理软件,CFX－Post 软件的界面如图 5.76 所示。

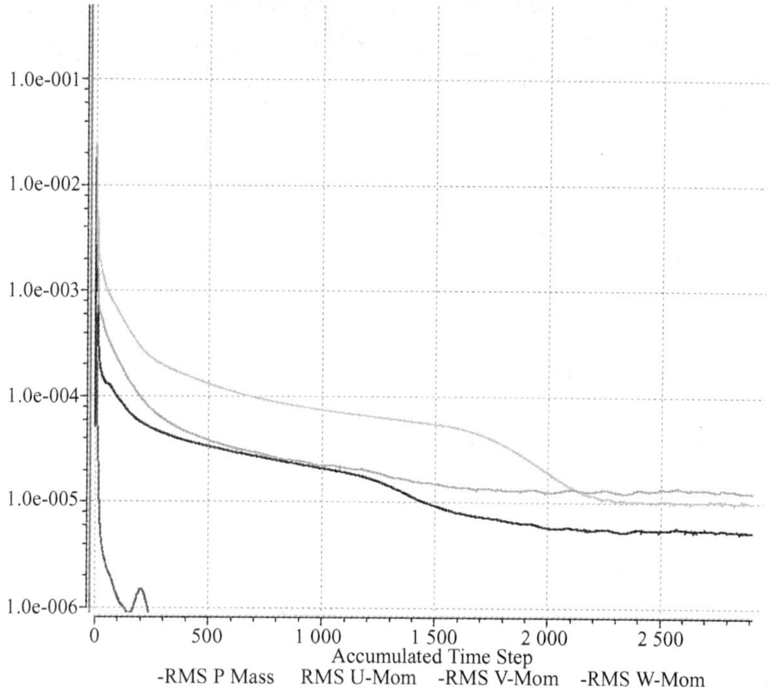

图 5.74　参差迭代曲线

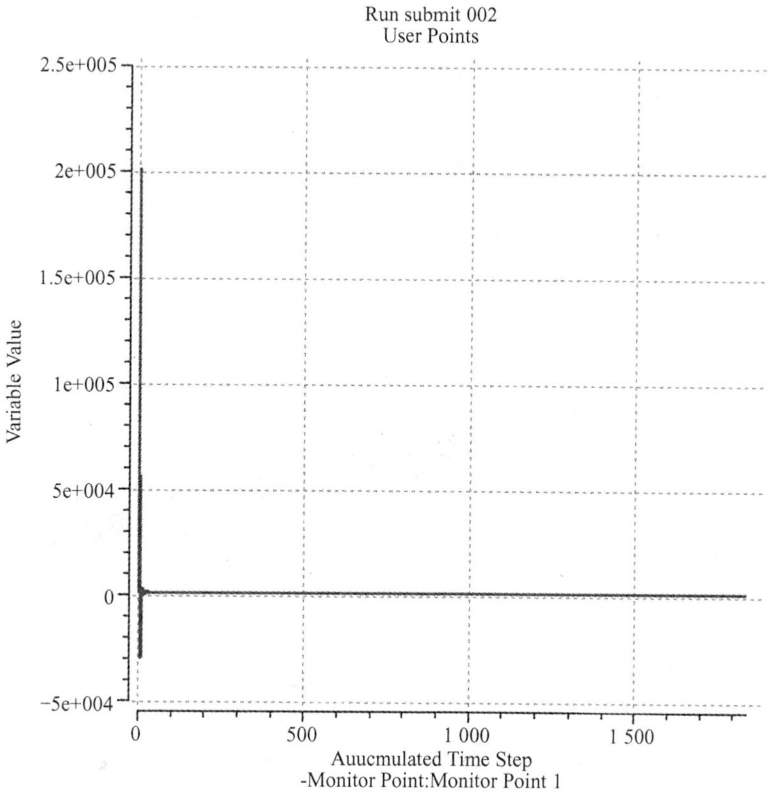

图 5.75　阻力收敛历史

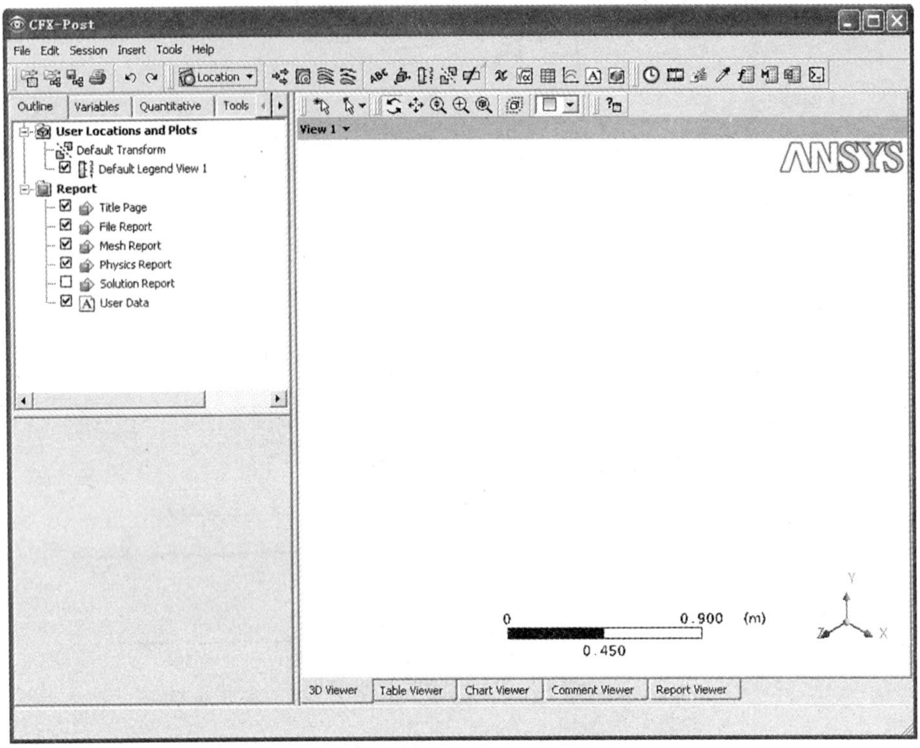

图 5.76 CFX – Post 界面

打开 File > Load Results... ,打开之前计算所得到的结果文件“submarine. res”,则窗口会出现模型图像,如图 5.77 所示。

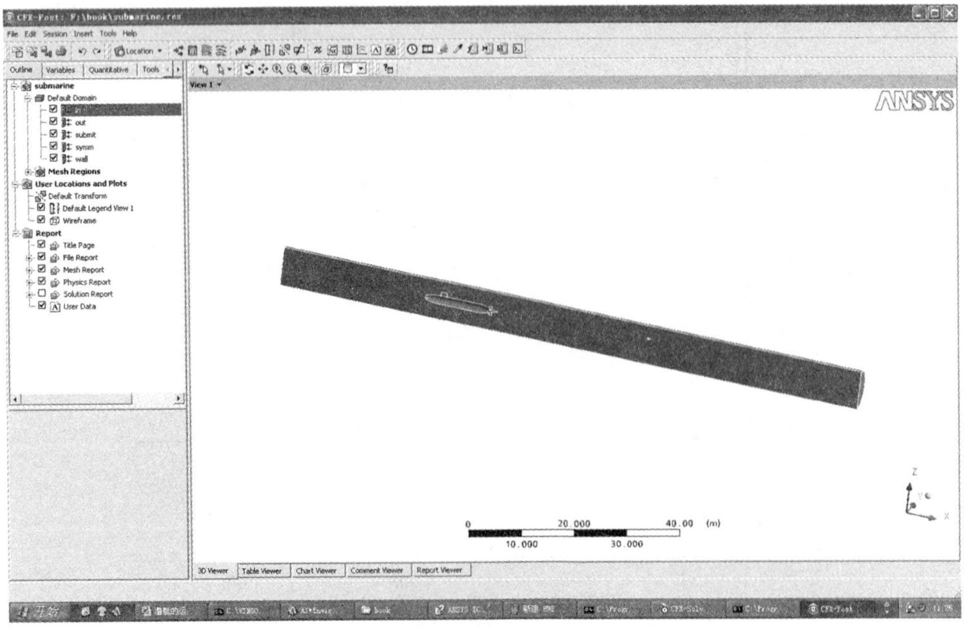

图 5.77 CFX Post 界面

1. 创建压力云图

选择“Contour” 新建一个云图,你可以使用默认名字或为它设定一个名称,单击“OK”。具体设置如图 5.78 所示。

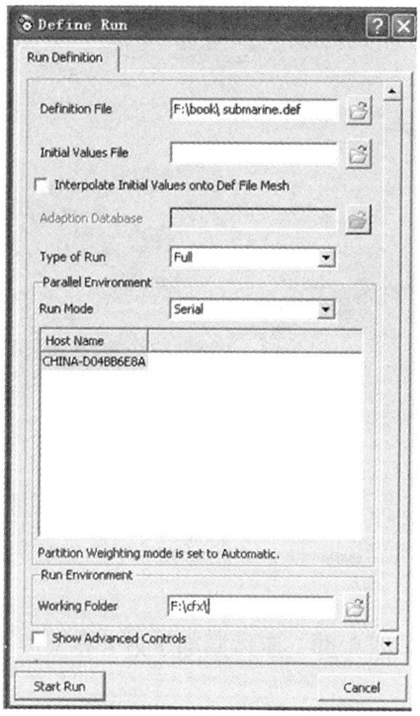

图 5.78　Contour 对话框

在“Variable”项选择“Pressure”,则弹出整个流场的压力分布云图,如图 5.79 所示。艇尾部的压力分布如图 5.80 所示。

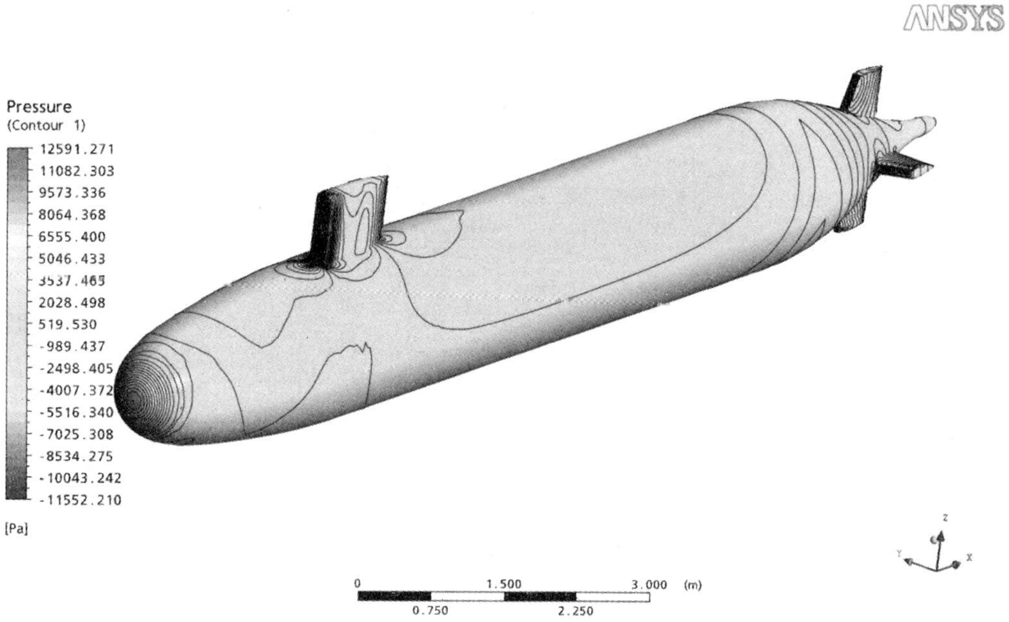

图 5.79　艇体表面压力分布云图

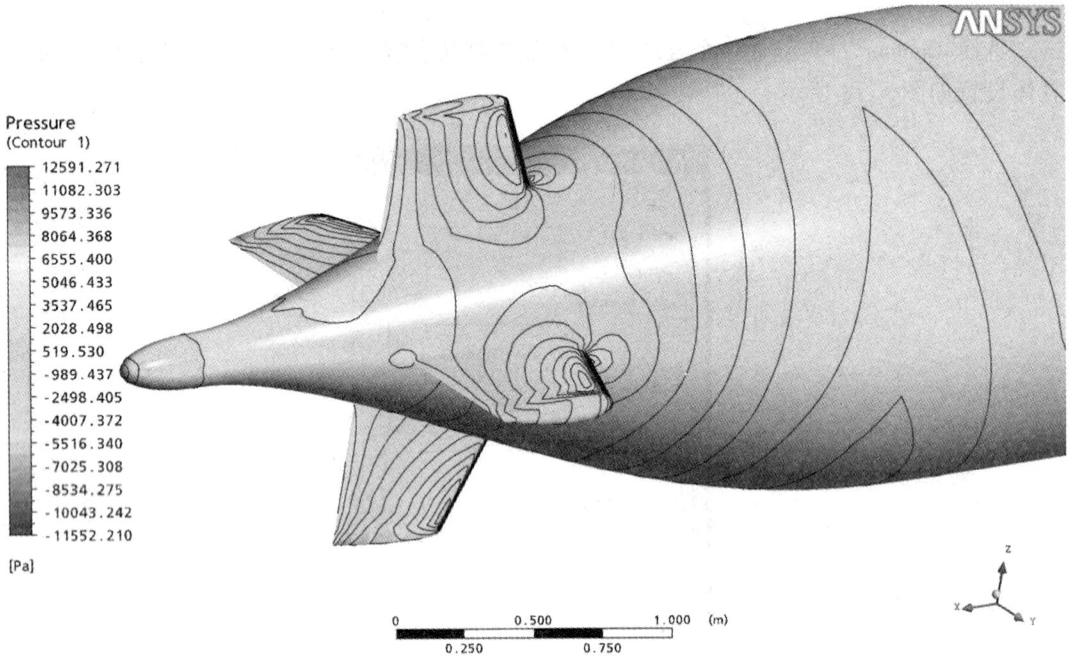

图 5.80 艇体尾部压力分布云图

2. 创建流线图

选择“Streamline”新建矢量图,具体设置如图 5.81 所示。

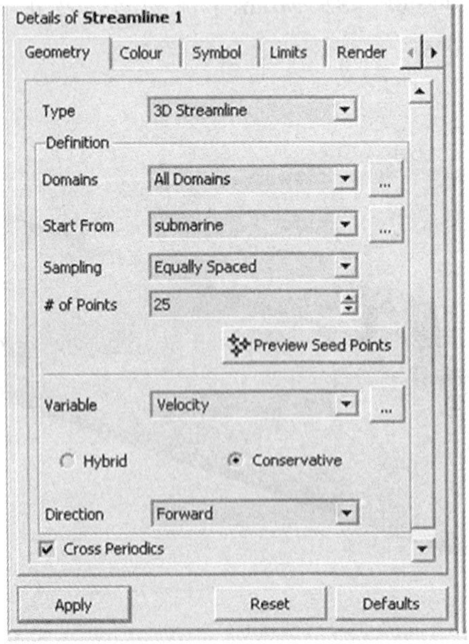

图 5.81 Streamline 对话框

单击“Apply”显示流线图,如图 5.82 所示。

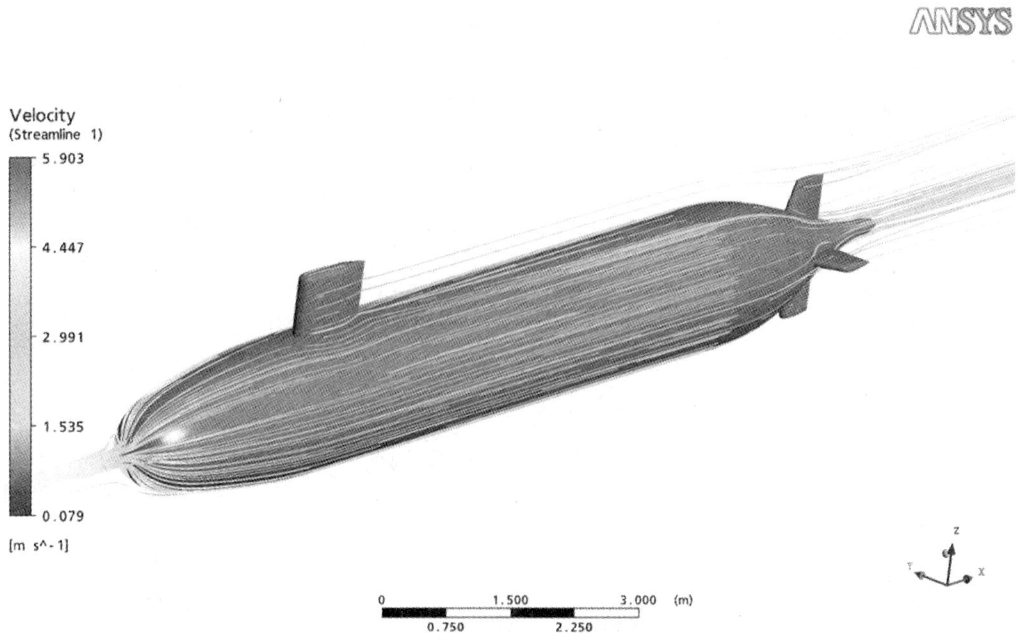

图 5.82　艇体附近流线分布图

3. 创建桨盘面速度云图

首先创建桨盘面位置平面，选择“Location” ，在菜单中选择“plane”创建桨盘面位置平面，具体设置如图 5.83 中 “Details of plane 1”所示。

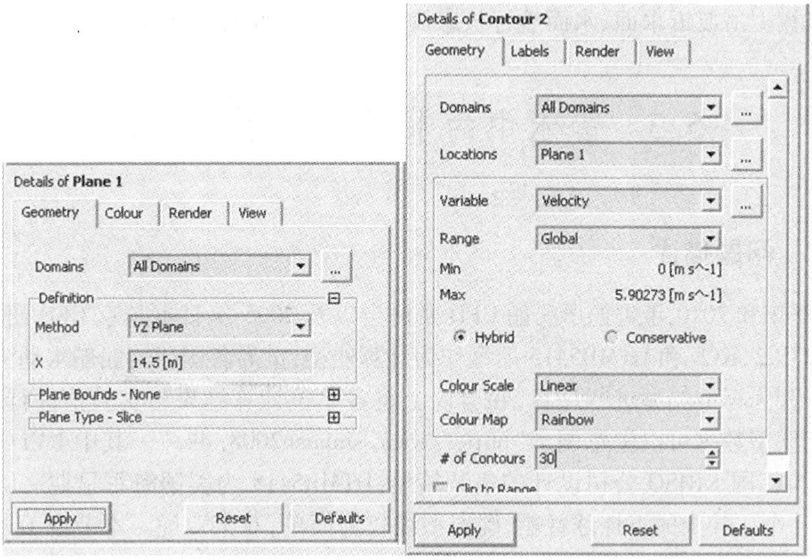

图 5.83　创建桨盘面平面和云图

然后创建桨盘面速度云图，选择“Contours”  新建云图，具体设置如图 5.83 中 “Details of Contours 2”所示。显示云图结果如图 5.84 所示。

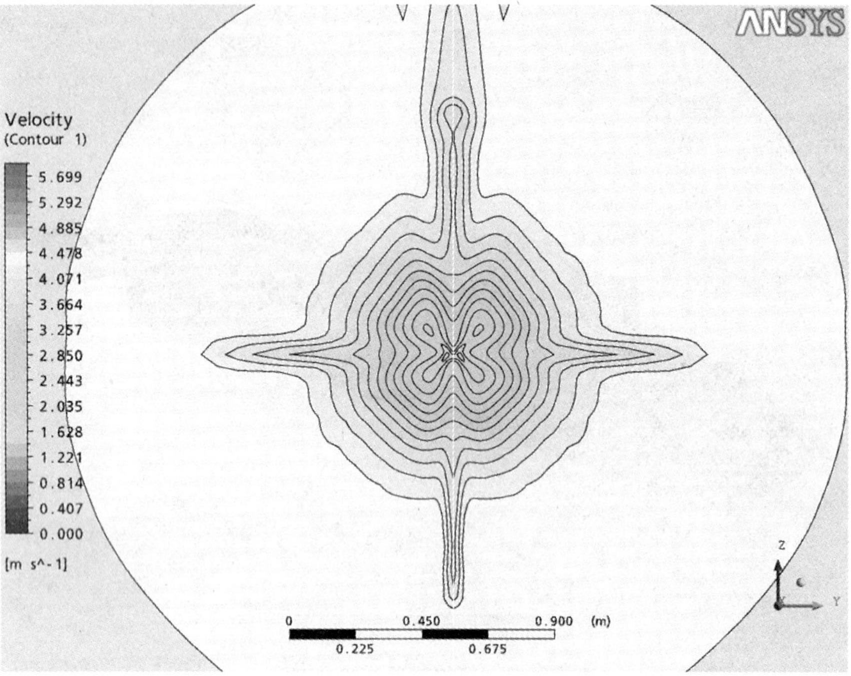

图5.84　桨盘面速度云图

5.2.6　小结

本节主要介绍了潜艇无界绕流航行状态(远离海面和海底)的数值模拟计算,读者可以进一步尝试模拟潜艇近水面、水面航行状态及近海底航行状态的运动。

5.3　静水中的水面船舶运动模拟

5.3.1　问题描述

在2000年和2010年哥德堡船舶CFD研讨会以及2005年日本东京CFD研讨会中,都使用了KVLCC2,KCS和DTMB5415船型作为计算船型,世界各国研究船舶水动力学的单位以这三个船型为标准船型进行计算,在会议上将各单位计算结果与实验值进行对比,三个船型的几何模型数据可以浏览网址"http://www.simman2008.dk/"。其中KVLCC2为超级油轮,KCS为韩国KRISO公司设计的集装箱船,DTMB5415为美国海军早期一艘军舰的初步设计,有一个比较大的下探球臂艏,艉部型线较为简单,双桨双舵。本节以DTMB5415作为算例,进行静水中舰船的数值模拟。如图5.85所示为DTMB5415船体几何形状图,模型缩尺比为24.8,垂线间长5.72 m,船宽0.768 m,吃水0.248 m,排水量0.551 m^3,湿表面积4.824 m^2,船模航速为2.097 m/s,弗劳德数 Fr 为0.28,雷诺数 Re 为 1.19×10^7。

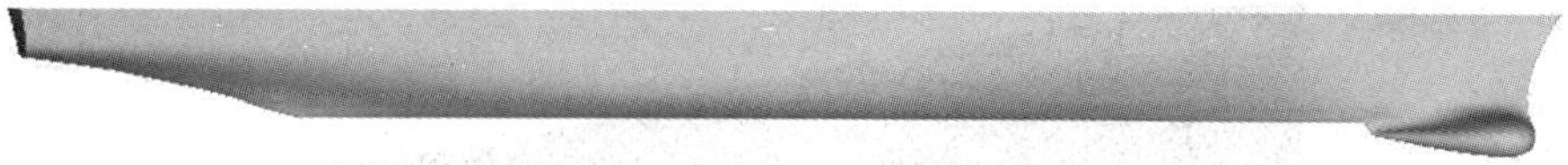

图 5.85　DTMB5415 船体

5.3.2　ICEM 建模

由于该船体为左右对称船型,仅需要计算一半船体就可以得到较好的计算结果。为了减小边界对于计算结果的影响,边界应该离船体有足够的距离,本算例取入口距离艏一倍船长,出口距离艉两倍船长,侧面和地面距离船体一倍船长,并且将入口分为 inlet - water 和 inlet - air,分别为水入口和空气入口,如图 5.86 所示。

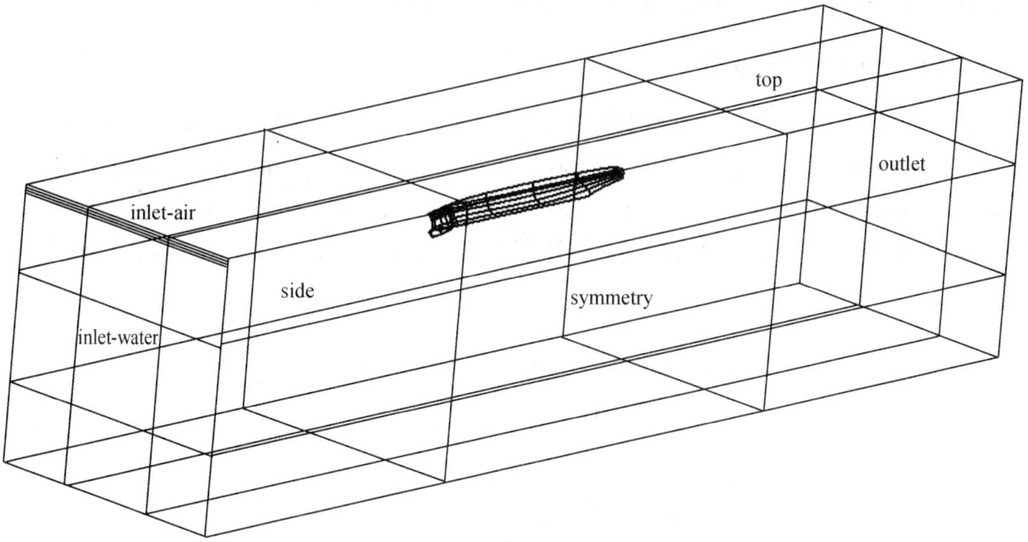

图 5.86　半个船体计算域

本船型较为简单,需要注意以下几点:①对于较大的下探球臂艏应该用 O - block 进行 O 型剖分,如图 5.87 所示;②为了保证模拟船兴波的准确,水线面附近网格需要进行加密;③船体表面网格需要根据 $y^+ = 100$ 的值计算得到的第一层网格厚度,对船体表面网格进行加密,如图 5.88 所示。

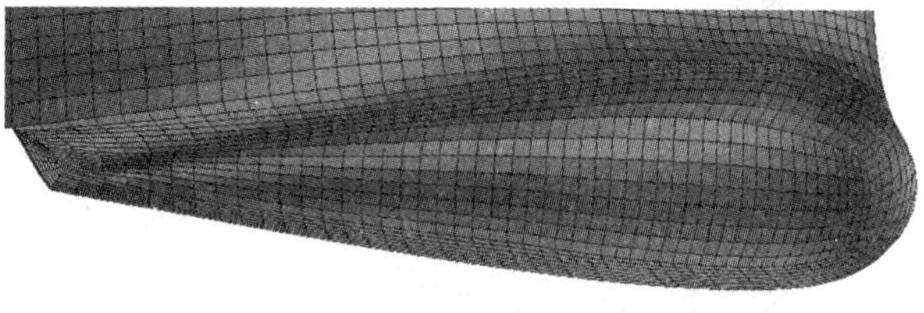

图 5.87　球臂艏处进行的 O 型剖分

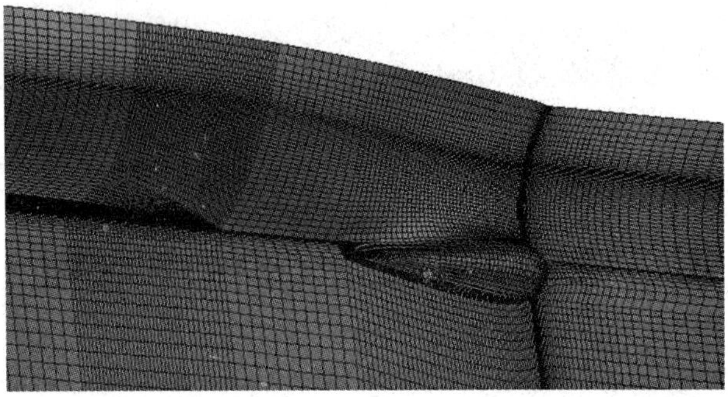

图 5.88　水线面网格和船体第一层网格需要加密处理

通过调整得到贴近船体较密，远离船体较疏的网格，质量调整到正则度为 0.4 以上，角度为 20°以上，然后转化成 fluent 所需的网格文件，转移到 fluent 中进行计算。

5.3.3　计算参数设置

先使用“mesh”下的“scale”功能将模型进行缩放到将要计算的尺度，再使用“mesh”下的“check”功能检查网格质量，必须保证最小网格体积为正，最后将“gravity”选项激活，根据本算例的情况，将重力设定为 Z 方向 -9.81，如图 5.89 所示。在“multiphase model”下激活“Volume of Fluid”选项，也就是打开 VOF 模型，激活体积力方程下的显式体积力方程，如图 5.90 所示。

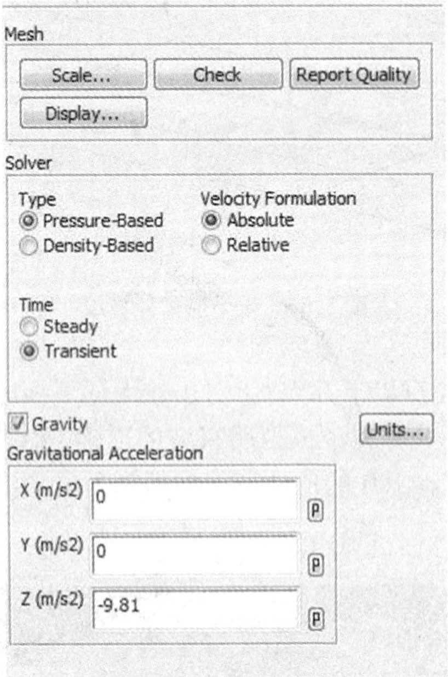

图 5.89　设置重力方向对话框

在材料选项卡中添加水相，在相选项中，将空气相设定为主相，将水相设定为第二项，通常将密度较小的相设定为主相。

在边界条件设定中，将空气入口和水入口都进行如下设定，除此之外，还要对水入口进

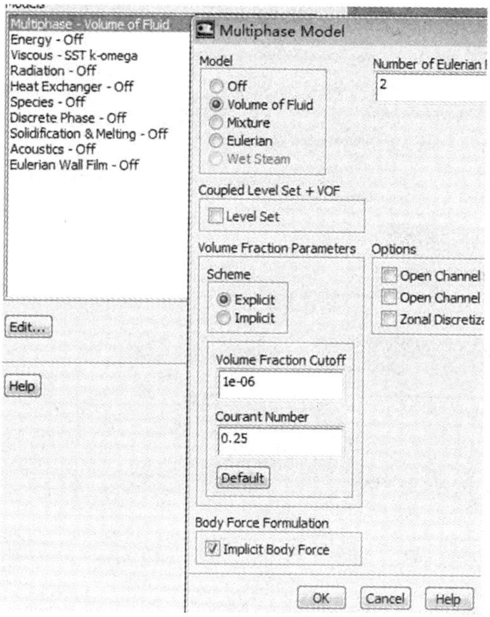

图 5.90　设置湍流模型对话框

行单独设定，将相选定为水，在“Multiphase”选项卡中将水的比例设定为 1，设定好以后，空气入口和水入口就可以分别进入空气和水，如图 5.91 所示。流域的侧面和地面设定为移动壁面，移动速度方向和水流方面相同。出口设定为压力出口，由于本算例加入了重力，出口压力应该随水深变化，使用 UDF 对出口压力进行设定，其 UDF 代码如下：

```
#include "udf.h"
DEFINE_PROFILE(zpressure_profile,thread,position)
{
   real x[ND_ND];
   real z;
   face_t f;

   begin_f_loop(f,thread)
       {
          F_CENTROID(x,f,thread);
          z=x[2];
          if(z> =0.248)
          { F_PROFILE(f,thread,position) =0.0; }
          else
          { F_PROFILE(f,thread,position) =9.81*998.2*(0.248-z); }
end_f_loop(f,thread)
       }
}
```

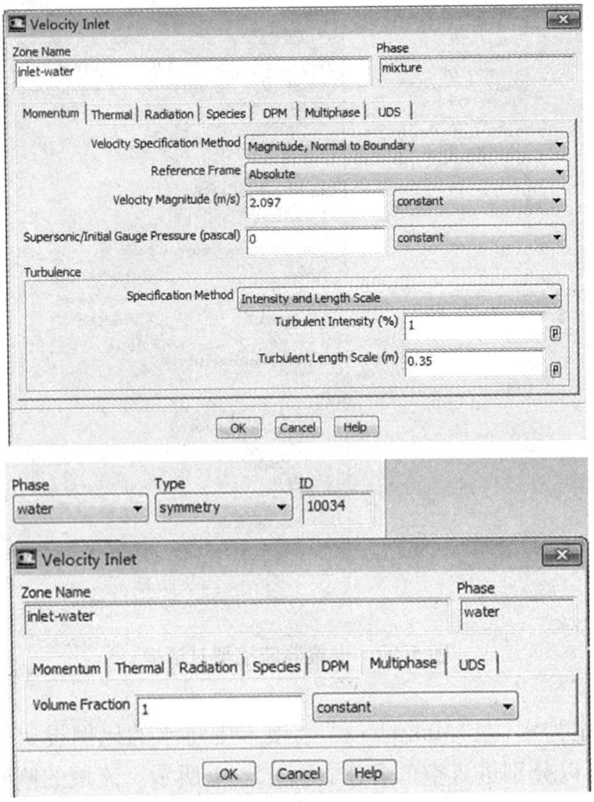

图 5.91　入口边界条件对话框

5.3.4　求解及监控

速度压力耦合方法采用 SIMPLEC 方法，压力相采用体积力分数计算（Body Force Weighted），动量相、体积分数、湍流动能和耗散率使用一阶格式，迭代稳定后，体积分数改为“quick”格式，其他项改为二阶格式。在“monitor”中检测阻力系数，当阻力不变时可以判定计算收敛。

计算的初始化是对整个流域的单元设定一个初值并以此为迭代的初始值。船舶 CFD 属于扰流问题，通常可以使用入口初始化，本算例涉及两相流，初始化时需要将水线面以下初始为水，水线面以上初始为空气。以空气入口初始化以后，在 Adapt/Region 中选定“Inside”和“Hex”，通过 X,Y,Z 三个方向的最大值与最小值圈定一个长方体，然后选定 Mark。在初始化中选定“Patch”，“Phase”中选定“water”，激活体积分数，“value”设定为 1，右侧选择刚刚进行标记的 hexahedron - r0，单击“Patch”，然后就可以开始计算了。

5.3.5　后处理

计算收敛以后，将计算的 case 和 data 保存，然后可以对船模的各项数据进行数据处理。打开 Surface/Iso - Surface，选定“Phases”和“Volume fraction”并且将“Iso - values”设定为 0.5，选定“Create”，这样就创建了气相和水相的交界面，如图 5.92 表示。

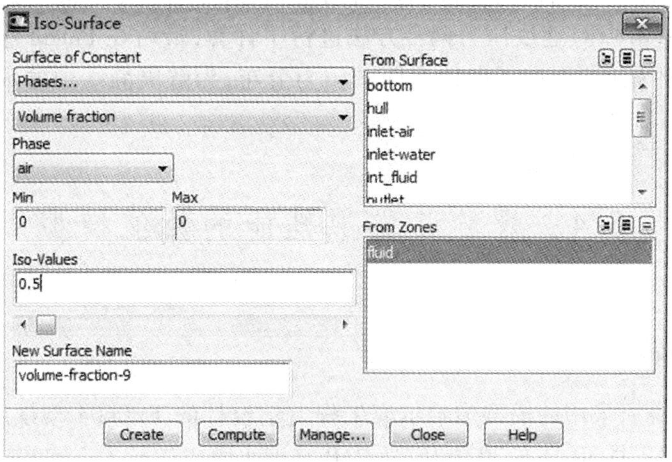

图 5.92　切割曲面

选定 Graphics and Animations/Contours，分别选定“Pressure”和“Static Pressure”，在“Surfaces”对话框中选择“hull”，这样就可以显示船体表面压力，将“Pressure”换成“Phases”就可以观测到船体表面相的分布，如图 5.93 所示。

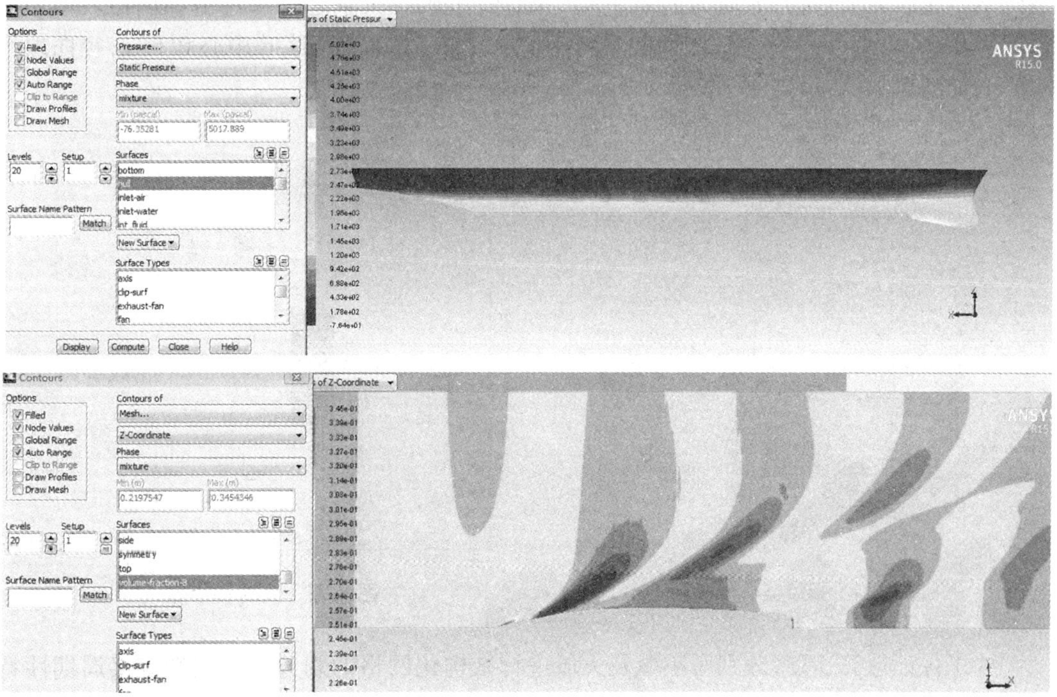

图 5.93　船体表面压力分布云图

5.3.6　小结

本节简单介绍了静水中的水面船舶运动模拟问题，利用 ICEM 对船体及周围流场进行建模,并利用三维结构化网格对该模型进行网格划分,然后在 Fluent 中设置了相关的计算参数,并在采用 SIMPLEC 速度压力耦合方法进行了计算,最后在 Fluent 中对计算结果进行了后处理,利用相关功能观察了船体表面的压力分布,为解决静水中的水面船舶数值模拟问题提供了参考。

5.4 螺旋桨空泡性能的数值模拟

5.4.1 问题描述

本次数值计算所采用的模型为哈尔滨工程大学设计的 TM0604 型螺旋桨,该桨于 2005 年 12 月 27 日至 12 月 30 日在 702 研究所 03B 空泡水筒中进行了空泡和噪声试验。试图通过对本螺旋桨的数值计算与试验的对比来验证数值计算方法的准确性[16]。

5.4.2 ICEM 建模

本次数值计算所采用的桨模直径为 0.22 m,桨叶外形如图 5.94 所示。本螺旋桨的计算采用滑移网格的方法,将整个流场分为小域和大域两部分:小域为螺旋桨周围的网格,小域内网格随螺旋桨转动;大域为固定不动的网格,小域和大域之间采用滑移网格。小域直径取为 0.26 m,整个计算域进流面距桨叶中心 0.4 m,出流面距桨叶中心 0.6 m,径向取为 0.8 m,如图 5.95 所示。

图 5.94 螺旋桨桨叶外形

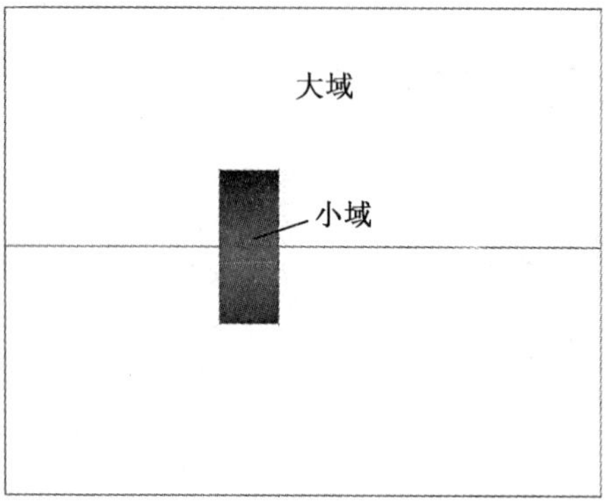

图 5.95 大域和小域

为了保证计算速度,分别对小域及大域进行结构化网格的划分。根据螺旋桨周期性特点,首先划分单个桨叶流域内的网格,然后进行旋转,得到全流域内的网格。为保证数值计算的精确度,对桨叶附近 $y^+ \approx 60$,桨叶及桨毂附近网格如图 5.96,小域网格为 57 万,大域网格数为 15 万,网格质量控制在 0.55 以上。

5.4.3 计算参数设置

螺旋桨的非定常空泡计算是涉及多相流、滑移网格的非定常计算,需要较长的计算时间,为节约计算时间将整个运算过程分为三个部分分别计算,后一个计算以前一个计算的结果作为初始条件:螺旋桨在单相流中的定常计算,螺旋桨在单相流中的非定常计算,螺旋桨在多相流中的非定常计算。

打开 fluent 软件后在“read a file”中选择“mesh”,选择网格存放路径,打开已经建立好的“mesh”文件。由于网格使用的是十倍尺寸,需要先对整个模型收缩十倍,单击一次“scale”,如图 5.97 所示。

在“model”中选择湍流模型,使用如图 k－w SST 湍流模型,右侧各项系数默认,如图 5.98 所示。

在“materials”选项中选择 create/edit 添加新介质,在“fluent database”中找到“water－liquid (h2o <l>)”单击“copy”,将水的密度调整为 1 025.9 kg/m³,选择“close”,如图 5.99 所示。

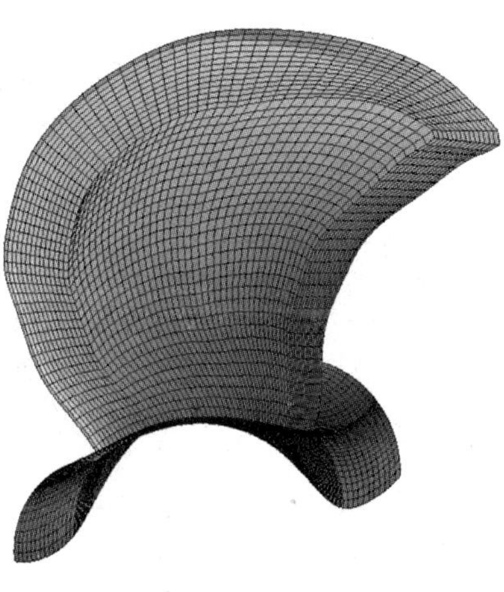

图 5.96　单个桨叶的结构化网格

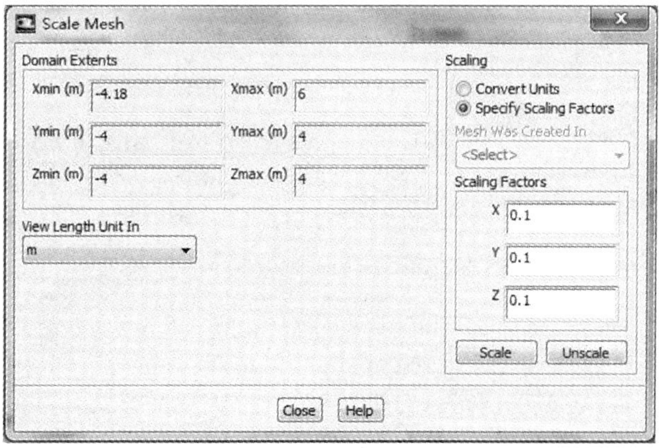

图 5.97　尺寸缩放对话框

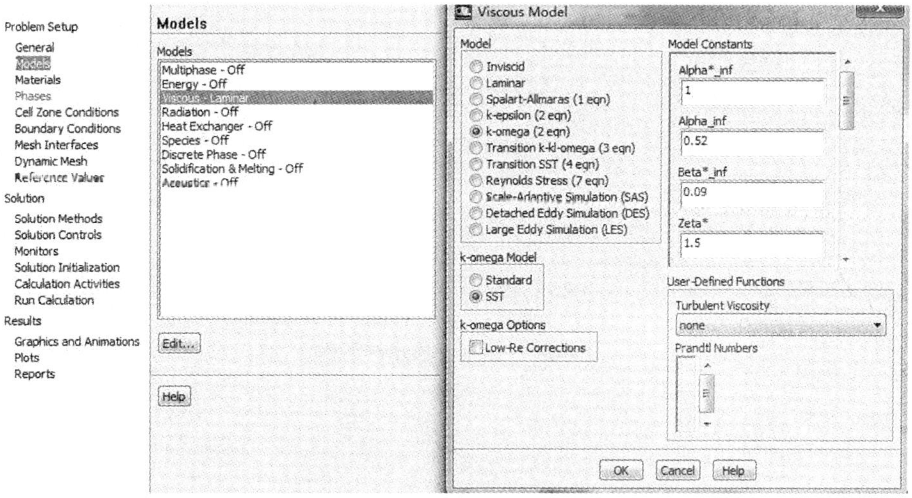

图 5.98　选择湍流模型对话框

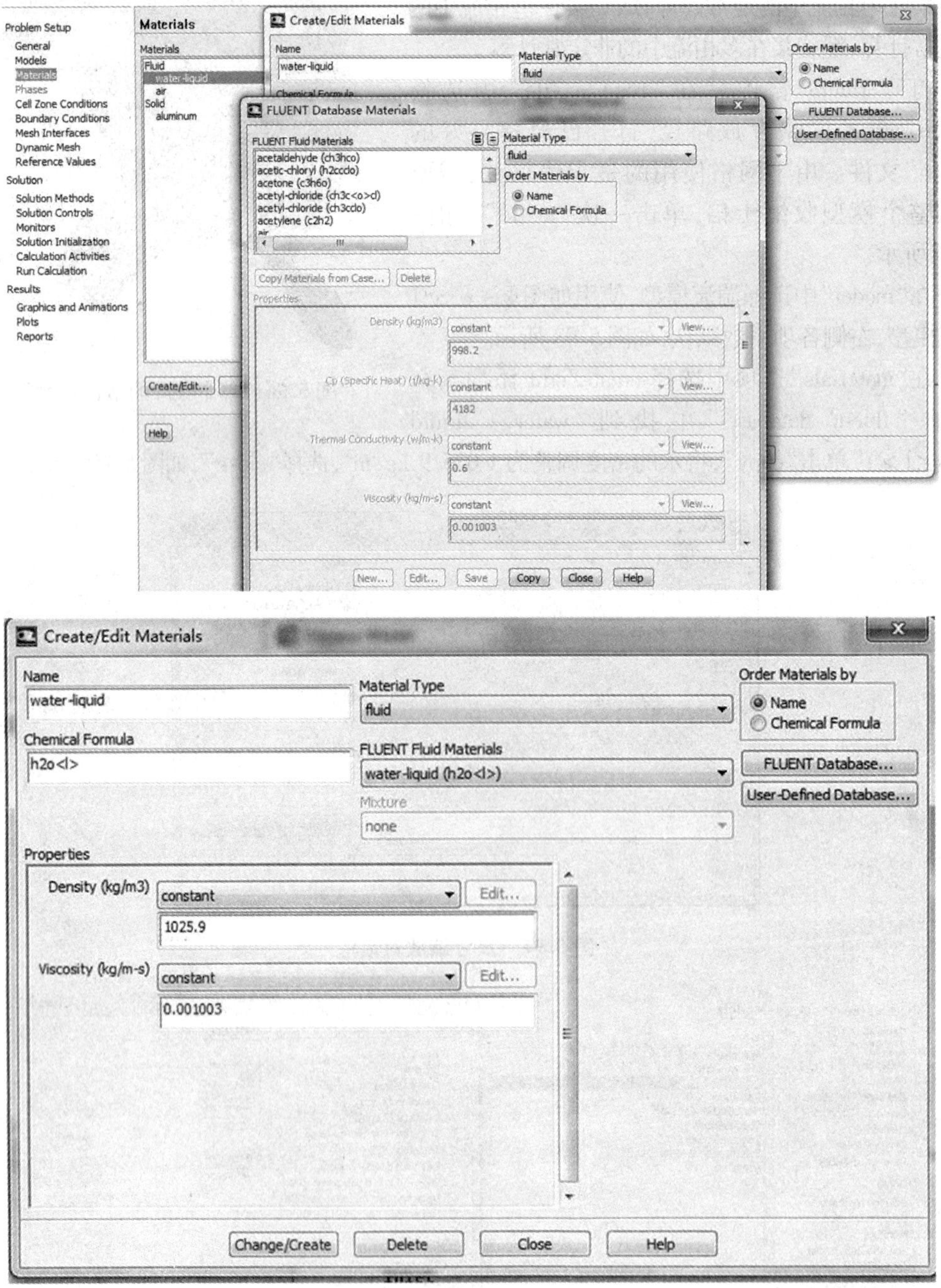

图 5.99　添加介质水对话框

如图 5.100 所示，在“Cell Zone Conditions”栏中将大域中的介质改为液态水。

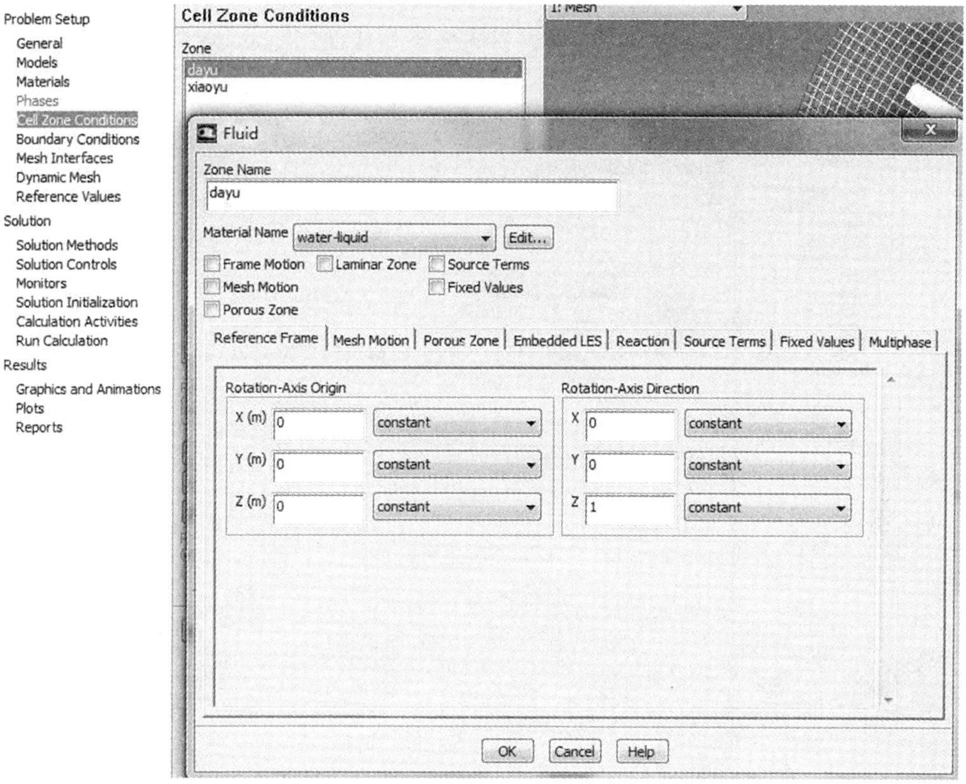

图 5.100　修改大域介质对话框

在“FLUENT”工具栏中单击“define”选项，选择“units”将角速度的单位改为“r/min (rpm)”，如图 5.101 所示。

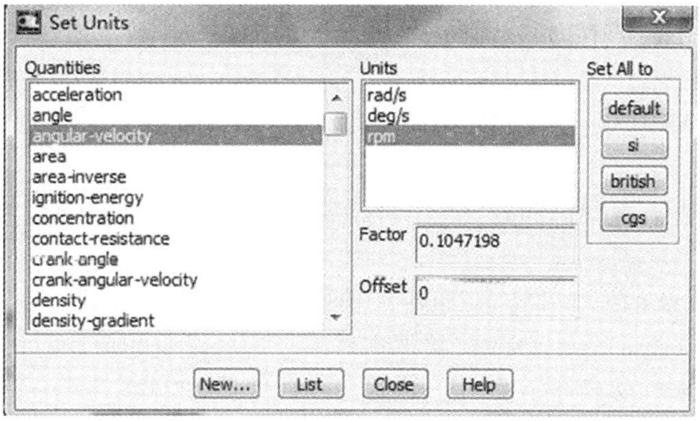

图 5.101　修改默认转速单位对话框

将小域的介质改为液态水，选择“Frame Motion”选项，选定正方向为(1,0,0)速度设为 −600 r/min。

对于第一个计算过程，将大域和小域的交界面使用 interface 结合，湍流方程使用 SST k − w

方程,小域使用 Frame Motion 方法,如图 5.102 所示,转速设定为螺旋桨的转速,大域使用固定网格。入口使用 UDF 编辑的速度入口,根据空泡实验给出的 $\sigma n = 0.1$ 算得出口压力 $P = 26\ 807.67$ Pa,对于小域内的边界面如桨毂和螺旋桨叶片使用"moving wall",边界随小域共同运动。

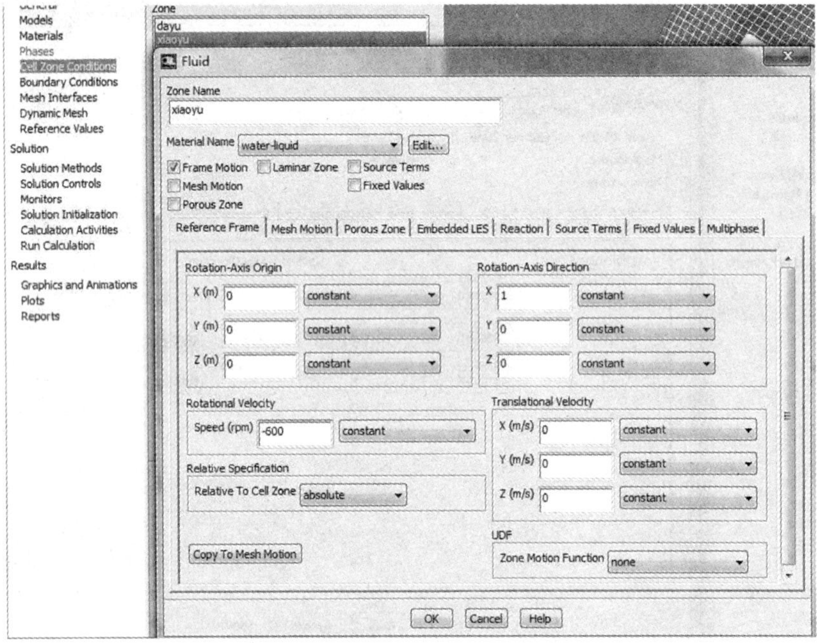

图 5.102　小域设置对话框

读入 UDF 文件,如图 5.103 所示。

设定边界条件,对于螺旋桨页背、页面和小域中的桨毂才用设定如图 5.104 所示。

出口选择压力出口,出口压力设定为 26 807.67 Pa,如图 5.105 所示。

在"Mesh Interfaces"中选择"create",将大域的 interface 和小域的 interface 合并,如图 5.106 所示。

"Solution Methods"中,选择 SIMPLEC 方式。其中,设置压力迭代为 Standard,其他都为一阶迎风格式。

然后设置监视器,在"Monitors"中选择"Residuals"将"continuty"设定为 0.000 001,如图 5.107 所示。

并且监测螺旋桨的推力和转矩,如图 5.108 和图 5.109 所示。

至此对第一步计算的设置完成,接下来对整个流场设定初值,通过入口数值进行初始化,如图 5.110 所示。然后开始迭代过程,设置迭代次数 10 000。

计算首先采用一阶离散格式,随着计算趋于稳定改用二阶离散格式。计算过程监测螺旋桨叶片的 x 轴方向受力和 x 轴方向的转矩。当所监测的推力和弯矩值不变时,认为整个计算达到收敛,暂停计算。

以定常计算的结果作为第二个计算过程的初始条件,将整个计算改为非定常状态,小域改为 Mesh Motion 方法,对于本次计算时间步长取为螺旋桨旋转 4.5°所需要的时间 $t = 0.000\ 391$ s。当监测的推力与转矩都出现重复多次的周期性变化,则得到了需要的结果。

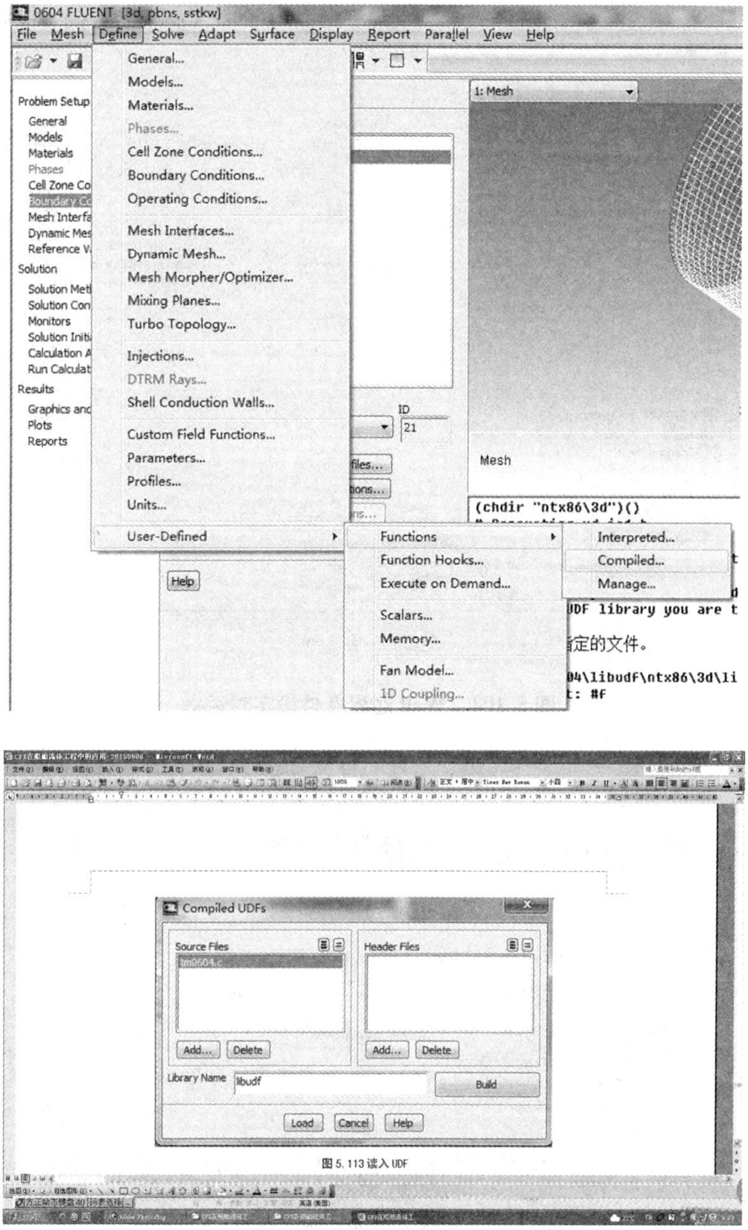
0604 FLUENT [3d, pbns, sstkw]
File
Mesh
Define
Solve
Adapt
Surface
Display
Report
Parallel
View
Help
General...
Models...
Materials...
Phases...
Cell Zone Conditions...
Boundary Conditions...
Operating Conditions...
Mesh Interfaces...
Dynamic Mesh...
Mesh Morpher/Optimizer...
Mixing Planes...
Turbo Topology...
Injections...
DTRM Rays...
Shell Conduction Walls...
Custom Field Functions...
Parameters...
Profiles...
Units...
User-Defined
Functions
Function Hooks...
Execute on Demand...
Scalars...
Memory...
Fan Model...
1D Coupling...
Interpreted...
Compiled...
Manage...
Problem Setup
Solution
Results
1: Mesh
Mesh
(chdir "ntx86\3d")()
Help
Compiled UDFs
Source Files
Header Files
Add...
Delete
Library Name
libudf
Build
Load
Cancel
图 5. 113 读入 UDF

图 5.103　读入 UDF

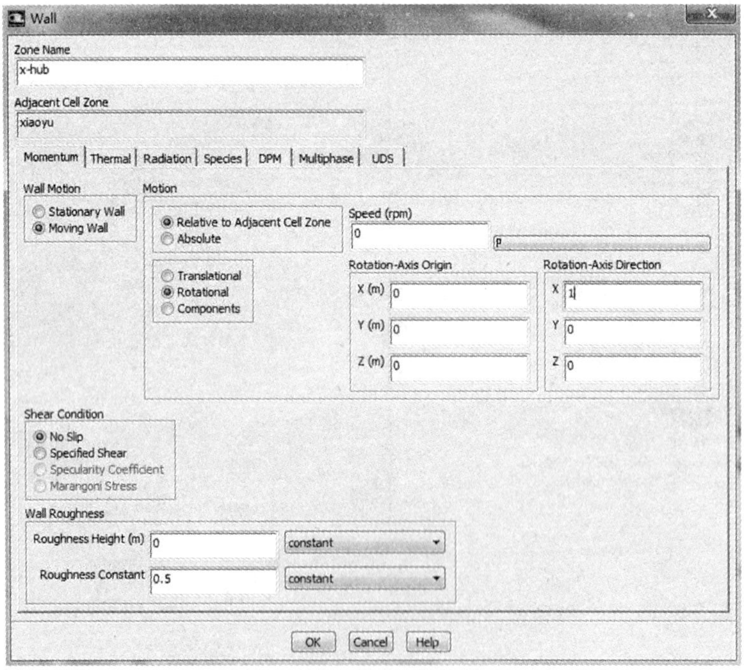

图 5.104　Wall 边界条件设定对话框

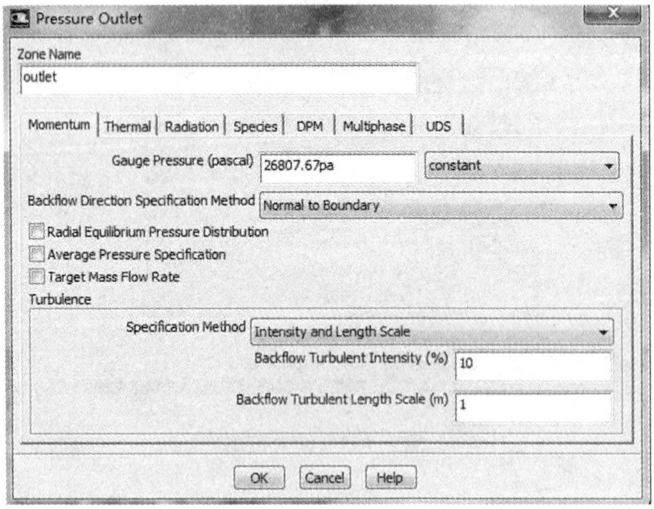

图 5.105　出口压力条件对话框

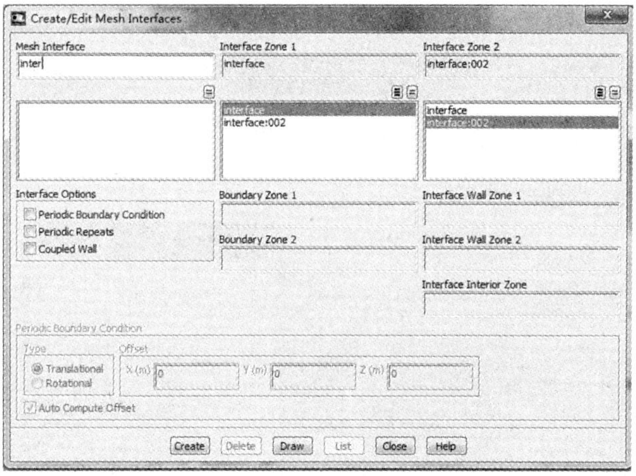

图 5.106　合并 Interface 对话框

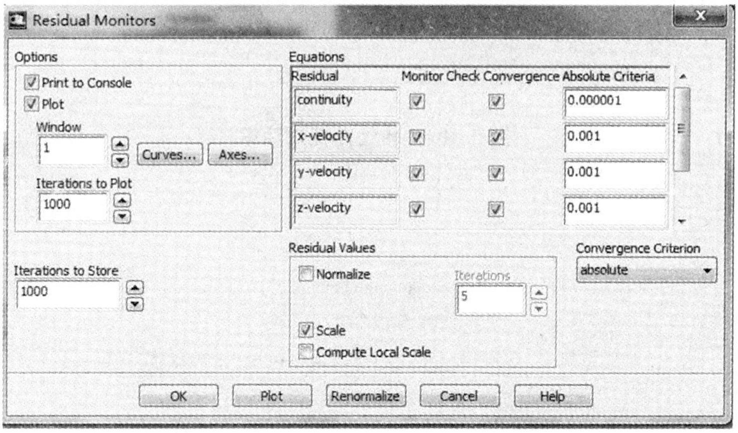

图 5.107　残差监视器设置对话框

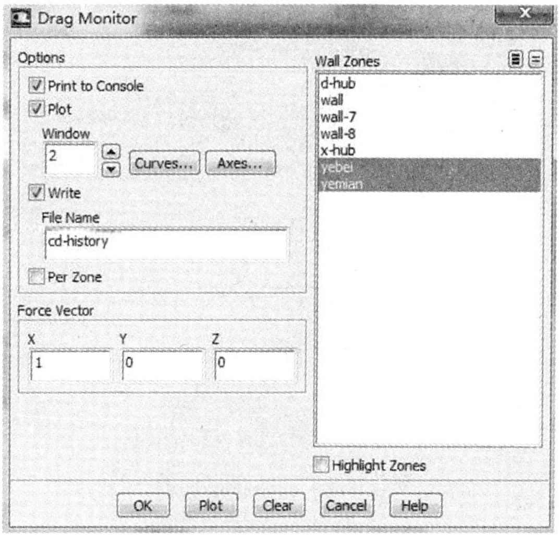

图 5.108　阻力监视对话框

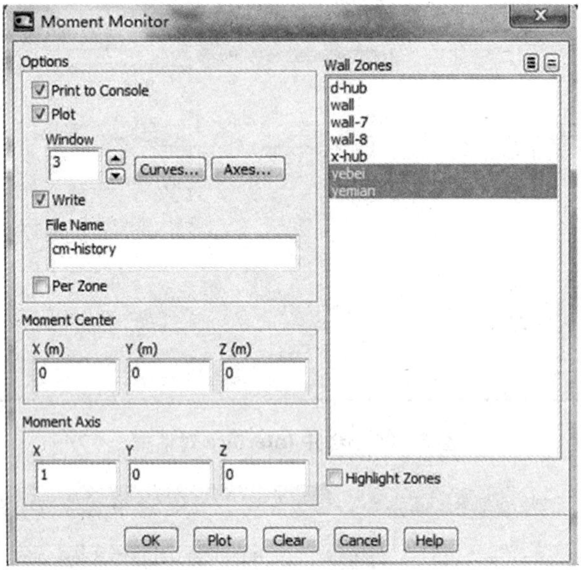

图 5.109　转矩监视对话框

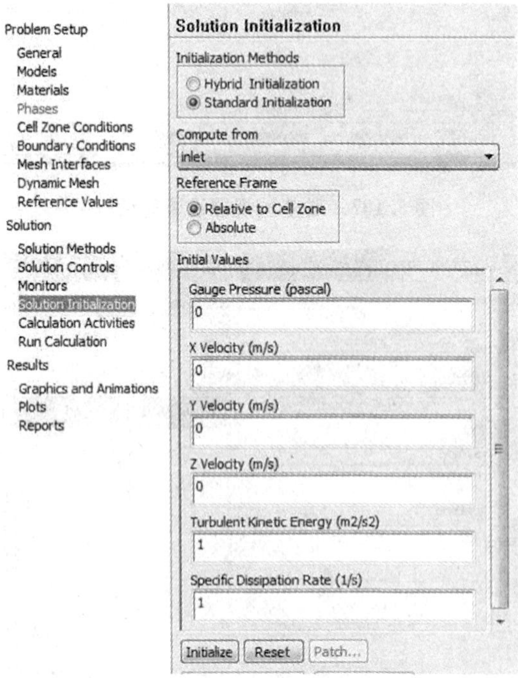

图 5.110　初始化对话框

在第二步中,首先对设置进行调整。将其中小域由“Frame Motion”修改为“Mesh Motion”,如图 5.111 所示。

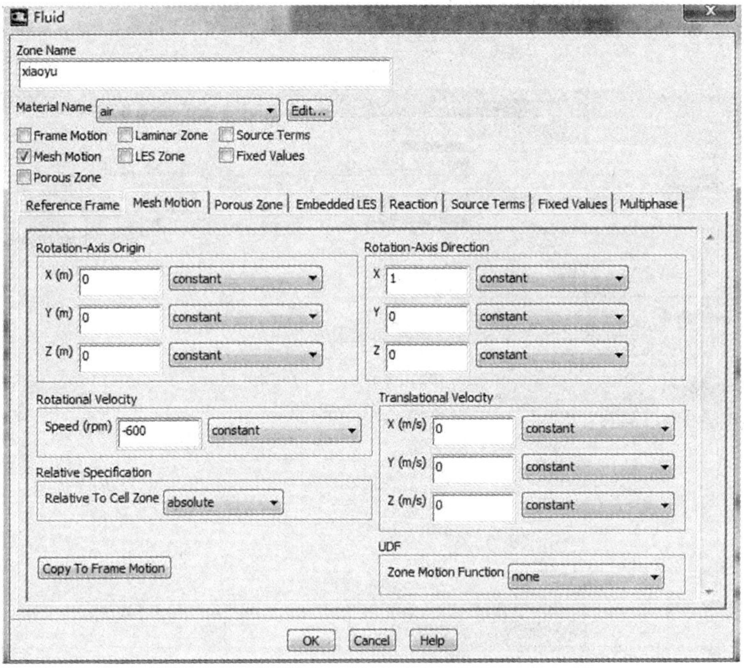

图 5.111　小域运动方式对话框

每一步迭代的时间步长设定为螺旋桨旋转 4.5°所需要的时间,如图 5.112 所示。

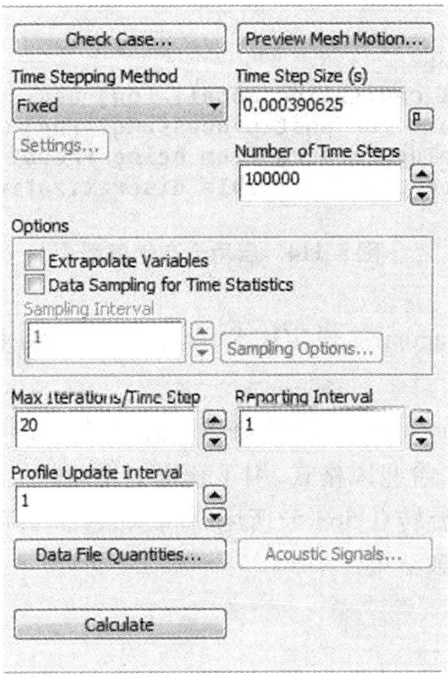

图 5.112　修改时间步长对话框

当所监测的螺旋桨推力与转矩产生周期性变化时，暂停运算，将运算改为非定常两相流运算，以前一步计算结果作为第三个计算过程初设条件。

将多项流计算模型改为 Mixture，在材料中添加水蒸气，将水蒸气密度改为 0.025 58 kg/m^3，如图 5.113 所示。

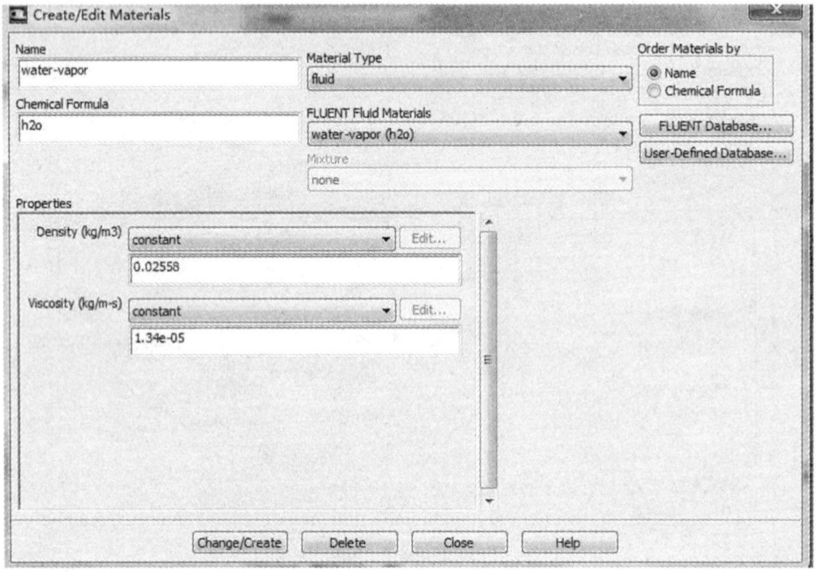

图 5.113　添加介质对话框

修改二项流中的两相，Water 设定为第一相，水蒸气设定为第二相，在右下角输入 solve/set/expert 启用 Singhal 全空化模型，如图 5.114 所示。

```
/solve/set> expert
use Singhal-et-al cavitation model? [no] yes
Save cell residuals for post-processing? [no]
Keep temporary solver memory from being freed? [no]
Allow selection of all applicable discretization schemes? [no]
```

图 5.114　启用全空化模型

在“Phases”中选择“Interaction”，设定饱和蒸汽压为 2 350 Pa，非凝结气核数为 1.26×10^{-7}，如图 5.115 所示。

在迭代过程中，对 Solution Method 进行修改。压力迭代改为“PRESTO!”，体积分数则用“QUICK”格式，其他采用二阶迎风格式，用于获得更精确的结果，如图 5.116 所示。

将时间步长改为螺旋桨旋转 0.562 5°所用时间，如图 5.117 所示。

计算整数周期后即可得到结果。

5.4.4　求解及监控

通过对 Monitors 的检测，可以在单相流的状况下得到螺旋桨推力和转矩随时间变化如图 5.118 所示。

对流场中加入水蒸气形成多相流后，得到的推力及转矩如图 5.119 所示。

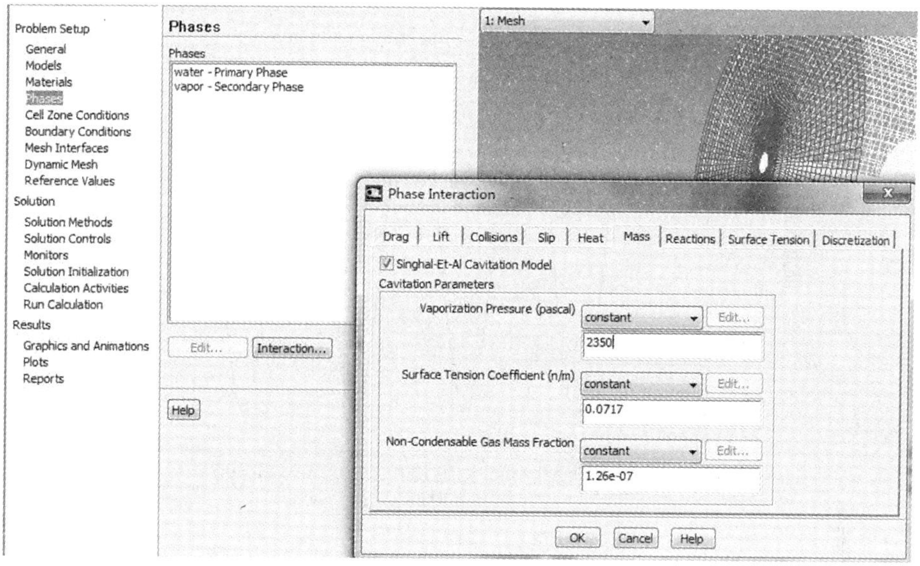

图 5.115　设置饱和蒸汽压

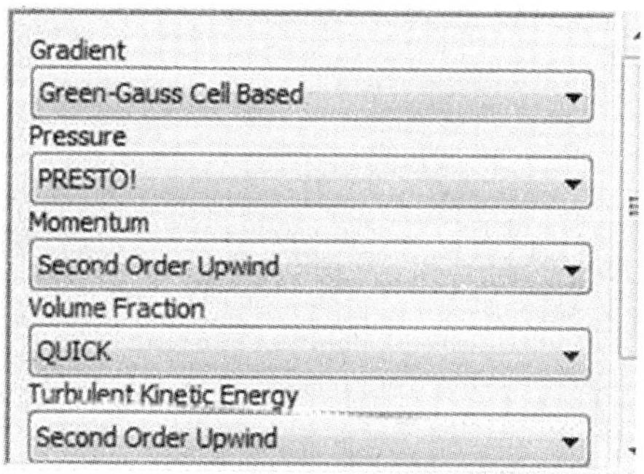

图 5.116　Solution Method

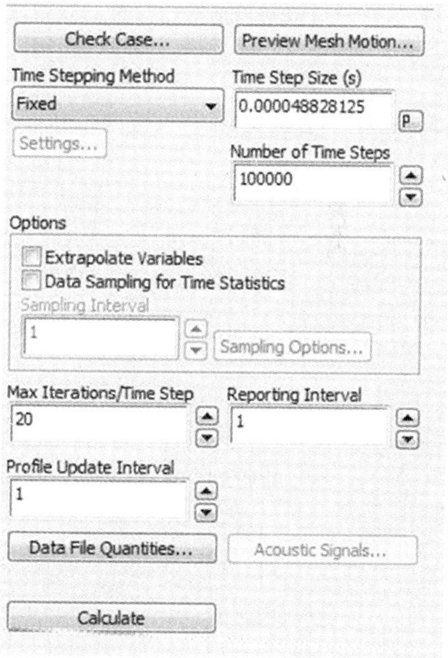

图 5.117　修改时间步长

可以计算得到有无空泡时螺旋桨的性能系数见表 5.2。

表 5.2　有无空泡效率对比

	推力系数	转矩系数	推进效率
无空泡	0.120 2	0.088 12	0.148 3
有空泡	0.116 8	0.088 77	0.143 0

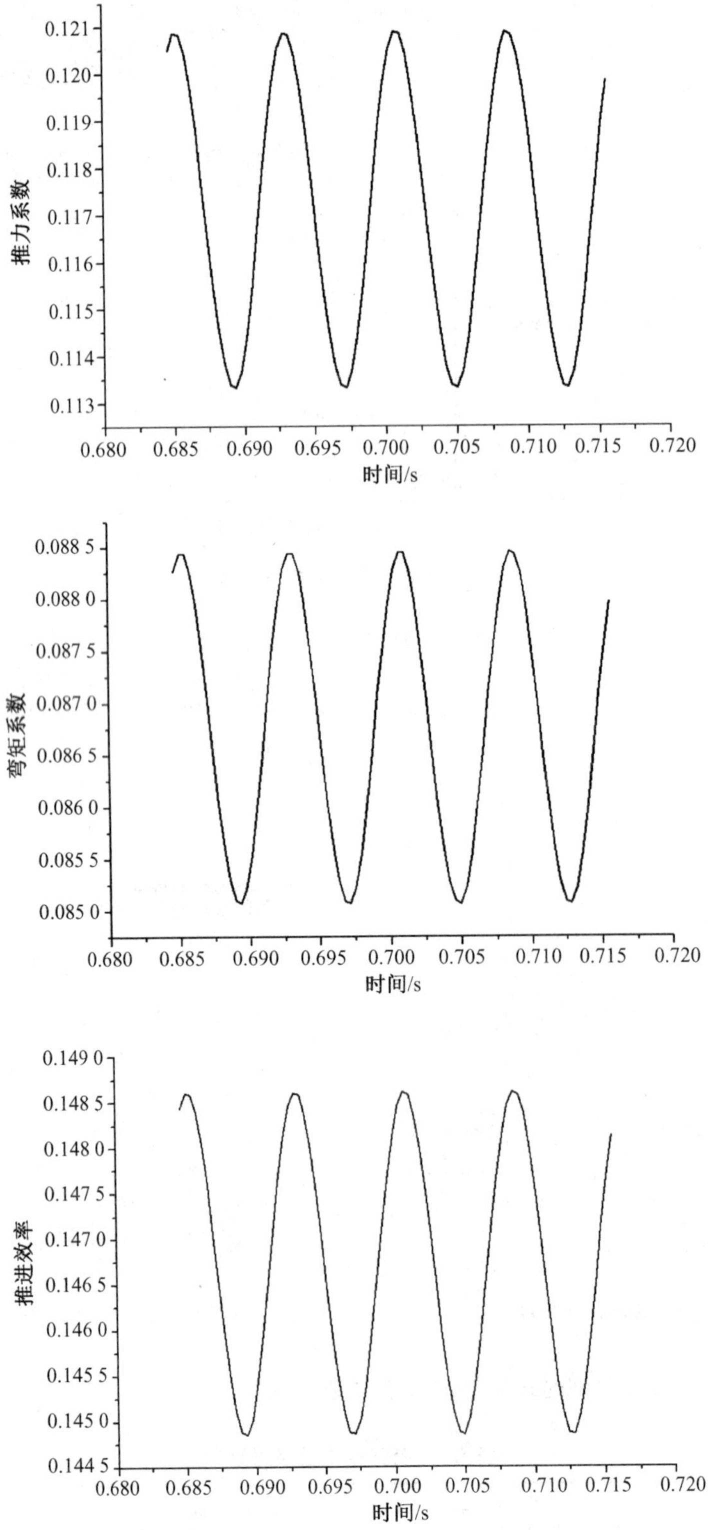

图 5.118　单项流螺旋桨推力、转矩系数和推进效率变化曲线 A

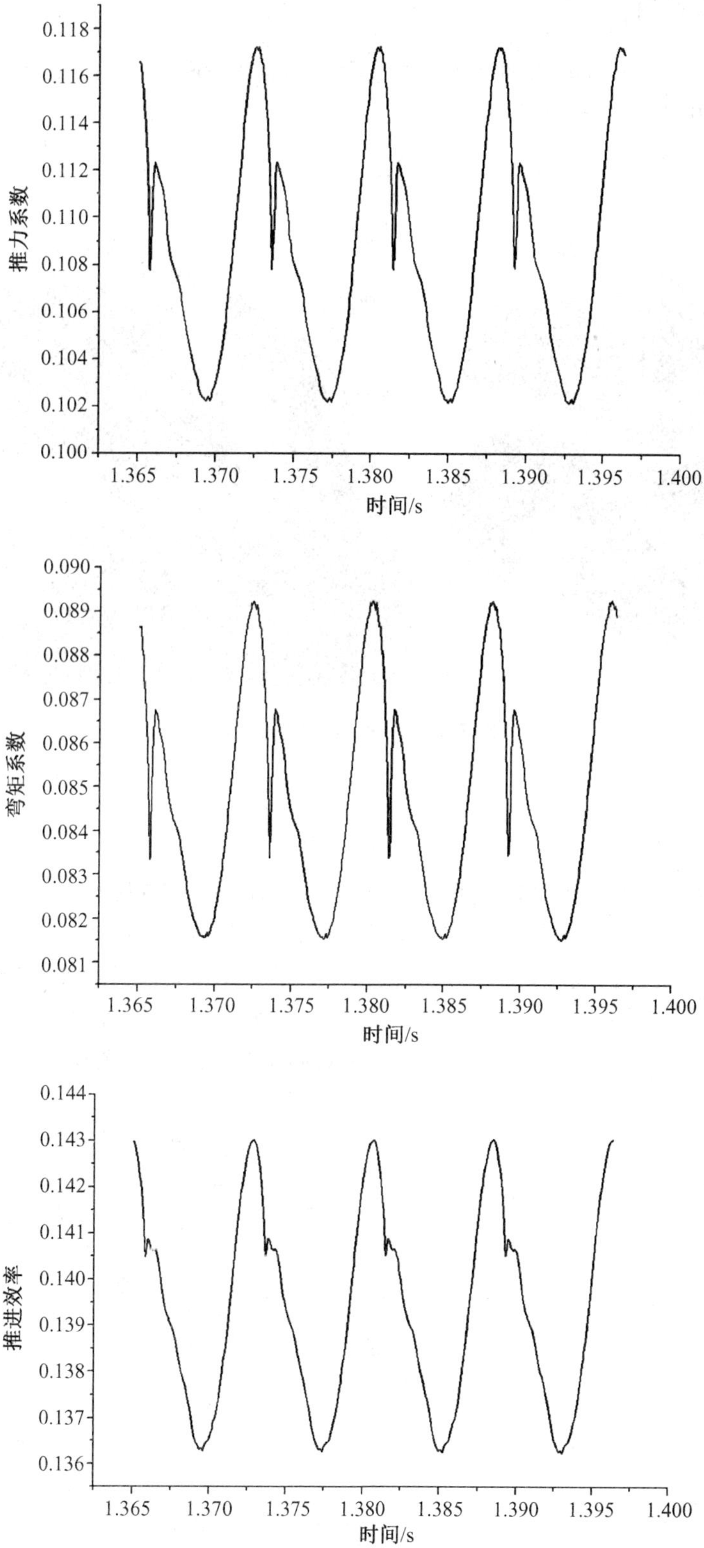

图 5.119　多项流螺旋桨推力、转矩系数和推进效率变化曲线 B

5.4.5 后处理

将结果 case 文件和 date 文件保存，通过后处理软件 Tecplot 可以得到明显的空泡区域图像，如图 5.120 所示。

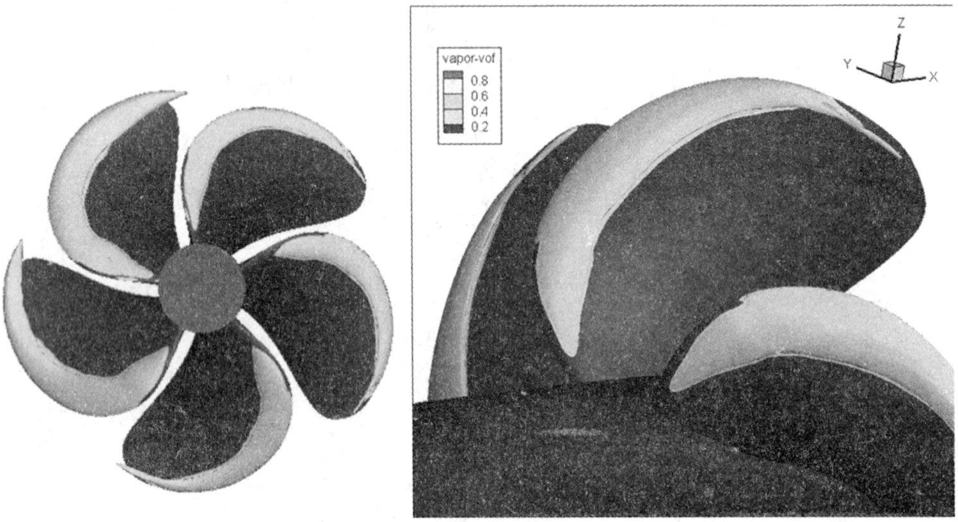

图 5.120　螺旋桨空泡区域图

5.4.6 小结

本节介绍了螺旋桨空泡性能的数值模拟问题，利用 ICEM 对螺旋桨及周围流场进行建模，并利用三维结构化网格对该模型进行网格划分，然后在 Fluent 中设置了相关的计算参数并在采用 SIMPLEC 速度压力耦合方法进行了计算，基本计算思路如下：螺旋桨在单相流中的定常计算，螺旋桨在单相流中的非定常计算，螺旋桨在多相流中的非定常计算。最后通过后处理软件 Tecplot 可以得到明显的空泡区域图像，为解决螺旋桨空泡性能的数值模拟问题提供了参考。